国家教育部人文社会科学研究规划课题(11YJA710009)

海南省哲学社会科学专项课题(HNSK 12-48)

世纪跨越
改革开放以来的中国工业化

Innovations Drive Industrialization

郭根山◎著

人民出版社

自　　序

改革开放是近代以来中国社会重大历史事件之一，新时期是近代以来乃至数千年来中国社会发展最快、最好的历史时期。这种巨大的变迁和快速发展源于中国共产党在坚持马克思主义基本原理基础上的理论创新与实践创新。相对于传统社会主义的理论与实践，改革开放本身就是一个重大创新。本书正是围绕着改革开放新时期中国共产党领导中国工业化建设的新理论、新实践、新成就和新经验展开的。

改革开放开启了中国共产党理论创新与实践创新的新时代。中国共产党以巨大的理论勇气进行了马克思主义发展史上前所未有的全面创新，无论从理论上看，还是从实践上看，改革开放过程中的重大创新俯拾皆是，但笔者认为，其中最具特色、最具影响力、最有价值的创新在于三大方面：社会主义初级阶段理论、社会主义本质理论和社会主义市场经济理论。其中，社会主义初级阶段理论在中国特色社会主义理论体系中处于基础地位，社会主义初级阶段是社会主义市场经济理论的实践基础，社会主义初级阶段理论是社会主义本质论的理论出发点；社会主义本质论居于最高的理论层次，它是对中国特色社会主义的理论定位，也是建立社会主义市场经济体制的理论依据；社会主义市场经济理论是由社会主义初级阶段的现实需要和体现社会主义本质的理性要求决定的，是实现社会主义本质和完成社会主义初级阶段基本任务的根本手段。这三大理论创新对于中国特色社会主义工业化的定位、路径与目标都至关重要，三者辩证统一、共同作用，推动着中国特色社会主义工业化健康发展。

工业化和产业结构调整升级相互促进是改革开放以来中国工业化进程展现出来的新特征。产业结构是衡量工业化水平和工业化程度的一个重要指标，反映着一个国家或地区的经济社会发展状态。学术界对工业化的界定有多个维度，但其核心的指标却在于产业结构的提升。产业结构与经济增长之间存在着互为因果的密切关系，产业结构优化既是经济增长的客观要求，也是经济增长的必要条件。一方面，经济增长在一定程度上取决于产业结构的状况；另一方面，经济增长对产业结构的变动也有一定的影响。产业结构调整与升级的根本目的在于充分合理地利用资源，使各产业部门互相协调，以提供社会所需要的产品和服务，为劳动者提供充分就业的机会，推广应用先进的产业技术，获得最佳经济效益。36年来，中国共产党根据社会主义初级阶段的基本国情，在建立和完善社会主义市场经济体制的过程中，不断调整产业结构，推动工业化逐步迈向新阶段，工业化水平的提高与产业结构的调整、升级表现出一种良性的互动关系：产业结构的调整、升级与工业化转型相伴而生，产业结构调整、升级推动了工业化的升级、转型，工业化水平的提高迫切要求产业结构进行调整、升级。

改革开放的新时代、社会主义初级阶段的国情和社会主义市场经济体制共同促进了中国工业化的新兴主体——乡镇企业的快速成长。乡镇企业在中国的崛起是中国社会主义初级阶段的产物，它符合中国的国情又改变着中国的国情；在改革开放中发展，又有力地推动着改革开放的深化，它是中国工业化独具特色的重要组成部分。改革开放前，基于当时的国际国内形势和工业化发展阶段与发展水平，我们曾经采用计划经济模式下的几乎是由国有企业单一角色支撑的工业化模式，完成了中国工业化的奠基工程。改革开放后，乡镇企业得机遇与政策之便，异军突起，实现了由农村经济的配角，到农村经济的主角、城市工业的配角，再到中国工业化的主角的角色转变。乡镇企业带动广大农村、农民直接进入了工业化进程,成为中国工业化的一支重要的力量。乡镇企业的出现,突破了城市搞工业、农村搞农业的经济发展二元模式,探索出了一条城市工业与农村工业相互依托、相互融合、相互促进的中国特色工业化模式,加快了中国工业化进程,并且在世界工业化的历史上创造了新模式、新道路。

改革开放以来,中国坚持走新型工业化、信息化、城镇化和农业现代化道路,推动信息化和工业化深度融合、工业化和城镇化良性互动、城镇化和农业现代化相互协调,促进工业化、信息化、城镇化、农业现代化同步发展。工业化进程速度明显加快,全国整体上已经步入工业化后期阶段,中国的基本经济国情已从一个农业经济大国转变为名副其实的工业经济大国。经济发展整体水平得到了极大提升,社会发展进入一个新的历史起点:开始从以解决温饱问题为主要目标的生存型社会向以促进人的全面发展为主要目标的发展型社会转变。

改革开放 30 多年来,我们在中国工业化进程中创造了许多新经验。首先,中国工业化进程必须正确处理政治变革与经济变革的关系。政治变革与经济变革是社会发展过程中两个基本要素,是中国现代化进程中相互关联却又不能互相替代的一对矛盾。在中国工业化的不同发展阶段,矛盾的主要方面不同,当需要以政治变革解放生产力时,则进行政治变革;当需要以经济变革发展生产力时,则进行经济变革。只有这样才能保证中国工业化沿着正确的道路健康前行。其次,中国共产党是社会主义工业化的领导者、推动者和实践者,时时处处起到先锋模范作用,无论过去、现在,还是将来,都必须始终不渝地坚持中国共产党的领导。最后,中国工业化必须重视科学技术创新。中国共产党人秉承马克思主义经典作家关于科学技术推动社会经济发展的思想,在中国工业化实践中注重科技对工业化的推动作用,注重科技体制的改革与完善,逐步形成科学技术与中国工业化之间的良性互动关系,在改革开放新时期,先后提出并实践了科学技术是第一生产力、科教兴国战略、建设创新型国家等重大理论,有力地推动了中国的工业化进程。

改革开放的伟大实践让我们积累了丰富的经验,只要我们继续坚持中国特色社会主义道路,建成全面小康社会的目标指日可待,实现中华民族伟大复兴也为期不远。

目　录

CONTENTS

引　论　中国社会主义工业化道路的开创

　　鸦片战争以后,中国社会逐步沦为半殖民地半封建社会。从那时起,一代又一代先进分子和广大人民群众为了民族独立、人民解放和国家富强、人民幸福而前赴后继,顽强抗争,中国共产党人是其中的杰出代表。他们不仅记取前人的教训,开辟了一条通过民族民主革命赢得民族独立和人民解放,然后在新的社会制度下解放和发展生产力,通向国家富强和人民幸福的正确道路,而且把马克思主义基本原理、苏联经验同中国社会实际相结合,开创了适合中国国情的工业化道路,取得了令世人瞩目的工业化成就,积累了在中国这样的东方大国进行工业化建设的宝贵经验,为改革开放以来经济社会进一步快速发展奠定了重要基础。

一、几个重要的时间节点

1840 年·鸦片战争

　　这是封建的中国从强盛走向衰败,虚饰的繁华破灭的转折点;是西方迅速成长的资本主义生产方式向东方没落的封建主义生产方式展开全面进攻,继而节节胜利的转折点;是中国从独立的封建社会向半殖民地半封建社会转变的转折点;也是从王朝统治者沉迷于盛世辉煌到先进的中国人奋起追赶的转折点;又是中国由传统农业文明走向近代工业文明的转折点。

鸦片战争后,中国的国门洞开,历史的主线,一方面是半殖民地半封建化逐步加深,两大主要社会矛盾相互交织在一起,民族独立和国家富强这两大主要任务也愈来愈凸显;另一方面是先进分子和广大人民救国的理论与行动愈来愈升级。第一级,睁眼看世界、师夷长技以制夷的意识觉醒。这些虽是在遭外敌猛击而众人失措之时少有的、清醒的呐喊,但基本上是中下层知识分子或不得实权的有识高级官僚的个人行为。这批先进分子虽不可谓不努力,但却没有引起上层的高度重视,更没有实际的行动。从世界工业化进程来看,成功实现社会变革的后进国家都是由政府自上而下地推动,而晚清的中国却恰恰相反。在觉醒和懵懂之间,中国就这样整整耽误了 20 年的大好时光。第二级,有感于内外压力而奋起的洋务运动。它以富国强兵为号召,以中体西用为神髓,可谓轰轰烈烈,大张旗鼓,中华帝国貌似有望从此而复兴,但奋发努力 30 年的成果却在甲午战争的几个月内丧失殆尽。第三级,变法改制。甲午战败给中华民族带来空前严重的危机,大大加深了中国社会半殖民地化的程度。曾经认为,输于英国,是因为我们缺少坚船和利炮,现在,这些都有了,并且在实力占优的情况下输给了 1000 多年来一直跟在我们身后仰望背影的日本人!这件事,让更多的知识分子在痛苦中反思。他们普遍认为,我们缺少的看来不仅是或者根本不是器物,而是制度,"变"祖宗之"法"就成为无可替代的选择。公车上书,改制变法成为先进分子的共同呼声。第四级,冲决罗网式的辛亥革命。戊戌变法失败后,先进分子基于挽救民族危亡的渴望,激于义愤,在对清廷的失望中从改良走向了革命,致力于推翻不作为的政权。辛亥革命推翻了在中国长达 2000 年之久的封建统治,迎来了民主共和的新时代,然而它也没有完成它的历史使命,不仅没有通过资产阶级革命像西方国家那样引领中国走向资本主义,走上富强的道路,反而胜利果实被窃夺,政治纷争不断,富强的梦想被无情地击碎。"这就是十九世纪四十年代至二十世纪初期中国人学习外国的情形。""多次奋斗,包括辛亥革命那样全国规模的运动,都失败了。国家的情况一天一天变坏,环境迫使人们活不下去。怀疑产生了,增长了,发展了。"①

1921 年·中国共产党诞生

上述是鸦片战争到中国共产党成立之前 80 年的大致情况。一次次的努力,最后都以失败告终,诉求的表达方式也由呼吁、改良,走向革命。这种方式不是一开始就有的,也不是一开始大家就愿意采用的,而是被一步步地逼出来的。这是问题的一个方面。另一方面,几经折腾,中国的境况并未好转,富强的目标并未实现。更为麻烦的是,在其他国家里成功的所有方法,我们都用过了,但都无一例外地失败了,中国的出路究竟在哪里? 中国的前途到底是什么?

山重水复疑无路,柳暗花明又一村。"十月革命帮助了全世界的也帮助了中国的先进分子,用无产阶级的宇宙观作为观察国家命运的工具,重新考虑自己的问题。走俄国人的路——这就是结论。"②什么是俄国人的路? 一是暴力革命,打碎封建统治,建立人民的政权;二是发展经济,实现工业化和社会现代化,最终实现国家富强和人民幸福。中国共产党从它成立的那一天起就明确了自己的历史使命,为实现中华民族的伟大复兴而奋斗。

1949 年·中华人民共和国成立

明确了自己的历史使命,找到了复兴中华民族的正确道路,中国共产党进行了近 30 年艰苦卓绝的奋斗,终于取得了新民主主义革命的胜利,

---

① 《毛泽东选集》第四卷,人民出版社 1991 年版,第 1470 页。
② 《毛泽东选集》第四卷,人民出版社 1991 年版,第 1471 页。

迎来了新中国的诞生。"1949 年 10 月 1 日在中国和世界历史上都是一个具有象征意义的重要日子。如果说革命涉及的是让一个新社会出现、对一种政治制度给以强有力的摧毁的话,那么,中国共产党人在 10 月 1 日所庆祝的革命,其意义不亚于 1789 年法国大革命和 1917 年俄国十月革命。其政治摧毁的范围不小于那两场革命,在为社会发展的空前新进程而开辟道路方面,其重要性不亚于那两场革命;其世界范围的影响也不小于那两场革命。""在摧毁旧政权的几十年革命暴力期间,新国家和新社会的胚胎已经逐渐成长起来"。①

1956 年·社会主义制度确立

随着国民经济的全面恢复,中国共产党又带领全国人民,把马克思主义基本原理同中国实际相结合,创造性地实现了对农业、手工业和资本主义工商业的生产资料私有制的社会主义改造,丰富和发展了马克思主义过渡理论,在中国大陆确立了社会主义制度,从此进入社会主义初级阶段。"三大改造"为社会主义工业化开辟了广阔道路,有计划的社会主义现代化建设极大地促进了新中国的社会变革和国民经济发展。

新民主主义革命的胜利和社会主义制度的确立,是中国共产党倍加珍视的光辉成就,是一个世纪以来中国社会发生的三次伟大革命之一,是中国共产党 90 多年光辉历史上的三件大事中的两件。"第一件大事,我们党紧紧依靠人民完成了新民主主义革命,实现了民族独立、人民解放。……中国人从此站立起来了,中华民族发展进步从此开启了新的历史纪元。""第二件大事,我们党紧紧依靠人民完成了社会主义革命,确立了社会主义基本制度。我们创造性地实现由新民主主义到社会主义的转变,使占世界人口四分之一的东方大国进入社会主义社会,实现了中国历

① [美]M.梅斯纳:《毛泽东的中国及其发展——中华人民共和国史》,张瑛译,社会科学文献出版社 1992 年版,"序言"第 3 页。

史上最广泛最深刻的社会变革。""中国共产党领导的新民主主义革命和
社会主义革命,推翻了帝国主义、封建主义、官僚资本主义在中国的统治,
建立了新中国,确立了社会主义制度,为当代中国一切发展进步奠定了根
本政治前提和制度基础。"①在社会主义制度基础上,在中国共产党的领
导下,中国人民经过近 30 年的艰苦奋斗,建立起独立完整的工业体系和
国民经济体系,人民生活水平有了很大改善。

1978 年·党的十一届三中全会

党的十一届三中全会开启了中国改革开放的新时期。"党的十一届
三中全会以来,我们总结我国社会主义建设经验,同时借鉴国际经验,以
巨大的政治勇气、理论勇气、实践勇气实行改革开放,经过艰辛探索,形成
了党在社会主义初级阶段的基本理论、基本路线、基本纲领、基本经验,建
立和完善社会主义市场经济体制,坚持全方位对外开放,推动社会主义现
代化建设取得举世瞩目的伟大成就。"②"新时期最鲜明的特点是改革开
放。"这场历史上从未有过的大改革大开放,极大地调动了亿万人民的积
极性,使中国成功实现了从高度集中的计划经济体制到充满活力的社会
主义市场经济体制、从封闭半封闭到全方位开放的伟大历史转折。"新
时期最突出的标志是与时俱进。"中国共产党坚持马克思主义的思想路
线,不断探索和回答什么是社会主义、怎样建设社会主义,建设什么样的
党、怎样建设党,实现什么样的发展、怎样发展等重大理论和实际问题,不
断推进马克思主义中国化,坚持并丰富党的基本理论、基本路线、基本纲
领、基本经验。"新时期最显著的成就是快速发展。"中国共产党带领全
国人民艰苦奋斗,推动经济社会持续快速发展,人民生活从温饱不足发展

----

① 胡锦涛:《在庆祝中国共产党成立 90 周年大会上的讲话》,《十七大以来重要文献
选编》下卷,中央文献出版社 2013 年版,第 433、434 页。

② 胡锦涛:《在庆祝中国共产党成立 90 周年大会上的讲话》,《十七大以来重要文献
选编》下卷,中央文献出版社 2013 年版,第 433 页。

到总体小康,政治建设、文化建设、社会建设取得举世瞩目的成就。中国的发展,不仅使中国人民稳定地走上了富裕安康的广阔道路,而且为世界经济发展和人类文明进步做出了重大贡献。"改革开放最主要的成果是开创和发展了中国特色社会主义,为社会主义现代化建设提供了强大动力和有力保障。事实证明,改革开放是决定当代中国命运的关键抉择,是党和人民事业大踏步赶上时代的重要法宝。"①

中国共产党领导全党探索中国社会发展道路的历史有90多年,领导全党和全国人民进行社会主义现代化建设的历史有60多年。90多年历史可以分为前30年和后60多年两大阶段:前30年中国共产党完成了民族独立和人民解放的历史任务;后60多年则不断探索国家富强和人民幸福的道路。两大阶段照应了近代以来中国历史发展的主题与主线,符合中国近现代历史发展的潮流。在60多年的社会主义现代化建设时期,几代中国共产党人带领全国人民积极探索,勇于创新,敢于实践,不断进步,谱写了我们党历史上最为光辉灿烂的篇章。这60多年,以党的十一届三中全会为界,可以粗略地分为改革开放前后两个重要历史时期,改革开放前30多年的成就是后30多年中国社会继续前进的基础和动力,前30年存在的问题和不足则是后30多年改革的着力点和方向。

二、中国共产党开辟了一条
走向富强的正确道路

"黄裔风流早斐然,辉煌文化五千年。马班纪传人为鉴,李杜文章焰烛天。"②几千年来,中华民族的先民们在这片热土上辛勤劳作,创造了光

---

① 《中共中央关于全面深化改革若干重大问题的决定》,《人民日报》2013年11月16日。

② 王力:《题〈文史知识〉》,《文史知识》1982年第4期。

辉灿烂的华夏文明,建立起高度发达的经济政治文化,使中国曾经长时间领先世界,成为万邦景仰的国度。以家庭为单位,农业、副业与家庭手工业相结合为基本特征的自给自足的小农经济,曾经为中国的古代文明走在世界前列奠定了重要的物质基础,但它本身所具有的封闭性以及地主阶级对农民的残酷压迫剥削,则抑制了资本主义萌芽在中国的正常生长,使中国封建经济距离世界经济发展潮流渐行渐远。然而,对中国经济发展更具灾难性的打击则是帝国主义的入侵。

鸦片战争以后,帝国主义列强通过发动侵略战争,强迫中国签订一系列不平等条约,逐步控制了中国的政治、经济、外交与军事,并且同中国的封建势力勾结起来,共同压迫和剥削中国人民,中国逐步沦为半殖民地半封建社会。半殖民地半封建的中国,社会矛盾千头万绪,但不可否认,占支配地位的主要矛盾是帝国主义和中华民族的矛盾、封建主义和人民大众的矛盾。这两对主要矛盾及其斗争贯穿整个半殖民地半封建社会的始终,并对中国近代社会的发展变化起着决定性作用。主要矛盾决定了近代中国社会的主要任务:争取民族独立、人民解放和实现国家富强、人民幸福。

为挽救中华民族于危亡,包括中国共产党人在内的一代又一代先进分子进行了不屈不挠、英勇顽强的斗争。然而,在中国共产党成立以前及其探索完成两大任务的正确道路的同时,无数仁人志士提出过各种救国方案,对中国近代社会的进步做出了一定贡献,但他们以为,在不触动帝国主义和封建主义统治的政治根基的前提下,也能实现国家富强和民族复兴的梦想,最终都无一例外地失败了。"在一个半殖民地的、半封建的、分裂的中国里,要想发展工业,建设国防,福利人民,求得国家的富强,多少年来多少人做过这种梦,但是一概幻灭了。"①

世界上充满了辩证法,历史悲剧的谢幕便是历史喜剧的登场。马克思在《路易·波拿巴的雾月十八日》中指出:"黑格尔在某个地方说过,一

---

① 《毛泽东选集》第三卷,人民出版社1991年版,第1080页。

切伟大的世界历史事变和人物,可以说都出现两次。他忘记补充一点:第一次是作为悲剧出现,第二次是作为笑剧出现。"①探寻中国富强之路的过程正是这样活生生的历史悲喜剧。中国共产党记取历史教训,英勇探索,开辟一条引领中国走向富强、实现中华民族伟大复兴的正确道路:通过民族民主革命赢得民族独立、人民解放,然后再集中力量进行现代化建设,逐步改变贫穷落后的面貌,实现国家富强和人民幸福。

中国共产党在其成立初期,就明确了反帝反封建的艰巨使命,制定了党在民主革命阶段的行动纲领:"消除内乱,打倒军阀,建立国内和平";"推翻国际帝国主义的压迫,达到中华民族的完全独立";"统一中国本部(包括东三省)为真正的民主共和国"。② 经过 28 年艰苦奋斗,中国共产党带领人民完成了新民主主义革命,建立了人民民主专政的新中国,实现了民族独立和人民解放。

在民族民主革命进程中,中国共产党就向世人昭示,"在新民主主义的政治条件获得之后,中国人民及其政府必须采取切实的步骤,在若干年内逐步地建立重工业和轻工业,使中国由农业国变为工业国。""中国工人阶级的任务,不但是为着建立新民主主义的国家而斗争,而且是为着中国的工业化和农业近代化而斗争。"③新中国成立后,他们又及时地把工作重心转移到经济建设上来,适时完成了国民经济的恢复,进行了生产资料私有制的社会主义改造,确立了社会主义基本制度,实现了中国历史上最广泛、最深刻的社会变革。在此基础上,中国共产党又提出了建设伟大的社会主义现代化强国的奋斗目标。经过近 30 年的社会主义建设,新中国建立起独立的、比较完整的工业体系和国民经济体系,保障最广大的人民群众享有基本的政治、经济和文化权利,积累了在一个社会生产力水平

---

① 《马克思恩格斯选集》第 1 卷,人民出版社 1995 年版,第 584 页。
② 《关于"国际帝国主义与中国和中国共产党"的决议案》,《中共中央文件选集》第 1 册,中共中央党校出版社 1989 年版,第 62 页。
③ 《毛泽东选集》第三卷,人民出版社 1991 年版,第 1081 页。

十分落后的东方大国进行社会主义建设的重要经验,为改革开放以来的快速发展奠定了坚实的基础。

三、工业化道路开始体现出中国特色

以毛泽东为代表的中国共产党人把马克思主义的发展理论和苏联工业化实践经验与中国特殊的国情相结合,形成了具有中国特点的工业化道路,使世界工业化道路开始体现出中国特色。

早在新民主主义革命进程中,中国共产党人就根据中国的特殊国情,把马克思主义关于科学社会主义的理论和苏联的社会主义实践经验与中国实际结合起来,为未来的中国设计了一条既不同于欧美资本主义、也不同于苏联社会主义的社会发展道路,经过新民主主义的经济、政治和文化建设,走一条从农业、轻工业起步,五种经济成分并行发展特别是让私人资本主义有一个长足发展的新民主主义工业化道路,在积累了充足的经济实力和建设经验之后,俟条件成熟时再向社会主义社会过渡。"毛泽东,还有中国共产党其他领导人,原来这样设想:在新中国成立后的一段时期里,首要任务还不是立即转变为社会主义社会,而是迅速地恢复和发展国民经济,开始大规模的国家工业化建设,使新民主主义的政治、经济、文化形态有相当程度的发展,为中国稳步地由农业国转变为工业国,由新民主主义国家转变为社会主义国家奠定基础。这就是说,先经过一段新民主主义社会的发展,待条件成熟后,再视情况,采取'严重的社会主义步骤',一举进入社会主义。"①为此,1949 年 11 月 29 日,毛泽东提出了关于国民经济恢复和发展的总体设想,即"三年五年恢复,十年八年发展"。1951 年 2 月 18 日,在中央政治局扩大会议上,毛泽东把这个设想

①《毛泽东传(1949—1976)》上卷,中央文献出版社 2003 年版,第 239 页。

明白地概括为"三年准备、十年计划经济建设",被中共中央正式确定为中国恢复和发展国民经济的战略方针。

然而,从 1951 年下半年到 1952 年上半年的一年多时间里,国际国内形势都发生了很大的变化。这使中国共产党的最高领导层开始考虑加快中国工业化的速度,开始考虑放弃从农业、轻工业起步,继而发展重工业的新民主主义工业化道路。1951 年 12 月,毛泽东在中共中央《关于实行精兵简政,增产节约,反对贪污、反对浪费和反对官僚主义的决定》中加写了这样一段话:"重点是用一切办法挤出钱来建设重工业和国防工业。一九五二年是我们三年准备工作的最后一年。从一九五三年起,我们就要进入大规模经济建设了,准备以二十年时间完成中国的工业化。完成工业化当然不只是重工业和国防工业,一切必要的轻工业都应建设起来。为了完成国家工业化,必须发展农业,并逐步完成农业社会化。但是首先重要并能带动轻工业和农业向前发展的是建设重工业和国防工业。"①这段话表明,朝鲜战争爆发及其带来的国际局势变化促使毛泽东重新审视从农业轻工业起步的工业化道路,重新思考国家工业化战略的重点问题了。这是一个重要信号,但这仅仅是一个开始。

1952 年才是中国共产党关于工业化战略发生重大变化的一年。这一年,国际国内出现了两个对于中国工业化战略影响极大的事件,这正是中国共产党下决心改变原先战略决策的直接原因。国际上,苏联同意对中国以重工业为重点的"一五"计划给予经济技术援助。斯大林明确表示,愿意在工业资源勘察、设计、工业设备、技术资料及派人赴苏留学和实习等方面援助中国的五年计划②,这就使以重工业为重点的第一个五年

①　《毛泽东文集》第六卷,人民出版社 1999 年版,第 207 页;《建国以来毛泽东文稿》第 2 册,中央文献出版社 1988 年版,第 534 页。

②　参见《周恩来年谱(1949—1976)》上卷,中央文献出版社 1997 年版,第 256 页;《陈云年谱(1905—1995)》中卷,中央文献出版社 2000 年版,第 147 页;《李富春传》,中央文献出版社 2001 年版,第 424—425 页。

计划的实施,有了比较可靠的保证。国内,中国社会经济的现实生活中,已经发生了一些超出原来预料的变化:第一个变化是,在以巨大财力支持抗美援朝战争的情况下,恢复国民经济的任务奇迹般地提前完成;第二个变化是,经过三年经济恢复,国营工商业和私营工商业的产值比例发生了根本性的变化;第三个变化是,在土地改革以后,农村中的互助合作事业普遍地发展起来。这三个重要社会经济现象,反映到毛泽东头脑里,促使他作出新的理论思考和决策。[1] 这些国际国内因素是直接的、显性的原因,根本原因则是世界上机器大生产的先进性同中国经济的落后性之间的矛盾。马克思主义最根本的方法是矛盾分析法。在国际原因(朝鲜战争的爆发和苏联的援助)和国内原因(经济社会结构的变化和旧中国遗留的落后的经济基础)这一对矛盾中,国内原因是主要矛盾;在国内原因中,中国经济的落后性同世界上机器大生产的先进性之间的矛盾是主要矛盾。新中国成立之初,工农业生产低下,物资极端匮乏,人民得不到最基本的生活保障;工农业比例中工业比重小,基础薄弱,生产水平极低,更谈不上什么工业体系;工业空间结构和内部结构都极不合理。经过三年恢复,虽有较大起色,但与实现国家工业化和改善人民生活水平的要求差距还很大。毛泽东认为,"原来的工业越落后,速度问题也越尖锐","现在我国工业化的速度也是一个很尖锐的问题。"[2]对中国来讲,工业化的速度是一个生死攸关的问题。

采用什么样的方法和手段才能实现高速增长? 不是资本主义,也不是新民主主义,而是社会主义。"资本主义道路,也可增产,但时间要长而且是痛苦的道路"[3],"只有社会主义能够救中国"[4]。什么是社会主

① 参见《毛泽东传(1949—1976)》上卷,中央文献出版社 2003 年版,第 240—241 页。
② 《毛泽东读苏联〈政治经济学(教科书)〉谈话记录选载》(四),《党的文献》1993 年第 4 期。
③ 《毛泽东文集》第六卷,人民出版社 1999 年版,第 299 页。
④ 《毛泽东文集》第七卷,人民出版社 1999 年版,第 214 页。

义？这个问题，今天与当时的认识差别较大。当时全世界所认识的社会主义在经济上的表现就是，生产资料公有制、计划经济和按劳分配，苏联就是现成的样板。

向社会主义过渡以及实施重工业优先发展的工业化战略，带来了经济管理体制的变革，由以市场经济为主转变为单一的计划经济。与新民主主义工业化相适应的是新民主主义经济体制，即五种经济成分并存，经济发展模式是大推进式的全面、均衡发展，在管理体制上以市场为主、直接计划与间接计划相结合为辅。这种管理体制与均衡的经济恢复和增长是相适应的，在国民经济的恢复过程中起到了巨大作用。与以重工业优先发展为特征的社会主义工业化相适应的是计划经济体制，为了保证资金、原材料和人才等稀缺资源能够有效地服务于重工业优先发展战略，国家形成了高效的资本动员与控制机制、原材料控制机制和人才培养与使用的计划机制，充分体现了国民经济和社会生活的全面计划性。在经济低度发展的条件下，计划经济与重工业优先发展达到完美的耦合。

选择重工业优先发展的工业化模式和计划经济体制以后，中国共产党并没有停止创新的脚步。在探索适合中国国情的工业化模式的过程中，以毛泽东为代表的中国共产党人顺应世界工业化的大势，在充分考虑新中国工业化起步阶段政治、经济条件的基础上，参照苏联和其他国家工业化的经验教训，逐步提出了以重工业为中心、正确处理农轻重关系、建立独立完整的工业体系与国民经济体系这样一条"中国工业化的道路"，使世界工业化道路开始体现出中国特色。

首先，这条道路体现了中国的大国国情。世界工业化进程的经验告诉我们，人口、国土面积以及自然资源这三项指标影响着一国经济社会发展战略的抉择，决定着不同的工业化模式。大国与小国在工业化战略上差别较大，门类齐全的工业体系和国民经济体系一般是大国所追求的。在确立新中国工业化方针时，毛泽东明确提出，"国家工业化的任务，根据我国人口众多、资源丰富的情况，要求我们建设一个独立的、完整的工业体系,对内能够依靠它满足社会主义扩大再生产和国民经济技术改造的需要,对外也可以在社会主义阵营各国之间发展充分有效国际协作"。① 此外,国民经济体系化,对新中国来说,还有另外一个战略意义,那就是着眼于国家经济安全的考虑。"当今世界,尽管一些小国可以从事特色经济而未必一定要以工业立国,但大国却必须以本国工业来支撑其庞大的经济躯体,否则容易导致软弱甚至衰弱。工业尤其是制造业犹如大国之'筋骨',拥有'钢筋铁骨',国家方可屹立不倒。新中国65年的历史,就是一部工业化史,虽历经艰难曲折,付出沉重代价,却如铮铮铁骨般支撑起东方巨龙。"②

其次,与其他工业化后进国家相比,这条道路体现了中国的新探索。在工业化史上,几乎所有的后进入工业化进程的大国都把生产资料工业放在重要的地位。这种做法几乎被视为通则,因为这是后进国赶超先进国最有效的法门,中国自然不例外。但是,毛泽东的眼光却没有止于此,他有自己的新思考。在《论十大关系》中,他指出:"重工业是我国建设的重点。必须优先发展生产资料的生产,这是已经定了的。但是决不可以因此忽视生活资料尤其是粮食的生产。"③在《关于正确处理人民内部矛盾的问题》的讲话中,他专门讲述了"中国工业化的道路"的问题:"工业化道路的问题,主要是指重工业、轻工业和农业的发展关系问题。我国的经济建设是以重工业为中心,这一点必须肯定。但是同时必须充分注意发展农业和轻工业。"④这段话可以说道出了中国工业化道路的基本点和实质:以工业为重心,处理好农、轻、重的关系,也就是处理好国民经济基础和国民经济发展方向的关系,按农轻重的次序安排国民经济。党中央和毛泽东围绕"以农业为基础、以工业为主导",农轻重协调发展的问题

① 《建国以来毛泽东文稿》第6册,中央文献出版社1992年版,第150页。
② 金碚:《推进工业化仍是我国重要战略任务》,《光明日报》2014年12月1日。
③ 《毛泽东文集》第七卷,人民出版社1999年版,第24页。
④ 《毛泽东文集》第七卷,人民出版社1999年版,第240—241页。

进行了长时间艰难的探索,从理论上实现了由"重工业优先发展"向"按照农轻重次序安排国民经济"、"以农业为基础、以工业为主导"的转变,不仅对当时国民经济的调整和发展起到了应有的作用,而且为党的十一届三中全会以后实现工业化发展战略的调整提供了重要的历史经验。

最后,在社会主义阵营中,这条道路体现了中国特色。第二次世界大战以后,随着东西方两大阵营的形成,苏联通过"经互会"对东欧国家经济进行干预,实行所谓的国际分工与生产专业化协作。新中国成立后,特别是开始大规模建设之后,苏联试图将这一模式强加给中国,反对中国发展自己的工业体系,因为它"自己开香肠铺,但不愿中国也开香肠铺,他要推销他的香肠"[①]。毛泽东把中国工业化的任务定位在"独立完整的工业体系"之上,这不仅是根据中国国情做出的深思熟虑的判断,而且也是和苏联等据理力争的结果。

中国工业化道路是对包括苏联在内的工业化后进国家经验教训的记取,是一种建立在中国国情基础上的理论创新和实践创新,是改革开放以来中国工业化改革创新的基础和源头。

四、中国工业化史的一个重要时期

从中华人民共和国成立到改革开放前的 30 年是新中国社会主义工业化历史上一个重要的发展阶段,是中国共产党领导工业化建设的重要历史时期,中国虽未全面实现工业化,经济社会发展还存在着不少的问题和明显的不足,但建立了独立、完整的工业体系和国民经济体系,产业结构发生了明显改善,工业化进程加快,人民生活水平和生活质量有所提高。

---

① 吴冷西:《十年论战》,中央文献出版社 1999 年版,第 68 页。

国家工业化进程明显加快。经过 30 年的艰苦创业，中国形成了农业、工业、交通运输、建筑、金融、贸易旅游和综合技术服务等七大行业，在以农业部门为经济主体的基础上，建成了门类比较齐全的工业体系，从根本上解决了"从无到有"的问题。独立的、完整的工业体系和国民经济体系的建立，不仅使中国在赢得政治上的独立之后又赢得了经济上的独立，而且为中国以后的发展奠定了牢固的物质技术基础，这是中国工业化历史上具有里程碑意义的经济活动，也是我们党和国家十分珍视的、引以为荣的成就。"在不长的时间里，我国社会就发生了翻天覆地的变化，建立起独立的比较完整的工业体系和国民经济体系，独立研制出'两弹一星'，成为在世界上有重要影响的大国，积累起在中国这样一个社会生产力水平十分落后的东方大国进行社会主义建设的重要经验。"①

人民共享工业化的成果，生活水平明显提高。中国共产党和人民政府历来都把最广大人民的根本利益作为党和国家一切工作的出发点和落脚点，努力做到发展为了人民、发展依靠人民、发展成果由人民共享。1952—1978 年间，在经济相对水平低下的情况下，中国政府致力于人民生活质量的提高，使人民群众最大限度地享受到经济增长的好处。1978 年年底，中国的国内生产总值达到 3645.2 亿元人民币，人均 381 元，折合 228 美元，位列低收入国家，但中国却能够为最大多数人提供高于低收入国家水平的生活保障，表现出与其他大多数发展中国家截然不同的状况。在低度发展的条件下，中国共产党解决了中国历史上从来不曾解决的几亿人口的吃饭问题，保障广大人民享有基本的医疗保健和卫生服务，这本身就是一项非常了不起的成就。

改革开放前后两个 30 年，是中国共产党领导全国人民进行社会主义现代化建设的两个前后紧密连贯的重要时期，前者为后者奠定了基础，后

---

① 习近平：《在纪念毛泽东同志诞辰 120 周年座谈会上的讲话》，《人民日报》2013 年 12 月 27 日。

者对前者作了延伸,二者辩证统一于中国特色社会主义建设中。"中国振兴之路刚刚走过60年。新中国成立以后的30年,中国在计划经济体制下初步形成了工业基础;改革开放以来的30年,实现了工业化的加速推进,中国的工业实力和国际地位显著提高。"①

在新中国工业化史的研究、教学和宣传中,应当坚持科学的历史观,既不能以前30年否定后30年,也不能以后30年否定前30年,因为二者是密不可分的两个重要历史时期。"我们党领导人民进行社会主义建设,有改革开放前和改革开放后两个历史时期,这是两个相互联系又有重大区别的时期,但本质上都是我们党领导人民进行社会主义建设的实践探索。中国特色社会主义是在改革开放历史新时期开创的,但也是在新中国已经建立起社会主义基本制度、并进行了20多年建设的基础上开创的。虽然这两个历史时期在进行社会主义建设的思想指导、方针政策、实际工作上有很大差别,但两者决不是彼此割裂的,更不是根本对立的。不能用改革开放后的历史时期否定改革开放前的历史时期,也不能用改革开放前的历史时期否定改革开放后的历史时期。"②这是习近平2013年初在新进中央委员会的委员、候补委员学习贯彻党的十八大精神研讨班开班式上讲话中提出来的重要观点,明确论述了这两个历史时期的关系,这是用历史唯物主义分析中国社会主义建设史,指导中国特色社会主义历史研究的重要思想。

---

① 中国社会科学院工业经济研究所:《中国工业发展报告(2009)——新中国工业60年》,经济管理出版社2009年版,第15页。

② 《毫不动摇坚持和发展中国特色社会主义,在实践中不断有所发现有所创造有所前进》,《人民日报》2013年1月6日。

第一章　理论创新推动中国工业化实践新探索

党的十一届三中全会以来,在重新审视国情和世情的基础上,中国共产党实现了全面的理论创新,创立了中国特色社会主义理论体系,创新了中国特色社会主义道路,完善了中国特色社会主义制度。中国特色社会主义理论体系内容丰富,重要的创新不胜枚举,但核心的理论创新在于社会主义初级阶段理论、社会主义市场经济理论和社会主义本质理论。[①]其中,社会主义初级阶段理论在中国特色社会主义理论体系中处于基础地位,是社会主义市场经济理论和社会主义本质理论的实践基础和理论出发点;社会主义本质论居于最高的理论层次,它是对中国特色社会主义的理论定位,也是社会主义市场经济体制的理论依据;社会主义市场经济理论是由社会主义初级阶段的现实需要,社会主义市场经济是体现社会主义本质和完成社会主义初级阶段基本任务的途径与手段。这三大理论创新对于中国特色社会主义工业化的定位、路径与目标都至关重要,三者辩证统一、共同作用,推动着中国特色社会主义工业化的健康与稳步发展。

[①] 参见郭根山:《建设有中国特色社会主义理论的三大支柱》,《中州学刊》1996 年专刊。

第一节　理论创新的逻辑起点

时代主题已经转换的新判断是中国共产党科学地观察外部世界的结果,是重新定位中国与外国,特别是中国与西方发达国家经济、政治、外交等各方面关系的理论依据,更是中国制定政策的依据。时代主题转换的科学判断是新时期中国共产党理论创新的逻辑起点。

一、时代主题转换

时代主题是指时代的主要内容、基本特征和发展方向,是在一定历史时期内,反映世界基本特征和基本趋势,并对未来发展具有全局性战略意义的本质特征。时代主题包括两层含义:一、它是当今世界的主要内容和需要解决的根本问题;二、它是当今世界发展的主流和方向。

按照历史唯物主义的分析方法和马克思主义关于世界历史理论观察当今人类历史发展进程,我们发现,时代并没有发生根本性的变化,即"时代本质"并没有发生变化,全世界依然处于从资本主义向社会主义过渡的时代。但"时代主题"却发生了变化,已由"战争与革命"转变为"和平与发展",世界进入了和平与发展的新阶段,和平与发展是这个时代的阶段性特征。

中国共产党在提出时代主题转换的问题时,无论是邓小平还是党的其他领导人从来都没有忽略过当前我们所处大时代的性质和内容。比如,邓小平在1992年年初视察南方谈话时说:"封建社会代替奴隶社会,资本主义代替封建主义,社会主义经历一个长过程发展后必然代替资本主义。这是社会历史发展不可逆转的总趋势。"①这指的是"时代本质"

---

① 《邓小平文选》第三卷,人民出版社1993年版,第382—383页。

没有改变,仍然是"由资本主义向社会主义过渡的时代"。同样,江泽民在庆祝中国共产党成立七十周年大会上的讲话以及党的十四大报告中都阐明了同一个道理:"马克思主义揭示了世界发展的普遍规律特别是人类社会历史发展的普遍规律,揭示了社会主义必然代替资本主义和建设社会主义、最终实现共产主义的普遍规律,是无产阶级和劳动人民认识世界和改造世界的强大思想武器。"①"社会主义是人类历史上全新的社会制度,它必然代替资本主义,这是社会历史发展的总趋势。"②

　　时代主题的转换,从根本上说是矛盾运动的结果,随着世界上各种矛盾的缓和与形势的变化,时代主题也会发生变化。在第二次世界大战以后20多年里,国际经济形势和政治格局都发生了重大变化,时代主题逐步由"革命与战争"转向"和平与发展"。

　　第一,发达资本主义国家之间的矛盾出现缓和。第二次世界大战以后,全方位、加速度发展的新技术革命极大地改变了发达资本主义国家的经济结构和产业结构,对国际政治、经济、军事乃至人们的生活方式都产生了巨大而深远的影响。发达资本主义国家之间国际争夺的重点和手段逐渐从加强军备竞赛、准备发动世界大战转变为以保守和平环境、加速高新科技发展为主,以综合实力特别是经济实力确立各自的国际地位与影响。同时,随着两大阵营和两大军事集团的形成,西方国家逐步团结起来以抵御共产主义的影响,欧洲一体化进程加强了欧洲国家间的合作和相互依赖,它们之间的战争因素已基本排除。为了全球战略利益,美国进一步加强了同各资本主义国家的联系与合作。

　　第二,发达资本主义国家内部的矛盾缓和。战后,各发达资本主义国家都抓住新技术革命兴起的历史机遇来发展自己。以原子能、计算机和

---

①　江泽民:《在庆祝中国共产党成立七十周年大会上的讲话》,《十三大以来重要文献选编》下卷,中央文献出版社 2011 年版,第 171—172 页。

②　江泽民:《加快改革开放和现代化建设步伐,夺取有中国特色社会主义事业的更大胜利》,《十四大以来重要文献选编》上卷,中央文献出版社 2011 年版,第 40 页。

空间技术等技术突破为标志的第三次技术革命不仅有力地推动了生产力的飞速发展,有效地改变了人与自然的关系,而且也大大地拓展了它的社会功能。一方面,新技术革命的迅猛发展增强了国家的经济总量和实力,改变了传统的产业结构,也改变了传统的阶级结构,劳动轻松化、工人白领化、社会中产化逐渐成为普遍现象,工人阶级的现实状况同经典马克思主义理论中的描述相比,发生了不小的改变;另一方面,在这种背景下各发达资本主义国家都进行了国家政策的调整。现代资本主义国家对经济和社会生活进行了调节与干预,减轻了资本主义经济危机发生的频度和剧烈程度,在很大程度上缓解了资本主义国家内部无产阶级和资产阶级的矛盾,工人运动和社会主义运动一直处于低迷状态,没有普遍的革命形势。

第三,发达国家与发展中国家之间矛盾(南北矛盾)的表现形式发生了变化。战后兴起的民族解放运动的高潮使许多国家和地区摆脱了殖民主义的枷锁,取得民族独立,原来的帝国主义国家和殖民地半殖民地国家之间的矛盾,逐步演变为北方发达国家与南方发展中国家的矛盾。战后几十年间,发达国家与发展中国家之间由原来的压迫者与被压迫者的民族矛盾逐步演变为发展的鸿沟(development divide,development gap)。一方面,在新科技革命给世界各国带来巨大机遇的时候,南北差距却进一步扩大了。发达国家抓住机遇快速地实现了发展,发展中国家则在取得民族独立后大多忙于国家的重新整合或寻找新的发展道路而丧失了有利的时机。这样,在发达国家已经向信息化社会过渡的时候,许多发展中国家的工业化还没有完成。另一方面,发达国家改变了获取原料和占领市场的手法,由发动战争、瓜分殖民地,转变为对发展中国家进行经济和政治的渗透。矛盾虽然发生了变化,但矛盾双方关系的实质并没有改变,发达资本主义国家利用以其为主导建立起来的国际政治经济秩序继续控制、剥削和掠夺广大的发展中国家,致使南北经济发展差距进一步扩大,南北矛盾突出。正如北京大学尹保云教授所言:"独立以来100年的时间,拉美在国际经济分工体系中的地位没有发生改变","事实上,拉丁美洲独立以后依靠出口初级产品带来的100多年的经济增长,只是在帮助推进西方国家的工业化而不是在搞自己的工业化,除了表面上经济数字的区别外,同独立以前的道路没有很大的不同。"①法国历史学家费尔南·布罗代尔(Fernand Braudel)举证巴西的例子则更能说明这一问题的实质:"自1822年获得独立的巴西过去和现在始终觉得处于'殖民地'状态,并非面对葡萄牙,而是面对欧洲和美国。有一句今天常说的玩笑话:'我们不是巴西合众国,而是美利坚合众国的巴西。'"②巨大的科技差距及国际贸易中的不平等交易使南北差距在"二战"后的几十年间不但没有缩小,反而扩大了。占世界人口1/4的北方国家国民收入约占全世界的4/5,而占世界人口3/4的南方国家却只拥有世界1/5的国民收入。世界银行前总裁詹姆斯·沃尔芬森(James D. Wolfensohn)认为,在过去的50年中,北方富国掌控着全球经济,占全球GDP的4/5。从1950年到1980年,北半球贡献了全球GDP的大约80%,而其人口只占22%;南半球则占据了全球其余人口及占全球经济收入的20%。③

第四,发达资本主义国家与社会主义国家的矛盾(东西矛盾)发生了变化。东西两个军事集团成立和有关朝鲜及印度支那问题的日内瓦会议后,两极格局最后形成,力量对比出现稳定的均势,东西方都以防御为主,基本上维持了雅尔塔体制现状,虽然冷战形势时有起伏,但避免了世界大战,局部战争的数量和规模也呈减少的趋势。第二次世界大战后,美苏两个超级大国成了世界舞台的中心和主角。冷战爆发后,美国凭借强大的经济、军事实力,一方面遏制苏联,遏制共产主义,敌视世界各国的革命运

---

① 尹保云:《现代化通病——二十多个国家和地区的经验与教训》,天津人民出版社1999年版,第139页。

② [法]F.布罗代尔:《15至18世纪的物质文明、经济和资本主义》第3卷,三联书店1993年版,第36页。

③ James D. Wolfensohn. *Farewell to Development's Old Divides*, http://www.project-syndicate.org/commentary/wolfensohn4.

动;另一方面大力扶植西欧,通过杜鲁门主义、马歇尔计划和组建北大西洋公约组织,把西欧联合在以美国为首的资本主义阵营中。苏联由于在反法西斯战争中的卓越贡献,威信空前提高,它一方面扩大和巩固在战争中获取的胜利成果,帮助和支持周边一些国家走上社会主义道路;另一方面通过组织共产党情报局、经济互助委员会和华沙条约组织,形成以苏联为首的社会主义阵营。这样,世界上就逐步出现了战略上相互对立的主要国家分属于以美苏为中心的两大利益集团的东西方格局。以美苏两个超级大国为首的政治、经济、军事三位一体的两大集团相互对峙,形成一定的力量均势。

同时,20 世纪 50 年代美苏两个超级大国都有了核武器。随着核竞赛不断升级,双方都具备能瞬间摧毁对方的核能力,也具备把地球表面摧毁若干次的力量。然而,尽管美苏军备竞赛有导致战争的危险,但并没有发展成为战争的现实。因为核武器的特殊性使得谁也不敢贸然动手,从而最终形成美苏两个核大国的相对均势。正如邓小平所说,"要打第三次世界大战,任何一个国家都没有能力,只有两个超级大国才有资格发动","美苏两家打不起来,就没有世界大战"。①

由此可见,第二次世界大战以后,一方面,世界和平的力量不断增长,和平的力量超过了战争的力量。处于弱势地位的广大发展中国家在取得政治独立后迫切需要一个和平稳定的环境来进行国家建设,他们是维护世界和平的中坚力量。西方发达国家的广大民众在经历了战争的痛苦与磨难后,和平的意愿空前强烈,因而也积极推动和平运动。另一方面,发展已经成为世界各国共同关注的问题和追求的目标,各国均希望通过发展来增强国家实力,提高国际地位,通过发展来解决人民的物质文化生活问题。由此看来,20 世纪 60 年代中期以后世界发展的主要趋势和基本特征已经不是战争与革命,而是和平与发展了,和平与发展已经成为新的

① 《邓小平文选》第三卷,人民出版社 1993 年版,第 233、319 页。

时代主题。

二、时代主题转换的科学判断逐步形成

时代主题的转换和最高决策层对时代主题转换的判断并非一回事。和不少国家一样,中国对时代主题转换问题的把握和判断也经历了一个长期的、曲折的过程。这个过程反映了中国共产党对时代主题问题的认识由浅入深、由表及里的不断深化过程,同时也是内外政策不断调整的过程。

新中国成立后的很长一段时间内,毛泽东和中央对国际形势的判断及对战争与和平问题的认识还是比较清醒的。他们认为,一方面由于帝国主义的存在,爆发第三次世界大战的危险并没有消除;另一方面只要世界和平力量不断发展壮大,新的世界战争是能够避免的。1950 年 6 月在党的七届三中全会上,毛泽东指出:"帝国主义阵营的战争威胁依然存在,第三次世界大战的可能性依然存在。但是,制止战争危险,使第三次世界大战避免爆发的斗争力量发展得很快,全世界大多数人民的觉悟程度正在提高。只要全世界共产党能够继续团结一切可能的和平民主力量,并使之获得更大的发展,新的世界战争是能够制止的。"①1959 年 10 月,毛泽东同日本共产党代表团谈话中指出:"整个国际形势是在好转。西方的高压政策、实力地位政策,或者说是冷战政策,已难以继续下去了。""争取比较长的和平时间是可能的。""从总的情况来看,争取到十年至十五年的和平时间是可能的。"②为争取世界和平,20 世纪 50 年代中期,中国政府提出并与缅甸、印度倡导以和平共处五项原则作为处理国家关系的基本准则,这一原则受到国际社会的高度评价,逐步成为国际社会

① 《毛泽东文集》第六卷,人民出版社 1999 年版,第 67—68 页。
② 《毛泽东文集》第八卷,人民出版社 1999 年版,第 91、92 页。

共同遵守的准则。

进入 20 世纪 60 年代以后，美国侵略越南战争升级，美苏争霸加剧，中苏关系恶化。一系列严峻的事实使党中央和毛泽东不能不把国家安全放在一个非常重要的地位来考虑，不能不高度重视国防建设和战备工作，把更多的财力物力用在国防和外援上，整个经济建设的布局也立足于准备打仗。加上主观指导思想上"左"的倾向的发展，党中央和毛泽东对国际形势的判断和对时代主题的认识发生严重的偏差，提出不是战争引起革命，就是革命制止战争的思想。① 这种认识和做法虽然在主观动机上是从维护国家安全、促进世界革命发展的良好愿望出发的，但由于对战争危险和世界革命形势估计失误，给中国的社会主义建设事业的多方面造成了一定的负面影响。

20 世纪 70 年代末到 80 年代中期，邓小平高度重视国际形势问题，对时代问题进行了深刻的思考和探索，对当今世界的战争、和平与革命问题的认识也逐渐发生重大变化。

"文化大革命"结束至中共十二大前，党中央和邓小平对国际形势和时局的估计是，世界形势不是缓和而是更紧张，战争危险仍在增长，苏联加速推进全球战略，严重威胁中国安全。1977 年 11 月 1 日，《人民日报》发表的编辑部文章提出："世界战争是不可避免的，但是可以推迟的。我们为了防止战争策动者的突然袭击，不能不要求我们的防务工作立足于早打大打。"②党的十一届三中全会公报也认为，"战争危险仍然严重存

---

① 1968 年 11 月 28 日，毛泽东在会见澳大利亚共产党（马列）中央主席希尔时曾经讲到：请你考虑一下，世界上是战争呢？还是革命？是发生战争后引起革命，还是革命制止战争？总之，现在既不打仗，又不革命，这种状态不会持续很久了。1969 年 4 月 1 日，林彪在中共九大的报告中说"毛主席最近指出"：关于世界大战问题，无非是两种可能：一种是战争引起革命，一种是革命制止战争。参见《建国以来毛泽东文稿》第 13 册，中央文献出版社 1998 年版，第 32 页。

② 《人民日报》编辑部：《毛主席关于三个世界划分的理论是对马克思列宁主义的重大贡献》，《人民日报》1977 年 11 月 1 日。

在，我们必须加强国防，随时准备击退来自任何方面的侵略者。"①苏联军队大举入侵阿富汗，侵略柬埔寨的越南军队大举向泰国边境推进，构成了国际形势的新的严重危机。这样的局势影响了党中央和邓小平的判断："全世界都估计到，八十年代是个危险的年代。反对霸权主义这个任务，每天都摆在我们的议事日程上。八十年代的开端就不好，发生了阿富汗事件，还有伊朗问题，更不用说早一点的越南问题、中东问题。这样的问题以后还会很多。总之，反对霸权主义的斗争，始终是作为一项严重的任务摆到我们国家和全国人民的日程上面就是了。"②1982 年 9 月，党的十二大报告也做出相同的判断：世界大战的危险由于超级大国的争夺而越来越严重。不过，尽管党中央和邓小平对形势形成了上述的基本判断，但丝毫也没有放松经济建设。1980 年 1 月，邓小平在《目前的形势和任务》中讲了 20 世纪 80 年代要做的三件大事：反对霸权主义维护世界和平，实现祖国统一，加紧现代化建设。他说："三件事的核心是现代化建设……在国际事务中反对霸权主义，台湾归回祖国、实现祖国统一，归根到底，都要求我们的经济建设搞好。"③

1982—1983 年，苏联入侵阿富汗受挫，难以实现其战略预想，苏联经济增长率以及国民生产总值在世界经济中所占份额不断下降。同时，美国出现了经济危机。美苏经济下滑，必然要影响各自全球战略的实现。邓小平审时度势，改变了对时局的看法。1983 年 3 月，在视察江苏等地后，邓小平谈道："现在的问题是要注意争取时间，该上的要上。大战打不起来，不要怕，不存在什么冒险的问题。以前总是担心打仗，每年总要说一次。现在看，担心得过分了。我看至少十年打不起来。"④这是一个

---

① 《中国共产党第十一届中央委员会第三次全体会议公报》，《三中全会以来重要文献选编》上卷，中央文献出版社 2011 年版，第 3 页。

② 《邓小平文选》第二卷，人民出版社 1994 年版，第 240 页。

③ 《邓小平文选》第二卷，人民出版社 1994 年版，第 240 页。

④ 《邓小平文选》第三卷，人民出版社 1993 年版，第 25 页。

重要的信号,表明邓小平对国际形势的看法开始发生重大转变。正如他后来回忆这几年的思路时所说,"这几年我们仔细地观察了形势","在较长时间内不发生大规模的世界战争是有可能的,维护世界和平是有希望的。根据对世界大势的这些分析,以及对我们周围环境的分析,我们改变了原来认为战争的危险很迫近的看法"。①

接着,在1984—1985年间,邓小平经过深思熟虑之后,集中地表达了他对战争、和平与发展问题的看法。他指出,"现在世界上问题很多,有两个比较突出。一是和平问题。现在有核武器,一旦发生战争,核武器就会给人类带来巨大的损失。要争取和平就必须反对霸权主义,反对强权政治。二是南北问题。这个问题在目前十分突出。发达国家越来越富,相对的是发展中国家越来越穷。南北问题不解决,就会对世界经济的发展带来障碍。""国际上有两大问题非常突出,一个是和平问题,一个是南北问题。还有其他许多问题,但都不像这两个问题关系全局,带有全球性、战略性的意义。""现在世界上真正大的问题,带全球性的战略问题,一个是和平问题,一个是经济问题或者说发展问题。和平问题是东西问题,发展问题是南北问题。概括起来,就是东西南北四个字。"②虽然这时邓小平还没有使用"和平与发展"的概念,更没有使用"时代主题"的语汇,但也清楚地表明,邓小平关于时代主题的新判断已经形成。

接下来,党的十三大首次提出"和平与发展是当代世界的主题"的命题,党的十四大、十五大、十六大和十七大先后提出并重申"和平与发展是当代世界两大主题","和平与发展是当今时代的主题","和平与发展仍是当今时代的主题","和平与发展仍然是时代主题"。十八大也坚持我们党的正确判断:"当今世界正在发生深刻复杂变化,和平与发展仍然是时代主题。世界多极化、经济全球化深入发展,文化多样化、社会信息

---

① 《邓小平文选》第三卷,人民出版社1993年版,第127页。
② 《邓小平文选》第三卷,人民出版社1993年版,第56、96、105页。

化持续推进,科技革命孕育新突破,全球合作向多层次全方位拓展,新兴市场国家和发展中国家整体实力增强,国际力量对比朝着有利于维护世界和平方向发展,保持国际形势总体稳定具备更多有利条件。"①

科学观察和分析时代特征,正确估量和把握时代主题,是正确制定内外政策的基础和依据。邓小平关于和平与发展是当代世界主题的思想,对于我们把全党和全国的工作重心转移到经济建设上来,一心一意搞经济建设,积极推行改革开放,加快中国特色社会主义现代化建设步伐,其作用是无法估量的。"一个是对国际形势的判断,一个是根据这个判断相应地调整对外政策,这是我们的两个大变化。现在看来,这两个变化是正确的,对我们是有益的,我们要坚持下去。只要坚持这样的判断和这样的政策,我们就能放胆地一心一意地好好地搞我们的四个现代化建设。"②

三、时代主题转换是理论创新的逻辑起点

辨析与认识时代主题,不仅是一个国家制定对外战略和政策的前提,同时也是制定国内政策,调整经济、政治与军事战略的主要依据。时代主题转换也是中国共产党在改革开放新时期理论创新的逻辑起点。

当和平与发展成为当今时代的两大主题,外求和平、内谋发展就成为中国共产党的两大任务。时代主题转换要求我们要牢牢扭住经济建设这个中心,坚持聚精会神搞建设、一心一意谋发展,不断解放和发展社会生产力。就当今世界来看,在一个较长时期内争取和平的国际环境,避免新的世界大战,是有可能的。这就要求中国共产党必须充分利用这难得的和平机遇,发展社会主义的生产力,提高综合国力和人民生活水平,发展

① 胡锦涛:《坚定不移沿着中国特色社会主义道路前进,为全面建成小康社会而奋斗》,《人民日报》2012 年 11 月 18 日。

② 《邓小平文选》第三卷,人民出版社 1993 年版,第 128 页。

中国特色社会主义。

1982 年,党的十二大举起了中国特色社会主义的伟大旗帜。经过 10 多年的实践探索,中国共产党把社会主义初级阶段理论、社会主义市场经济理论和社会主义本质理论写在中国特色社会主义理论体系中。"社会主义的本质,是解放生产力,发展生产力,消灭剥削,消除两极分化,最终达到共同富裕。"党和国家的各项工作,正确与错误,成绩的大与小,都应该以"是否有利于发展社会主义社会的生产力,是否有利于增强社会主义国家的综合国力,是否有利于提高人民的生活水平"作为判断标准。"社会主义阶段的最根本任务就是发展生产力,社会主义的优越性归根到底要体现在它的生产力比资本主义发展得更快一些、更高一些,并且在发展生产力的基础上不断改善人民的物质文化生活。"①如何才能加快生产力的发展,体现社会主义制度的优越性,体现社会主义的本质? 归根到底,各种政策都要遵循社会主义初级阶段的基本国情,各项工作都要坚持社会主义初级阶段的基本路线,完善社会主义初级阶段的基本政治、经济和文化制度,把社会主义市场经济作为发展社会主义生产力的基本手段。

改革开放 30 多年来,中国取得了举世瞩目的成就,首先应当归功于党对时代主题转换的准确判断,以及在此判断基础上的理论与实践创新。"上个世纪七十年代末以来,面对和平与发展成为时代主题的国际环境,面对人民日益增长的物质文化需要同落后的社会生产之间的矛盾这个现阶段我国社会的主要矛盾,我们党在拨乱反正的基础上及时实现了工作重点的战略转移,果断作出改革开放的战略抉择,紧紧把握发展这个党执政兴国的第一要务,加快建设富强民主文明的社会主义现代化国家。历史表明,只有正确认识和把握时代特征和世界发展的总趋势,科学制定和实施符合我国实际和人民愿望的目标和任务,我们党才能始终站在时代

---

① 《邓小平文选》第三卷,人民出版社 1993 年版,第 373、372、63 页。

发展的前列和中国社会发展进步的潮头。"①

第二节　社会主义初级阶段理论 赋予中国工业化新特色

中国国情是中国共产党制定革命和建设战略方针的根本依据,科学地分析和把握国情是中国革命和建设事业不断取得新胜利的根本保证。"认清中国社会的性质,就是说,认清中国的国情,乃是认清一切革命问题的基本的根据。"②"认识中国国情,最重要的是认识对中国革命和建设有重大影响的一切有利的和不利的现实因素,特别是认识中国社会的性质和发展阶段,认识社会主要矛盾和它的变化。"③这些论断是对中国革命与建设历史经验的总结。社会主义初级阶段理论是中国共产党对中国国情认识的一大飞跃。

一、马克思主义经典作家对社会发展阶段的认识

在马克思主义创始人生活的时代,社会主义建设还不是直接的实践问题,他们在科学分析人类社会发展规律的基础上对未来社会发展阶段提出过一些原则性的设想。马克思、恩格斯提出,无产阶级在夺取政权之后,经过一个不太长的过渡期从而实现从资本主义到共产主义社会的转变。在《哥达纲领批判》中,马克思指出,未来共产主义社会可以分为两

---

① 胡锦涛:《在庆祝中国共产党成立85周年暨总结保持共产党员先进性教育活动大会上的讲话》,《十六大以来重要文献选编》下卷,中央文献出版社2011年版,第522页。

② 《毛泽东选集》第二卷,人民出版社1991年版,第633页。

③ 江泽民:《在庆祝中国共产党成立七十周年大会上的讲话》,《十三大以来重要文献选编》下卷,中央文献出版社2011年版,第172页。

个不同的发展阶段："第一阶段"与"高级阶段"。"第一阶段"是"刚刚从资本主义社会中产生出来的,因此它在各方面,在经济、道德和精神方面都还带着它脱胎出来的那个旧社会的痕迹"①。共产主义第一阶段与高级阶段的区别在于成熟程度的不同,发展水平的不同。此后,尽管马克思、恩格斯都把未来社会的"第一阶段"看作是一个不断发展的历史过程,但他们都没有再将它作进一步分解。至于整个共产主义社会到底要经过哪些发展阶段,由于他们没有亲身经历社会主义社会的实践,不可能对这个问题做出具体的论断。这一问题只能留给后来的实践去解决。

在社会主义思想发展史上,较早提到社会主义发展阶段问题的是列宁。他认为,在经济落后的俄国,只能建成"初级形式的社会主义",而不能立即建成"发达的社会主义"。这里包含着社会主义社会也要有一个由低级到高级、由不完备到比较完备发展过程的思想。列宁依据马克思在《哥达纲领批判》中关于共产主义社会发展阶段的理论,依次考察了无产阶级国家在过渡时期、共产主义的"第一阶段"、共产主义社会的"高级阶段"的历史命运,提出了有关未来共产主义社会发展阶段的两个重要思想:一是明确把"共产主义社会的第一阶段"称为"社会主义",从而使"社会主义"一词有了特定的现实内容;二是认为社会主义社会也是一个可以再分的过程,社会主义只有经过若干发展阶段才能到达共产主义,但"至于人类会经哪些阶段、通过哪些实际措施达到这个最高目的,那我们不知道,也不可能知道"②。

列宁逝世后,斯大林教条地对待马克思主义关于共产主义发展阶段的理论,忽视了列宁关于社会主义需要划分阶段的思想,把社会主义看作是一个短暂的阶段,脱离实际地提出向共产主义过渡的任务。1936年,他在《关于苏联宪法草案》的报告中宣布,"我们苏联社会已经做到在基

① 《马克思恩格斯选集》第3卷,人民出版社1995年版,第304页。
② 《列宁选集》第3卷,人民出版社1995年版,第201页。

本上实现了社会主义,建立了社会主义制度,即实现了马克思主义者又称为共产主义第一阶段或低级阶段的制度。这就是说,我们已经基本上实现了共产主义第一阶段,即社会主义。"①1939 年,斯大林提出向共产主义过渡的目标。第二次世界大战结束后,经过一段时间的经济重建,1952年斯大林又宣布党的主要任务是从社会主义过渡到共产主义。这种脱离实际、急于过渡的思想,对苏联和其他社会主义国家的发展,造成了消极的影响。

二、社会主义初级阶段理论的提出与形成

社会主义初级阶段理论的提出是 20 世纪 80 年代中国共产党分析中国国情的最新结论,是党的十一届三中全会以来中国共产党取得的最重大的理论成就之一。社会主义初级阶段理论是中国共产党反思国际共产主义运动中关于社会主义发展阶段理论的结果,也是中国共产党自身对社会主义发展阶段理论认识不断深化的结果。

在中国社会主义建设实践中,毛泽东开始对中国社会主义发展的阶段问题进行了理论思考。在 1956 年 1 月召开的知识分子问题会议上,毛泽东提出中国已经进入、尚未完成社会主义社会的思想。后来,毛泽东区分了社会主义制度的"建立"和社会主义社会的"建成"这两个问题:"在我国建立一个现代化的工业基础和现代化的农业基础,从现在起,还要十年至十五年。只有经过十年至十五年的社会生产力的比较充分的发展,我们的社会主义经济制度和政治制度,才算获得了自己的比较充分的物质基础(现在,这个物质基础还很不充分),我们的国家(上层建筑)才算充分巩固,社会主义社会才算从根本上建成了。"②这样,毛泽东就把建成

---

① 《斯大林选集》下卷,人民出版社 1979 年版,第 399 页。
② 《建国以来重要文献选编》第 10 册,中央文献出版社 1994 年版,第 491 页。

社会主义的思想具体化了：不仅预测了建成社会主义的时间（10—15 年。当然，用 10—15 年时间建成社会主义，这说明毛泽东对社会主义现代化建设的艰巨性和社会主义建设的规律还缺乏深刻的认识），而且指出了建成社会主义的标准（建立起现代化的工农业基础。当然，今天看来，这个标准并不算很高，说明毛泽东在一定程度上受到了苏联和国际共产主义运动中急于向共产主义过渡的"左"倾思想的影响，把建成社会主义看成是一个并非高不可攀的目标），还明确了建成社会主义的手段（大力发展社会主义生产力）。

但由于中国当时刚刚进入社会主义社会，对社会主义建设还没有足够的经验，对社会主义社会的发展规律还没有很清楚的认识。因此，关于社会主义发展阶段的思想没有能够坚持和发展。在 1958 年的"大跃进"和人民公社化运动中，由于对社会主义发展阶段认识的不坚定和对社会生产力发展速度作出了严重错误的估计，产生了"共产主义在我国的实现，已经不是什么遥远将来的事情了"的盲目乐观情绪。经历超越阶段、刮共产风招致经济困难的挫折之后，毛泽东意识到了在中国建设社会主义的艰巨性、复杂性和长期性，深刻地认识到有必要从理论上进一步探讨社会主义社会发展阶段的理论问题。1959 年 12 月到 1960 年 2 月，在系统地研读苏联《政治经济学（教科书）》时，他提出"不发达"和"比较发达"的社会主义的理论问题："社会主义这个阶段，又可能分为两个阶段，第一个阶段是不发达的社会主义，第二个阶段是比较发达的社会主义。后一阶段可能比前一阶段需要更长的时间。经过后一阶段，到了物质产品、精神财富都极为丰富和人们的共产主义觉悟极大提高的时候，就可以进入共产主义社会了。""在我们这样的国家，完成社会主义建设是一个艰巨任务，建成社会主义不要讲得过早了。"[1]对于社会主义社会两个发展阶段的理论，毛泽东虽未作详细的论证和深

---

[1] 《毛泽东文集》第八卷，人民出版社 1999 年版，第 116 页。

化,但意义重大,相对于当时国际共产主义运动中高估社会主义社会的发展阶段、急于向共产主义过渡的"左"倾思想来说,这是一个比较清醒的、更加合乎实际的认识。不仅如此,这些理论探索还是中国共产党关于社会主义初级阶段理论的最初来源。但可惜的是,20 世纪 60 年代中期以后党的指导思想方面"左"的倾向不断发展,中断了探索中国社会主义发展阶段的正确之路。

党的十一届三中全会以后,在总结新中国成立以来历史经验和改革开放以来新的实践经验的基础上,中国共产党对中国社会主义所处的历史阶段进行了新的探索,逐步作出了中国还处于并将长期处于社会主义初级阶段的科学论断,准确地把握了中国的基本国情。1981 年,党的十一届六中全会通过的《中国共产党中央委员会关于建国以来党的若干历史问题的决议》第一次提出中国社会主义制度处于初级阶段。"尽管我们的社会主义制度还是处于初级的阶段,但是毫无疑问,我国已经建立了社会主义制度,进入了社会主义社会,任何否认这个基本事实的观点都是错误的。我们在社会主义条件下取得了旧中国根本不可能达到的成就,初步地但又有力地显示了社会主义制度的优越性。"[1]1982 年,党的十二大报告指出,国际共产主义运动"在我国已经发展到建立起作为共产主义社会初级阶段的社会主义社会","我国的社会主义社会现在还处在初级发展阶段,物质文明还不发达"。[2] 1986 年,党的十二届六中全会通过的《中共中央关于社会主义精神文明建设指导方针的决议》,对社会主义初级阶段的内容作了一定的分析,认为"我国还处在社会主义的初级阶段,不但必须实行按劳分配,发展社会主义的商品经济和竞争,而且在相当长历史时期内,还要在公有制为主体的前提下发展多种经济成份,在共

---

[1] 《中国共产党中央委员会关于建国以来党的若干历史问题的决议》,《三中全会以来重要文献选编》下卷,中央文献出版社 2011 年版,第 166—167 页。

[2] 胡耀邦:《全面开创社会主义现代化建设的新局面》,《十二大以来重要文献选编》上卷,中央文献出版社 2011 年版,第 23、22 页。

同富裕的目标下鼓励一部分人先富裕起来"。① 但总的说来,这三次提出社会主义社会初级阶段或初级发展阶段时,都还没有把它作为建设中国特色社会主义的全局性问题加以把握,因而也还没有从理论上作为制定党的路线和政策的根本依据加以展开和发挥。

1987 年,党的十三大报告第一次系统地论述了社会主义初级阶段的基本问题,确立了社会主义初级阶段的基本路线,初步形成了社会主义初级阶段理论。党的十三大召开前夕,邓小平强调指出:"我们党的十三大要阐述中国社会主义是处在一个什么阶段,就是处在初级阶段,是初级阶段的社会主义。社会主义本身是共产主义的初级阶段,而我们中国又处在社会主义的初级阶段,就是不发达的阶段。一切都要从这个实际出发,根据这个实际来制订规划。"②这个论述,第一次把社会主义初级阶段作为事关全局的基本国情加以把握,明确了这一问题是制定路线、政策的出发点和根本依据。党的十三大对社会主义初级阶段和党的基本路线的系统阐述,表明了中国共产党对社会主义和中国国情认识上的一次飞跃。

1997 年,党的十五大再次强调社会主义初级阶段问题。基于"中国现在处于并将长期处于社会主义初级阶段"这一基本认识,党的十五大制定了党在社会主义初级阶段的基本纲领,精辟地回答了什么是社会主义初级阶段中国特色社会主义的经济、政治和文化,以及怎样建设这样的经济、政治和文化,进一步统一了全党全国人民的思想。

十五大还在十三大的基础上重新明确了中国社会主义初级阶段基本任务九个方面的内容:"社会主义初级阶段,是逐步摆脱不发达状态,基本实现社会主义现代化的历史阶段;是由农业人口占很大比重、主要依靠手工劳动的农业国,逐步转变为非农业人口占多数、包含现代农业和现代

---

① 《中共中央关于社会主义精神文明建设指导方针的决议》,《十二大以来重要文献选编》下卷,中央文献出版社 2011 年版,第 127 页。

② 《邓小平文选》第三卷,人民出版社 1993 年版,第 252 页。

服务业的工业化国家的历史阶段；是由自然经济半自然经济占很大比重，逐步转变为经济市场化程度较高的历史阶段；是由文盲半文盲人口占很大比重、科技教育文化落后，逐步转变为科技教育文化比较发达的历史阶段；是由贫困人口占很大比重、人民生活水平比较低，逐步转变为全体人民比较富裕的历史阶段；是由地区经济文化很不平衡，通过有先有后的发展，逐步缩小差距的历史阶段；是通过改革和探索，建立和完善比较成熟的充满活力的社会主义市场经济体制、社会主义民主政治体制和其他方面体制的历史阶段；是广大人民牢固树立建设有中国特色社会主义共同理想，自强不息，锐意进取，艰苦奋斗，勤俭建国，在建设物质文明的同时努力建设精神文明的历史阶段；是逐步缩小同世界先进水平的差距，在社会主义基础上实现中华民族伟大复兴的历史阶段。"①这一系列的任务，可以归结为经济、政治、文化，涉及社会主义物质文明、精神文明和政治文明，这是社会主义初级阶段基本纲领的具体化。就经济方面，核心的内容在于使中国由农业国变为工业国，实现工业化，进而实现社会的全面现代化。

三、社会主义初级阶段工业化的中国特色

社会主义初级阶段理论不仅是对中国国情的重新定位，而且也是对中国工业化建设重新进行科学定位的理论依据。"科学认识我国目前所处的阶段，是建设有中国特色社会主义的首要问题，也是制定工业化正确路线、方针和政策的基本依据。"②因此，社会主义初级阶段理论与中国特色工业化道路有着密不可分的关联。

---

① 江泽民：《高举邓小平理论伟大旗帜，把建设有中国特色社会主义事业全面推向二十一世纪》，《十五大以来重要文献选编》上卷，中央文献出版社 2011 年版，第 13—14 页。

② 王毅武：《论中国工业化的历史定位与实现形式——兼论邓小平理论对马克思主义的新贡献》，《琼州大学学报》2001 年第 1 期。

明确了中国社会主义发展阶段和中国经济社会发展阶段的大前提，也就自然明确了中国工业化的小前提——在社会主义初级阶段实现工业化和现代化，而不是急于向共产主义过渡。在确立社会主义初级阶段理论的基础上，中国工业化模式自然有了相对明确的定位：一是社会主义初级阶段的工业化，二是中国特色的工业化。前者说明，新中国是在半殖民地半封建社会基础上产生的社会主义社会，仍然是一个工业化程度很低、商品（市场）经济很不发达、生产社会化程度也很低的半自然经济社会，因而经济、技术等各方面都比较落后，工业化发展水平与发展阶段不高，还处于不发达阶段；后者说明，由于前者的关系，中国社会既不同于马克思、恩格斯设想的在发达的资本主义社会基础上产生的典型的社会主义社会，也不同于苏联那样在有一定工业化基础的资本主义社会基础上产生的社会主义社会，因而中国的工业化不可能是传统意义上或经典的社会主义工业化模式的翻版，而应是在经济体制、工业化的主体等方面都具有中国特色。

社会主义初级阶段条件下的中国工业化道路，除坚持立国之本的四项基本原则之外，能够体现"中国特色"的主要有以下几个方面：

首先，中国工业化是社会主义初级阶段的工业化，必须体现社会主义初级阶段的特点，通过改革为工业化注入新的活力。党的十一届三中全会以前的很长时间内，由于指导思想上的"左"倾，我们在各个领域的政策很多都是立足于向共产主义过渡的，在所有制形式上，注重大、公、纯，排斥任何形式的私有；在经济成分上，注重单一的国家所有制，排斥其他经济成分；在资源配置形式上，恪守计划经济，排斥市场作用，等等。在这些与工业化密切相关的领域，在政策的制定和执行过程中，我们犯了超越发展阶段的错误。当我们明确了中国尚处于社会主义初级阶段以后，就必须改革那些与生产力不相适应的生产关系，"自觉地把思想认识从那些不合时宜的观念、做法和体制的束缚中解放出来，从对马克思主义的错误的和教条式的理解中解放出来，从主观主义和形而上学的桎梏中解放出来"①,以创新的精神真正地走出一条几代中国共产党人不懈追求的适合中国国情的工业化道路。

其次,中国工业化是社会主义市场经济条件下的工业化,必须选择合适的具体实现形式,走出一条市场经济条件下的社会主义工业化道路。在"革命与战争"的时代主题下,由于时代背景和视野的局限,在全世界范围内,人们都把社会主义与资本主义视为水火,给市场和计划这两个配置资源的具体手段也赋予了制度属性,认为社会主义工业化只能在计划经济条件下实现,并在很长一段时间内把这个奉为不可移易的圭臬和教条。党的十一届三中全会后,经过认真的观察和审慎的判断,中国共产党不仅认为市场经济可以与社会主义制度兼容,可以为社会主义服务,而且把建立社会主义市场经济体制确立为中国经济体制改革的目标模式,把社会主义市场经济作为中国特色社会主义工业化的实现形式。对于中国工业化进程来说,最大的改革就在于给社会主义工业化引进了市场经济模式,最大的特色就在于在世界范围内开辟了在市场经济条件下进行社会主义工业化的崭新道路。中国在社会主义初级阶段的任务之一就是要充分利用国际经济一体化和全球化提供的难得机遇,抓紧完成工业化和经济的社会化、市场化、现代化,逐步缩小同世界先进水平的差距,在社会主义的基础上实现中华民族的伟大复兴。

最后,中国工业化是多主体共同参与的工业化,必须选择适宜多种经济成分并存格局的工业化多主体模式。由于认识的局限和指导思想上的"左"倾,在生产资料私有制的社会主义改造基本完成以后到党的十一届三中全会以前的很长一段时间内,中国实行单一的公有制所有制形式,一直严格执行单一主体参与的工业化,国营工业企业和集体工

①　江泽民:《全面建设小康社会,开创中国特色社会主义事业新局面》,《十六大以来重要文献选编》上册,中央文献出版社 2011 年版,第 10 页。

业企业承担了中国工业化的责任。"在工业总产值的增长中,改革前国有工业的贡献率达 79.6%,集体工业的贡献率为 19.9%……这说明国有工业支撑着整个工业增长(以至国民经济增长)的局面。"①党的十一届三中全会以后,随着对社会主义初级阶段国情认识的不断深化,中国逐步建立了以社会主义公有制为主体、多种所有制经济共同发展的经济体制。党的十一届六中全会对这个问题进行了最初步的探讨,认为"社会主义生产关系的变革和完善必须适应于生产力的状况,有利于生产的发展。国营经济和集体经济是我国基本的经济形式,一定范围的劳动者个体经济是公有制经济的必要补充。必须实行适合于各种经济成分的具体管理制度和分配制度"。②十二大专门论述了"坚持国营经济的主导地位和发展多种经济形式的问题",认为"社会主义国营经济在整个国民经济中居于主导地位。巩固和发展国营经济,是保障劳动群众集体所有制经济沿着社会主义方向前进,并且保障个体经济为社会主义服务的决定性条件。由于我国生产力发展水平总的说来还比较低,又很不平衡,在很长时期内需要多种经济形式的同时并存……在农村和城市,都要鼓励劳动者个体经济在国家规定的范围内和工商行政管理下适当发展,作为公有制经济的必要的、有益的补充。只有多种经济形式的合理配置和发展,才能繁荣城乡经济,方便人民生活"。③党的十三大明确提出,"在初级阶段,尤其要在以公有制为主体的前提下发展多种经济成份"。党的十四大认为,"在所有制结构上,以公有制包括全民所有制和集体所有制经济为主体,个体经济、私营经济、外资经济为补充,多种经济成分长期共同发展,不同经济成分还可以自愿实行多种形式的联合经

---

① 周叔莲、郭克莎:《论改革以来中国工业化的发展趋势》,《中州学刊》1994 年第 1 期。

② 《中国共产党中央委员会关于建国以来党的若干历史问题的决议》,《三中全会以来重要文献选编》下卷,中央文献出版社 2011 年版,第 169 页。

③ 胡耀邦:《全面开创社会主义现代化建设的新局面》,《十二大以来重要文献选编》上卷,中央文献出版社 2011 年版,第 17 页。

营。国有企业、集体企业和其他企业都进入市场,通过平等竞争发挥国有企业的主导作用。"①十五大明确提出,"要坚持和完善社会主义公有制为主体、多种所有制经济共同发展的基本经济制度","继续调整和完善所有制结构,进一步解放和发展生产力,是经济体制改革的重大任务"。②

与公有制为主体、多种所有制经济共同发展这一基本经济制度相适应,中国工业化主体结构就是国有企业、集体企业、私营企业、中外合资企业和个体企业等多种主体并存。中国正在走一条多主体共同参与的、不同于传统社会主义工业化单一主体参与的工业化道路。多种所有制工业的迅速发展和非国有工业的作用不断上升是改革开放以来工业发展机制变化的一个重要特征。从1979年到1990年,国有工业对工业增长的贡献率大大下降(降低了31.5个百分点),集体工业的贡献率大幅度上升(提高了5.6个百分点),个体工业和其他工业的贡献率也达到10.8%。非国有工业的增长速度越来越明显地决定着整个工业的速度,其增长率的波动日益突出地影响着整个工业的波动。工业增长格局的变化导致了工业所有制结构的变动。在工业产值结构中,国有工业的比重由1979年的78.5%下降到1991年的52.9%,集体工业的比重由21.5%上升到35.7%,个体工业和其他工业的比重则分别由空白发展到均为5.7%。在独立核算工业的资本总额中,国有工业所占比例由1980年的87.3%下降为1991年的74.8%,集体工业和其他类型工业的比例分别由12.3%和0.4%上升到20.1%和5.0%。③据王胜利研究,中国国有工业经济的比重从1978年的77.6%下降到2008年的20.69%,平均每年下降比重高达1.86%。④另据丁永健等研究,国有工业经济占当地经济总量的比重,东

①　江泽民:《加快改革开放和现代化建设步伐,夺取有中国特色社会主义事业的更大胜利》,《十四大以来重要文献选编》上卷,中央文献出版社2011年版,第17页。

②　江泽民:《高举邓小平理论伟大旗帜,把建设有中国特色社会主义事业全面推向二十一世纪》,《十五大以来重要文献选编》上卷,中央文献出版社2011年版,第16、18页。

③　周叔莲、郭克莎:《论改革以来中国工业化的发展趋势》,《中州学刊》1994年第1期。

④　王胜利:《中国工业所有制结构30年变迁的解析》,《财经科学》2008年第6期。

部 11 省市由 1998 年的平均 45.04% 下降到 2008 年的平均 26.43%,中部 10 省区由 1998 年的平均 69% 下降到 2008 年的平均 42.48%,西部 10 省市区由 1998 年的平均 78.19% 下降到 2008 年的平均 57.68%。① 到 2014 年底,全年全部工业增加值 227991 亿元,比上年增长 7.0%。规模以上工业(年主营业务收入在 2000 万元以上的工业企业)增加值增长 8.3%。在规模以上工业中,分经济类型看,国有及国有控股企业增长 4.9%,集体企业增长 1.7%,股份制企业增长 9.7%,外商及港澳台商投资企业增长 6.3%;私营企业增长 10.2%。从实现利润情况看,全年规模以上工业企业实现利润 64715 亿元,比上年增长 3.3%,其中国有及国有控股企业 14007 亿元,下降 5.7%;集体企业 538 亿元,增长 0.4%,股份制企业 42963 亿元,增长 1.6%,外商及港澳台商投资企业 15972 亿元,增长 9.5%;私营企业 22323 亿元,增长 4.9%。②

第三节 社会主义市场经济理论 开辟中国工业化新途径

迄今为止,世界工业化进程 200 多年,其间,在 1917 年俄国十月革命以前,欧美主要国家的工业化都是在市场经济条件下推动和完成的,此后,出现了市场经济和计划经济并行的局面。第二次世界大战以后,东西方对垒的大背景更强化了市场经济与计划经济的水火之势,几乎全世界都把计划经济与市场经济视为具有制度属性的两种存在。历史地看,在特定条件

---

① 丁永健、刘培阳:《中国地区工业所有制结构的变动研究——基于内地 31 个省市面板数据的实证分析》,《经济问题探索》2011 年第 4 期。上引数字根据文中表 1(各地区国有工业经济比重)中数据测算。
② 参见国家统计局:《中华人民共和国 2014 年国民经济和社会发展统计公报》(2015 年 2 月 26 日),国家统计局官网:http://www.stats.gov.cn/tjsj/zxfb/201502/t20150226_685799.html。

下,单一的计划经济有其必然性,给包括中国在内的社会主义国家带来了快速的经济增长,改变了国家的经济与社会面貌,也曾经一度引起过资本主义世界的恐慌。但是,市场与工业化的互动规律却时刻在鞭策着纯粹的计划经济模式。20 世纪 50 年代末、60 年代初,苏联和中国等社会主义国家都开始了不同程度的经济体制改革,几经周折,苏联等东欧国家的改革最后因迷失方向而全面资本主义化,回归纯粹的市场经济,中国的改革在"文化大革命"之后又重新开始走上正途,最终创立了中国特色社会主义,探索并形成社会主义市场经济模式。中国社会主义市场经济模式不仅仅是对市场经济的回归,更是对传统市场经济模式的超越,是立足当代中国实际,把社会主义的制度优势和市场经济的体制优势有机结合。

一、原生态市场经济条件下的欧美工业化

在以往的世界历史研究领域,曾有一种相当普遍的观点,认为工业化在西欧特别是在英国的兴起是一种突变行为,在几十年到一百年的时间内,它们从世界古典文明的边缘突然奇迹般地变成了世界现代文明的中心。近十几年来,随着对马克思的全球史观[①]和西欧原工业化[②]这两个

[①]　参见丰子义等:《马克思"世界历史"理论与全球化》,人民出版社 2002 年版;曹荣湘:《马克思世界历史理论与当代全球化》,中央编译出版社 2006 年版;康登、姚登权:《从民族走向世界:马克思"世界历史"理论中文化全球化思想的当代考察》,光明日报出版社 2009 年版;张一平:《全球史导论》,人民出版社 2012 年版。

[②]　关于原工业化的研究,西方学者的观点被奉为经典,如,F.F.Mendels, *Proto-indus-trialization: the First Phase of the Industrialization Process*, Journal of Economic History, Vol.32, 1972; F.F.Mendels, *Proto-Industrialization: Theory and Reality*, General Report of "A" themes in the Eighth International Economic History Congress, pp.77-80, Budapest, 1982; P. Kedge, H. Medick, J. Schlumbohm, *Industrialization before Industrialization: Rural Industry in the Genesis of Capitalism*, Cambridge 1989. 国内学者的研究也颇具成效,如,王加丰、张卫良:《西欧原工业化的兴起》,中国社会科学出版社 2004 年版;杨豫:《欧洲原工业化的起源与转型》,江苏人民出版社 2004 年版;张卫良:《现代工业的起源:英国原工业与工业化》,光明日报出版社 2009 年版。

问题研究的不断深化,越来越多的学者认为,市场在西欧工业化进程中起着至关重要的作用,市场与工业化的互动是欧美经济社会发展的基本动力和成功经验。

唯物史观的确立使马克思和恩格斯不仅能够辩证地看待人类社会发展的整体历史进程,而且能够细微地把握推动历史前进的一般动力,揭示了市场与工业化的互动关系:一方面,商品生产、商业革命造就了工业革命的前提条件;另一方面,工业化的孕育和实现进一步拓展了国内和世界市场,使市场经济逐渐遍及全球。

在考察西欧经济史的基础上,马克思、恩格斯以世界历史的视角分析了从行会手工业到工场手工业,再到机器大工业变化的历史进程,他们认为,经济形式嬗变的驱动力在于需求的增加和市场的扩大。这样的观点,在他们的早期著作如《德意志意识形态》、《哲学的贫困》、《共产党宣言》和《资本论》中不胜枚举。比如,马克思认为,市场需求的扩大推动了商业和工场手工业的发展,"市场的扩大、资本的积累、各阶级的社会地位的改变、被剥夺了收入来源的大批人口的出现,这就是工场手工业形成的历史条件。"①"美洲的发现、绕过非洲的航行,给新兴的资产阶级开辟了新天地。……使商业、航海事业和工业空前高涨,因而使正在崩溃的封建社会内部的革命因素迅速发展。""以前那种封建的或行会的工业经营方式已经不能满足随着新市场的出现而增加的需求了。工场手工业代替了这种经营方式。""但是,市场总是在扩大,需求总是在增加。甚至工场手工业也不再能满足需要了。于是,蒸汽和机器引起了工业生产的革命,现代大工业代替了工场手工业。"②由此可见,"商品流通是资本的起点。商品生产和发达的商品流通,即贸易,是资本产生的历史前提。世界贸易和世界市场在16世纪揭开了资本的现代生活史。"③"如果在十六世纪,部

---

① 《马克思恩格斯选集》第1卷,人民出版社1995年版,第164页。
② 《马克思恩格斯选集》第1卷,人民出版社1995年版,第273页。
③ 《马克思恩格斯选集》第2卷,人民出版社1995年版,第166页。

分地说直到十七世纪,商业的突然扩大和新世界市场的形成,对旧生产方式的衰落和资本主义生产方式的勃兴,产生过非常重大的影响,那末,相反地,这种情况是在已经形成的资本主义生产方式的基础上发生的。世界市场本身形成这个生产方式的基础。"①

世界市场是资本主义生产方式和工业革命取得胜利的必要前提,又是资本主义生产方式和工业化向深度和广度进军的必然结果。14、15 世纪,意大利北部诸城出现了资本主义生产方式的萌芽,使这个地区成为欧洲的贸易中心。到 15 世纪末 16 世纪初,随着资本主义的发展,地理大发现,以及海外殖民地的开拓,欧洲的贸易中心又从地中海区域转移到大西洋沿岸。葡萄牙的里斯本、西班牙的塞维尔、尼德兰的安特卫普、英国的伦敦等,成为繁盛的国际贸易港埠,它们的贸易范围远及亚洲、非洲和美洲等地。世界市场的进一步扩大使各国在世界市场上的地位此消彼长,从 17 世纪末叶起,荷兰的工业发展越来越落后于英国,于是荷兰在世界市场上的优势地位又被英国取代。② 工业革命发生后,西欧各国的生产规模空前扩大,商品产量急剧增加,资产阶级为了追逐利润,拼命奔走于世界各地,通过国际分工把越来越多的国家卷入世界市场。随着工业革命的完成,世界市场终于形成。"这个生产方式所固有的以越来越大的规模进行生产的必要性,促使世界市场不断扩大,所以,在这里不是商业使工业发生革命,而是工业不断使商业发生革命。商业的统治权现在也是和大工业的各种条件的或大或小的优势结合在一起的。……荷兰作为一个占统治地位的商业国家走向衰落的历史,就是一部商业资本从属于工业资本的历史。"③工业革命完成后,工业化就开始了它的向外扩张,到 19 世纪下半叶,工业化浪潮从西欧一隅扩展到整个欧洲和北美,连东亚

①　《马克思恩格斯全集》第 25 卷,人民出版社 1975 年版,第 372 页。
②　参见[法]F.布罗代尔:《15 至 18 世纪的物质文明、经济和资本主义》第 3 卷,施康强、顾良译,三联书店 1993 年版。
③　《马克思恩格斯全集》第 25 卷,人民出版社 1975 年版,第 372 页。

也都为工业化、市场化的潮流所淹没。到了现代,战后各国工业化的历史也表明,正是市场机制的作用推动了农业资源向工业部门转移,推动了工业内部的重化工业化、高度加工化和知识技术信息化,推动了产业结构向高服务化演进。

马克思、恩格斯的观点,已经为越来越多的经济史学者印证。他们认为,从15世纪末16世纪初发端的欧洲近现代史,是一部经济现代化史,欧洲的经济现代化的进程是由商业革命到农业革命、工业革命,是从流通领域到生产领域,是从市场化开始的,市场化是工业化的历史前提与基础。"无论是早发型现代化国家或后发型现代化国家,无论是发达国家或发展中国家,无论是资本主义国家还是社会主义国家(从现代化来说,大的类型仅此三种分类法),在经济现代化进程中,在市场化与工业化的关系上,它们的经验是一样的:当工业化与市场化同步前进时,经济现代化成效好;若工业化与市场化逆向而行,经济现代化一定受挫折,并最终要回到以市场化为基础的工业化轨道上来。这就是说,一部近现代世界经济史,证明了经济现代化必须包含工业化与市场化这两个主要层次,二者缺一不可,其中,市场化是前提,是基础。这是500年经济史中的一条规律。"①

二、计划经济条件下的苏联工业化

1917年十月革命胜利后,社会主义由理论变成了现实。什么是社会主义,如何建设社会主义?对于这个重大的理论与实践问题,无论列宁还是斯大林,都做过艰难的探索。他们都认为发展经济、实现工业化是苏维埃生存与发展的必需,坚持社会主义道路是苏联的唯一出路。至于如何实现社会主义工业化,开始时,列宁试图把马克思恩格斯的理论设想在苏俄的

---

① 赵德馨:《市场化与工业化:经济现代化的两个主要层次》,《中国经济史研究》2001年第1期。

社会建设中加以应用,付诸实践。在遭遇挫折之后,他认为,必须把马克思、恩格斯的社会主义建设理论与苏俄的具体实际结合起来,从而实行了新经济政策。新经济政策不是一种权宜之计,而是建立在当时苏俄社会实际基础之上的长久之计。后来,斯大林执掌苏联最高权力之后,结束了列宁提出并实施的新经济政策,开始了以计划经济为唯一手段的社会主义工业化建设,对此,学界虽然褒贬不一,但批评的声音明显多于赞扬的话语。公允地讲,这不能归因于斯大林的领导风格,而是当时世界范围内准战时和战时的经济政治环境使然。可见,苏联工业化的理论与实践,根源于马克思恩格斯的理论设想,立足于第二次世界大战前苏联国内和国际形势,是对革命和战争时代主题的积极回应。用严格的计划经济的方式实现社会主义工业化,是这个特殊历史条件下形成的特殊工业化模式。

(一) 马克思恩格斯的理论创设与现实社会主义的困境

马克思、恩格斯把唯物论和辩证法有机地结合起来,形成了辩证唯物主义,实现了哲学史上的伟大革命,这使他们和后来人能够用科学的方法、站在更高的高度来认识自然世界存在与发展的规律。当他们运用辩证唯物主义的世界观和方法论观察人类社会世界发展的历史时,发现了生产力与生产关系、经济基础与上层建筑两对矛盾及其运动的规律(特别是前者),发现了人类社会由低级向高级、由简单向复杂运动的奥秘。在此基础上,他们不仅提出了人类社会渐次经历五个基本的社会发展阶段的理论基础,而且对不同社会形态的生产力与生产关系及其相互关系形成了清晰的表达。根据人类社会发展的规律,他们认为,共产主义(列宁后来明确了"共产主义第一阶段"是社会主义,"高级阶段"是共产主义①)将会替代资

---

① 列宁在《国家与革命》中指出:"社会主义同共产主义在科学上的差别是很明显的。通常所说的社会主义,马克思把它称作共产主义社会的'第一'阶段或低级阶段。既然生产资料已成为公有财产,那么'共产主义'这个名词在这里也是可以用的,只要不忘记这还不是完全的共产主义。"见《列宁选集》第3卷,人民出版社1995年版,第199—200页。

本主义,共产主义社会将会继承资本主义社会高度发达的生产力,并为全社会服务。与这种高度发达的生产力相适应,并且为了避免生产资料私有制与社会化大生产的尖锐矛盾,他们设想,共产主义社会将采用生产资料公有制,"一旦社会占有了生产资料,商品生产就将被消除,而产品对生产者的统治也将随之消除。社会生产内部的无政府状态将为有计划的自觉的组织所代替",①克服市场的自发性、盲目性以及由此带来的社会资源的浪费。

但是,包括苏联、中国等国在内的现实的社会主义却诞生在生产力相对落后的国度,社会主义建设不仅没有能够从本国继承发达的资本主义生产力,而且在发展过程中还受到国际资本主义生产力的包围和排斥。这一现实困境促使我们必须认真地思考两个问题:第一,马克思、恩格斯的理论假设是否正确? 第二,当代马克思主义者如何正确对待马克思主义的经典理论?

首先,马克思、恩格斯关于未来社会的理论建立在历史唯物主义的科学分析基础上,它是科学的,是人类社会发展的历史逻辑和科学逻辑相结合的产物。按照人类社会发展的规律,未来社会肯定处在人类社会全部发展历史的延长线上,不是不可预知的。然而,现实的社会主义社会生产力的低水平,决定了我们还不能实现马克思、恩格斯所设想的那样的生产关系和相应的经济运行方式(纯粹的公有制和计划经济),但是,这却不是怀疑经典作家理论正确性的理由。"我们不能因为现实的经济条件不具备,马克思、恩格斯关于社会主义经济的一些基本思想无法实现而认为这些基本思想不具有科学性,……从理论上说,今天由于条件不具备不能实现,不等于以后条件具备了也不能实现。"②

其次,承认马克思、恩格斯关于未来社会发展理论的科学性,不是要

---

① 《马克思恩格斯选集》第 3 卷,人民出版社 1995 年版,第 633 页。
② 顾钰民:《社会主义市场经济论》,复旦大学出版社 2004 年版,第 13 页。

求我们把它当成不可易移的教条,而是要根据现实的具体条件去阐发它。马克思主义是科学,是我们的行动指南,而不是不可移易的教条。"马克思的整个世界观不是教义,而是方法。它提供的不是现成的教条,而是进一步研究的出发点和供这种研究使用的方法。"①我们既要承认马克思、恩格斯关于未来社会描述的科学性,同时又要承认他们的理论假设的局限性。这一理论的最大局限性就在于时间的局限性和实践的局限性。马克思、恩格斯没有看到共产主义由理论变成现实,当然更不可能参加社会主义建设的实践,因而,他们的这个理论只能停留在假设和预见的基础上。承认马克思、恩格斯某些理论的局限性,丝毫不会贬低其科学性,反而是符合唯物辩证法的。这一理论的时间和实践局限,要求马克思主义者在实践中根据变化了的条件,去研究新情况,解决新问题,随着实践的发展和现实经济条件的变化而不断修正和发展某些论断,这正是马克思主义理论品质的表现。

无论列宁斯大林,还是后来的中国共产党人,都是这样做的。正是他们既坚持了马克思主义经典作家理论的科学性,又与时俱进地加以发展,马克思主义理论与实践才有了今天这样蓬勃的生机。

(二) 苏联工业化的成就

在斯大林工业化理论的指导下,苏联从 1926 年到 1940 年用十五年时间初步完成了由农业国向工业国的跨越。一方面,建立了门类齐全的工业体系,基本完成了社会主义工业化的任务,产业结构发生了根本改变,由一个农业国转变为工业国,大大加强了国家的经济独立和经济实力。到 20 世纪 30 年代末,苏联的工业生产已从第一次世界大战前的世界第五位,跃居欧洲第一,世界第二。另一方面,为反法西斯战争的胜利奠定了决定性的物质技术基础。"在卫国战争中,如果没有工业化,如果

---

① 《马克思恩格斯选集》第 4 卷,人民出版社 1995 年版,第 742—743 页。

没有重工业,怎么能够设想在希特勒突然袭击的打击下,处于极为不利地位的苏联人民,能在短时间内变失利为主动终于取得了卫国战争的伟大胜利呢?须知,正是由于重视了重工业的发展,有了雄厚的经济技术基础,正是苏联党和政府考虑到帝国主义战争威胁的增长,而重视和加速了对东部地区工业基地的建设",①才为苏联战胜法西斯入侵打下了坚实的基础。

苏联工业化的优异成绩初步显示了社会主义制度的优越性,经济的腾飞使得苏联很快赢得了世界的尊重。20 世纪 30 年代,西方人士纷纷前往苏联取经,面对资本主义世界的经济危机和社会萧条,"苏联却仿佛免疫似的,丝毫不为所苦。当世界上其他国家,至少就自由化西方资本主义国家而言,经济陷入一片停滞现象之时,唯独苏联,在其五年计划指导下,工业化却在突飞猛进的发展之中……令人惊奇的是,苏联境内毫无失业现象。于是,不分意识形态,众人开始以苏联为师……他们看到的苏联经济,虽然处处可见其原始落后缺乏效率的痕迹,更暴露斯大林集体化和大规模镇压的残暴无情。可是,这些印象,都不及苏联经济不为萧条所动的成就深刻。"②

苏联的成功吸引了全世界的目光,工业化的光芒掩盖了其快速发展背后的问题。

(三) 苏联工业化是特定历史条件下的特殊道路

对于苏联的工业化奇迹,我们需要辩证地看待,有两个基本点需要明确:第一,它是世界工业化道路和方法的创新。在苏联以前,世界各国的工业化都是在市场经济条件下完成的,可以说在工业化实现途径方面,没

---

① 李树藩:《苏联社会主义工业化与优先发展重工业方针》,《苏联东欧问题》1983 年第 2 期。

② [英]E.霍布斯鲍姆:《极端的年代》上卷,郑明萱译,江苏人民出版社 1998 年版,第 137—138 页。

有实质性的创新,不过是同质的外延。苏联工业化开创了一条新路,不仅促进了苏联的发展,保证苏联赢得了反法西斯战争的胜利,而且带动了第二次世界大战后东欧国家和中国的工业进步。仅此一点,苏联工业化模式的历史地位就是不可抹杀的。"对计划经济体制曾经起过的历史作用,我们是充分肯定的。从历史进程看,苏联能够对付并最终打败德国法西斯,同他们通过计划经济建立了独立的完整的工业体系和国民经济体系是分不开的。这就是说,在无产阶级夺取政权和建设社会主义初期那种历史条件下,实行计划经济还是有其必要的。我们建国初期的历史也说明了计划经济曾经起过重要作用。"①

第二,它是特殊环境下以特殊形式完成的工业化。苏联工业化的理论来源于马克思、恩格斯的基本理论,然而,如前所述,就整体而言,苏联及后来的社会主义国家还不具备马克思恩格斯所说的实行全面计划经济的条件。苏联工业化奇迹的产生是特殊的历史条件所致,我们不可以把特殊条件下形成的经验一般化。

苏联工业化有两个重要特征:一是高速度,二是优先发展重工业。这两个特点是斯大林和苏联对当时国际国内经济政治状况的反映,是准战时和战时环境的产物。这两个特点正是支撑苏联迅速实现工业化的支点,是苏联社会主义工业化的优点。但是,任何事物都有其两面性,在一定条件下的优点,在另外的条件下也可能转化为缺点。长期地、盲目地追求高速度和长期、片面优先发展重工业使两个本来的优点转化为缺点,优势转化为劣势,并且随着苏联工业化走向高级化,这些缺点就成为经济社会发展的阻碍因素。促使这两个优势转化为劣势的因素正是第二次世界大战前后国际环境的演变,即时代主题的转换。

苏联工业化完成于两次世界大战之间的特殊历史时期。一方面,新生的苏联社会主义政权处于资本主义世界的四面包围之中,严峻的国际

① 江泽民:《论社会主义市场经济》,中央文献出版社 2006 年版,第 203—204 页。

环境威胁着苏联的生存。国际资产阶级扼杀了欧洲几国的革命运动以后,继续包围、封锁苏联,并策划新的武装干涉。正是这种危机感、紧迫感迫使苏联在尽可能短的时间内、以最快的速度实现国家工业化,特别是在国防重工业领域有所作为,以摆脱被动的地位。正如斯大林所言,"工业化的任务不仅要增加我国整个国民经济中工业的比重,而且要在这种发展中保证受资本主义国家包围的我国在经济上的独立,使我国不致变成世界资本主义的附属品。处于资本主义包围中的无产阶级专政的国家,如果自己国内不能出产生产工具和生产资料,如果停留在这样一个发展阶段,即不得不使国民经济受制于那些出产并输出生产工具和生产资料的资本主义发达的国家的阶段,就不可能保持经济上的独立。停留在这个阶段就等于让自己隶属于世界资本。"①"帝国主义时期发展不平衡规律"依然在起作用,"技术的空前发展和资本主义国家发展水平的日趋均衡,使一些国家可能并易于以跳跃方式超过另一些国家,使不很强盛但在迅速发展的国家可能并易于排挤比较强盛的国家。""继重新瓜分世界的第一次尝试之后必有第二次尝试,并且帝国主义阵营已在进行这种准备工作。"②国际环境决定了苏联必须快速工业化、重工业化,以支持可能发生的反侵略战争。另一方面,苏联国内经济落后与快速发展的社会需要之间形成矛盾,这是计划经济形成的基本依据。斯大林接替列宁领导苏联社会主义建设的时候,苏联基本上还只是一个输出农产品、输入机器设备的落后农业国。同时,苏联和发达资本主义国家在经济上存在较大的差距。如何缩小差距,实现快速发展? 当时有两条路:一条是平衡发展、农轻重全面推进式的工业化道路,另一条是重点突破式的、优先发展重工业的工业化道路。按照一般经验,前一条路遭遇较小的社会矛盾,但却是一条漫长的道路;后一条路可能遭到剧烈的社会矛盾,但却会是一条快速

---

① 《斯大林选集》上卷,人民出版社 1979 年版,第 462 页。
② 《斯大林选集》上卷,人民出版社 1979 年版,第 576、577 页。

的道路。新经济政策时期,经济管理上则较多地利用了市场机制,地方和企业也享有较多的自主权。新经济政策的实施取得了明显的成效,大大增强了国家经济实力,同时,资本主义成分有所增长。这样,苏联国内出现了社会主义成分同资本主义成分并存而又斗争的复杂局面,这集中地暴露出计划与市场、农业轻工业与重工业之间的严重矛盾。1923年夏秋到1928年初,先后出现的三次商业危机就是这类矛盾的总爆发。三次危机反映出一个共同的问题,就是国家经济计划与市场规律的矛盾,而矛盾所折射出来的深层次问题则是苏联的工业化发展道路的问题。在发展速度与社会稳定这对矛盾中,速度显然是矛盾的主要方面,因为"高速度发展整个工业特别是发展生产资料的生产,是国家工业化的主要基础和关键,是在社会主义发展的基础上改造我国整个国民经济的主要基础和关键。"[1]矛盾的存在与爆发直接影响了国家对经济社会发展的宏观调控,影响了工业化计划,事件发展的结果便是以全面的计划替代市场,以重工业优先发展替代农轻重并行发展。后来,斯大林更把高速增长、计划经济和重工业优先发展提升到不可动摇的地位,从此,这三条就成为社会主义工业化道路的标准和榜样。第二次世界大战后,包括中国在内的一些国家全盘接受了这种模式,这是因为,第一,除了这条道路没有其他的道路可以让这些国家实现快速的经济增长;第二,时代主题由革命与战争向和平与发展的转变尚不明显,苏联工业化模式还有较强的适应性和生命力。但是,随着国际环境的变化和时代主题的转换,这种以计划经济为依托的重工业优先发展的工业化战略失去了存在的客观基础,单一的计划经济越来越不适应经济社会发展的需要。

至此,我们可以理出这样一条逻辑:处于两次世界大战之间,处于资本主义的包围之中,苏联急需快速发展,以应对不测。要快速发展就不能走传统的依靠市场调节从农业轻工业起步的工业化道路,必须在发展模

---

① 《斯大林选集》下卷,人民出版社1979年版,第76页。

式和发展道路上创新。所以,苏联选择了重工业优先增长的工业化道路,这条道路要求集中一切力量保证重点,把有限的资源配置到与国防相关的重工业上来,而全面的国家经济计划则是达到上述目的的唯一有效的手段。重工业优先发展战略和计划经济方法都是战时和准战时特定条件下的产物,是对革命和战争时代主题的回应。

苏联的工业化模式是特殊条件的产物,它的问题也和历史成就几乎同样突出。历史地看,无论在理论上还是在具体政策上,苏联的工业化都存在很多严重问题,出现很多今天难以理解的不正常现象,因此,"斯大林工业化道路决不能成为社会主义各国工业化应遵循的共同规律"。[①]

三、社会主义市场经济条件下的中国工业化

新中国成立60多年来,在工业化战略和经济运行方式方面,几代中国共产党人不断探索前进,经历了模仿、改造、创新的过程。前30年,从照搬照抄开始,中间经过短暂的"中国的工业化道路"和有限的社会主义商品经济的理论探索,然后是回归重工业优先发展和纯粹的计划经济。后30年,在继承、反思前30年工业化道路的基础上,适应时代主题的变化而实行改革开放,最终找到社会主义市场经济条件下的中国特色新型工业化道路。然而,在中国共产党的历史上,我们是怎样由计划经济走向社会主义市场经济的? 社会主义市场经济推动当代中国工业化深化的内在逻辑与外在动力是什么? 这两个问题,特别是后者,有必要在理论上加以说明。

(一)新中国走向社会主义市场经济之路

新中国走向市场经济的道路一波三折,绝非坦途,大致经历以下三个

---

① 陆南泉:《斯大林工业化道路再认识》,《科学社会主义》2005年第3期。

阶段:从1949年到1956年,是国民经济恢复和经济运行方式转变时期,这时,计划和市场共同作用,前期(1949—1952)市场起主导作用,后期(1953—1956)计划起主导作用;1957年到1978年间,形成了单一的计划经济,中间虽曾提出社会主义商品生产、商品经济的理论问题,但实践的探索却是昙花一现;1979年开始改革开放以来,从主张社会主义也可以搞商品生产开始,经过计划为主、市场为辅,最终达到建立和完善社会主义市场经济体制。由计划到市场,这条路我们整整摸索了半个世纪。

1. 计划和市场共同作用时期(1949—1956)

新中国成立初期,中国共产党决策层曾考虑经历一个新民主主义时期,进行国民经济恢复与社会建设,待条件成熟后再向社会主义社会过渡,与此相适应的经济社会发展道路是从农业轻工业起步的新民主主义的工业化。这条道路虽然可能会慢一些,但它建立在当时薄弱的经济基础之上,是可靠的,同时有鉴于苏联工业化进程中对农民的剥夺较多,中央和毛泽东也希望工业化步伐放慢一些,让广大人民能够休养生息。"1949年至1956年是从市场经济向计划经济转变的时期。在这个时期里(特别是1949—1953年),市场在资源配置方面起着基础作用,随着市场经济向计划经济演变,这种作用的力度一年比一年减弱,就整个时期的体制而言,是市场经济加计划,在这种经济体制下,生产率高,经济增长速度快"。①

然而,以下两件事情,使中央决策层改变了初衷。一方面,从国际环境来看,朝鲜战争爆发,新生的人民政权的生存安全受到严峻挑战,这使毛泽东和党中央开始考虑加快工业化的步伐,特别是加强以国防工业为主的重工业建设,以防不测。发展重工业,经济技术条件是最大的障碍。经协商,苏联承诺在经济技术等重要方面帮助中国实施以重工业为重心

---

① 赵德馨:《市场化与工业化:经济现代化的两个主要层次》,《中国经济史研究》2001年第1期。

的"一五计划",这样,外部条件已经具备了。另一方面,从内部条件而论,新中国成立后,虽然快速地、顺利地完成了国民经济的恢复工作,但经济社会发展过程中的矛盾也随之呈现出来,并且曾一度凸显。国营经济同其他经济成分并存,市场与计划共同作用,是这一时期的显著特征。经济成分之间的矛盾、工农之间的矛盾、城乡之间的矛盾等,本质上根源于计划与市场的矛盾,并且这种矛盾不能够长久持续下去,否则就会影响国民经济和社会的健康有序发展,因为二者的矛盾是很难协调的。在发展重工业成为国家的首选之时,计划就成为达到目的的最有效手段,因为,只有把全社会有限的人财物统一纳入国家计划,统一调配到最需要的部门和领域,不至于使这些稀缺资源通过市场的方式流向投资回收期短、投资风险低、效益高的轻工业部门,从而冲击重工业优先发展的工业化战略。

这就是新中国选择计划经济的历史逻辑。过去,一般认为,中国选择计划经济,是因为基于社会主义制度的考虑。现在看来,这只是表面问题,虽然苏联帮助中国实施重工业优先发展的工业化战略,是为了满足社会主义阵营的巩固或者苏联外围安全的需要,但客观而论,中国选择计划经济不仅仅因为它来自苏联,它是榜样,而且因为新中国成立初期与苏联工业化模式形成时期有着几乎相同的国际、国内经济政治背景,"排斥市场与其说是推行苏联社会主义理论的结果,不如说是当时中国的经济基础、发展要求和国际环境促成的"。① 由此可见,计划经济与社会主义制度并没有直接的逻辑关系,更不是社会主义的根本特征。苏联之所以选择计划经济,是因为它能够保证重工业优先发展的工业化战略,战后包括中国在内的许多新独立国家大多采用计划经济的方式安排国民经济计划(当然,计划的严密程度有所不同,经济计划对经济社会发展的控制程度也不同),不是说因为计划经济是社会主义的,而是说计划经济能够解决

---

① 刘国光主编:《中国十个五年计划研究报告》,人民出版社2006年版,第50、44页。

它们面临的共同问题——快速发展,以保证本国在激烈的国际竞争中处于有利地位。苏联工业化和计划经济的经济运行方式给落后国家提供了范例和榜样①,对第二次世界大战后包括中国在内的许多国家特别是社会主义国家产生极其重大的影响。可见,中央计划体制的形成与强化,与其说是照搬苏联模式的结果,倒不如说是重工业优先增长的经济发展战略对经济体制的必然要求。我们相信它能够解决中国的问题,因为"苏联的今天,就是我们的明天!"全国人民对此充满期待,充满信心。

2. 单一的计划经济时期(1957—1978)

重工业优先发展和计划经济的实施,使新中国经济与社会发生了翻天覆地的改善,很快建立了工业化和国民经济的基础,全社会都处于昂扬向上的积极状态。然而,正是在此时,善于观察,勤于思考的毛泽东发现了问题,"心情不舒畅",指出苏联"片面地注重重工业,忽视农业和轻工业",犯了原则性的错误,我们要正确处理重工业和轻工业、农业间的相互关系,要运用价值规律,大力发展社会主义商品生产,可以消灭了资本主义又要搞资本主义,等等。中国其他领导人也对苏联在优先发展重工业的同时忽视人民当前利益的做法提出质疑和批评,认为中国必须走适合国情的工业化道路,对发展商品生产提出了有益的理论探索。然而,在以后几十年的中国工业化进程中,我们既没有彻底摆脱苏联工业化道路带来的诸如片面地优先发展重工业、高速度、过度剥夺农业等消极影响,没有改变单一计划经济的局面。为什么?

过去,学术界对此讨论得并不充分。本书认为是由以下三个方面的原因造成的:第一,第一代中央领导集体,特别是毛泽东对理论创新的不

---

① 林毅夫等指出:"由于有这样一些共同因素的影响,无论是中国、苏联和东欧这些实行社会主义制度的国家,还是亚洲和中南美洲的非社会主义发展中国家,都通过发展战略的选择、宏观政策环境的推行、资源配置制度和微观经营机制的建立,形成了大致相同的三位一体的传统经济体制。"(《中国的奇迹:发展战略与经济改革》,上海三联书店、上海人民出版社2012年版,第57页)

自信、不自觉;第二,社会主义建设实践展开得不充分,毛泽东对计划经济和市场经济的属性了解不深;第三,时代主题转换的特征展现得不明显,毛泽东没有认识到苏联模式的式微与时代主题转换之间的内在关联。

原因之一,毛泽东对马克思主义经典作家在一定程度上存在着理论崇拜和理论依赖,对理论创新不自觉、不自信,使他没有能够沿着正确的理论探索继续前进,没能把关于社会主义商品生产和价值规律等问题的理论探索进一步深化。

1871 年 7 月,恩格斯在《德国农民战争》1870 年第二版"序言"的补充中留下一段名言:"领袖们有责任越来越多地理解种种理论问题,越来越多地摆脱那些属于旧世界观的传统言辞的影响,而时时刻刻地注意到:社会主义自从成为科学以来,就要求人们把它当做科学看待,就是说,要求人们去研究它。"[1]马克思主义是科学,科学的最大特点就是要随着时代的发展而发展,不能成为一成不变的教条。毛泽东是一个伟大的马克思主义者,"是马克思主义中国化的伟大开拓者",为发展马克思主义做出了独特的、重大的贡献。在他的带领下,中国共产党不仅成功地实现了马克思主义基本原理与中国革命实际的有机结合,创立了毛泽东思想,还把马克思主义过渡理论与新中国成立初期的社会实际相结合,创造性地完成了生产资料私有制的社会主义改造,实现了由新民主主义革命向社会主义革命的转变,"使中国这个占世界四分之一人口的东方大国进入了社会主义社会,成功实现了中国历史上最深刻最伟大的社会变革。新民主主义革命的胜利,社会主义基本制度的确立,为当代中国一切发展进步奠定了根本政治前提和制度基础。"在社会主义现代化建设全面开始以后,毛泽东又"以苏联的经验教训为鉴戒,提出要创造新的理论、写出新的著作,把马克思列宁主义基本原理同中国实际进行'第二次结合',找出在中国进行社会主义革命和建设的正确道路,制定把我国建设成为

---

① 《马克思恩格斯选集》第 2 卷,人民出版社 1995 年版,第 636 页。

一个强大的社会主义国家的战略思想。"①

虽然如此,在社会主义建设这个重大课题上,特别是关于社会主义经济运行机制的理论问题上,毛泽东在某种程度上还是表现出了不自信、不自觉。毛泽东对马克思、恩格斯等经典作家存在着一定程度上的理论崇拜和理论依赖。"对马克思、恩格斯、列宁、斯大林正确的东西,我们必须崇拜,永远崇拜,不崇拜不得了。真理在他们手里,为什么不崇拜呢? 我们相信真理,真理是客观存在的反映。"②对人生、对中国革命和建设的重大理论问题,毛泽东一生自信、自觉,但在这个问题上却表现出少有的不自信。因为不自信,他没有能够沿着正确的理论探索继续前进,没能把关于社会主义商品生产和价值规律等问题的理论探索深化一步。

原因之二,社会主义建设实践展开得不充分,毛泽东对计划经济和市场经济的属性了解不深,他仅仅能够认识到商品生产、商品经济可以为社会主义服务,而不能认识到商品生产、商品经济是社会主义的一部分。

理论不自信、不自觉,是主观方面的,但这种主观的因素,却产生于实践,也受历史的局限,因为实践没有完全展开,问题还没有充分暴露,对理论家的视野形成局限,没有产生新思想、新理论的实践环境和时间、空间条件。在国际共产主义运动史上,无论对于什么是社会主义、怎样建设社会主义这样重大的理论与实践问题,还是对于这一重大问题之下的具体问题,从列宁到毛泽东都没有能够很好地解决,原因就在于此。列宁和斯大林参加了社会主义建设的实践,产生了许多新理论,但"又应该看到,列宁和斯大林的理论发展并没有解决在当时社会主义经济发展过程中的所有问题,理论发展的本身也存在着局限性和不彻底性,这又使实践中不可避免地存在着各种矛盾。其中,最突出的矛盾就是社会主义经济在实践中是按照商品经济的道路来发展的,但在理论上却不能彻底地承认社

---

① 习近平:《在纪念毛泽东同志诞辰 120 周年座谈会上的讲话》,《人民日报》2013 年 12 月 27 日。

② 《毛泽东传(1949—1976)》上卷,中央文献出版社 2003 年版,第 793 页。

会主义经济是商品经济。所以,一方面在实践中要发展商品生产和商品交换,另一方面,又要对商品经济进行限制。实践中的这一矛盾,突出地表现在高度集中的计划经济体制中,具体表现为计划与市场的关系。"①

实践的不完备、不充分导致了理论的不彻底、有局限。列宁、斯大林是这样,毛泽东也是这样。苏联社会主义建设形成于准战时和战时环境,发展于战后社会主义与资本主义对峙的冷战时期。在东西方都秉持非此即彼的思维模式的条件下,苏联把计划与市场对立起来,视同水火。毛泽东在发现了苏联工业化模式的弊端之后,以一个伟大的马克思主义理论家的勇气,开始了积极的探索,但受上述客观条件的局限,也没能对计划与市场的问题做出新的解答。由于从心底里认为,只有计划经济才是社会主义的,所以,价值规律和商品经济都只能是为社会主义服务的,为计划经济服务的,只能是配角,而非主角。毛泽东提出"消灭了资本主义又要搞资本主义",一方面是指,商品生产、商品经济、市场调节是资本主义的,这样的定性和归类是前提。"避开使用还有积极意义的资本主义范畴——商品生产、商品流通、价值法则等为社会主义服务……这是对马克思主义不彻底、不严肃的态度。"另一方面是指,社会主义经济已经足够强大,足以影响和控制这些资本主义因素的存在和发展,"不要怕,不会引导到资本主义,因为已经没有了资本主义的经济基础,商品生产可以乖乖地为社会主义服务"②。毛泽东仅仅能够认识到商品生产、商品经济能够为社会主义服务,而不能认识到商品生产、商品经济是社会主义的一部分,这都是实践和时间的局限造成的,我们不能苛求于他。

原因之三,时代主题转换展现得不明显、不充分,毛泽东没有能够认识到苏联模式在中国暴露出来的问题不仅是因为它与中国国情不适,而且更是因为它已经开始不适应时代主题转换的要求。

① 顾钰民:《社会主义市场经济论》,复旦大学出版社 2004 年版,第 38 页。
② 《毛泽东文集》第七卷,人民出版社 1999 年版,第 437、440 页。

如前所述,处于两次世界大战之间,处于资本主义的包围之中,苏联急需快速发展,以应对不测。要快速发展就不能走传统的依靠市场调节从农业轻工业起步的工业化道路,必须在发展模式和发展道路上进行创新。所以,苏联选择了重工业优先增长的工业化道路,这条道路要求集中一切力量保证重点,把有限的资源配置到与国防相关的重工业上来,而全面的国家经济计划则是达到上述目的的唯一有效手段。重工业优先发展战略和计划经济体制都是战时和准战时特定条件下的产物,是对革命和战争时代主题的回应。

战后,随着时代主题由革命与战争向和平与发展逐步转换,世界经济政治走向常态发展之时,苏联模式越来越显示出它的不适应性,其功力在逐步下降,其能量在衰减。"以历史的眼光看,斯大林模式无疑有其存在的历史合理性,在理论上也不失为独树一帜和自成体系。其历史合理性在于,它是特殊历史条件下的产物,是一种非常态经济发展理论。也正因为如此,它必然随着经济发展由非常态步入常态而丧失生命力。"①第二次世界大战后的 20 多年间,随着东西南北四方、两对矛盾的演变,时代主题开始悄悄地转变。

时代主题在悄然转换,各国领导人是否捕捉到这一重要信息?实践证明,在国际共产主义运动中,无论苏联还是中国的领导人,都没有及时注意到。在党的八大前后,毛泽东看到了问题,但也只是发现苏联模式与中国的国情不合,而没有认识到是因为时代主题的转变带来了传统模式的不适应性。从 20 世纪 60 年代开始,苏联东欧和中国都不同程度地开始了经济体制改革,但基本上都是不成功的。根本原因就在于,没有搞清楚原来的一套建设方法已经不适应新的历史条件,而一味地对传统模式修修补补。苏联历经几届领导人的更替,都没有形成系统的理论,没有改变传统的经济增长方式和经济体制与机制,最后在戈尔巴乔夫的"新思

---

① 龚唯平:《工业化范畴论》,经济管理出版社 2001 年版,第 2 页。

维"指导下,最终回归"欧洲大厦"。在中国,毛泽东等领导人开始对苏联模式提出反思和改革,但由于理论的不系统、不彻底、不坚定,道路的探索误入歧途,最终发生"文化大革命"的悲剧。只是在改革开放后,邓小平开始深入观察国际形势以后,才逐步形成了时代主题已经转换的正确判断,并在此基础上开始探讨市场与计划的关系问题,最终形成社会主义市场经济理论。

因为上述三方面的原因,计划经济运行体制形成并固化,计划经济被看作是带有制度属性的一种存在,"计划就是法律"是这个时期特征的高度提炼。当然,"这时也有市场,但它已失去资源配置功能和作为经济体制的独立品格,沦为计划经济体制的附庸。"① 计划经济体制的建立和强化体现了国家统制经济与社会发展的意志,成为高效动员有限的社会资源,投入社会主义工业化建设的制度保障,计划经济体制在新中国工业化的历史进程中功不可没,"原有经济体制有它的由来,起过重要的积极作用,但是随着条件的变化,越来越不适应现代化建设的要求"。② 在经济体制已经基本上适应了经济发展战略的要求之后,还要不断地提高所有制程度,求大、求公、求纯,这则是出于对马克思主义理论的误解。

3. 社会主义市场经济体制建立与完善时期(1979 年以来)

1978 年底的党的十一届三中全会开启了新中国改革开放的新时期。开放主要是加强国际交流,积极学习国际先进的生产技术和管理技术,改革主要是改革那些与生产力不相适应的生产关系,改革那些与经济基础不相适应的上层建筑。就生产关系领域的改革而言,主要改革生产资料所有制形式和经济运行方式与分配关系,逐步扩大市场在经济社会发展中的作用。"1979 年开始实行以市场为导向,以建立社

---

① 赵德馨:《市场化与工业化:经济现代化的两个主要层次》,《中国经济史研究》2001 年第 1 期。

② 江泽民:《加快改革开放和现代化建设步伐,夺取有中国特色社会主义事业的更大胜利》,《十四大以来重要文献选编》上卷,中央文献出版社 2011 年版,第 3 页。

会主义市场经济为目标的经济体制改革,自那时以来,是从计划经济向市场经济转变的时期。在资源配置中,市场的作用日益增加,计划调剂的范围日益缩小。"①

1982年9月,党的十二大提出了"计划经济为主,市场调节为辅"原则,指出,"我国在公有制基础上实行计划经济。有计划的生产和流通,是我国国民经济的主体。同时,允许对于部分产品的生产和流通不作计划,由市场来调节,也就是说,根据不同时期的具体情况,由国家统一计划划出一定的范围,由价值规律自发地起调节作用。这一部分是有计划生产和流通的补充,是从属的、次要的,但又是必需的、有益的。国家通过经济计划的综合平衡和市场调节的辅助作用,保证国民经济按比例地协调发展。""正确贯彻计划经济为主、市场调节为辅的原则,是经济体制改革中的一个根本性问题。"②至于如何正确处理计划与市场的关系问题,当时作出的一个创新性举措就是把原来统一的国家计划分解为指令性计划和指导性计划两类,要求在实际工作中正确划分指令性计划、指导性计划和市场调节各自的范围和界限,发挥各自的功能和作用,对关系国计民生的重要产品中需要由国家调拨分配的部分,对关系全局的重大经济活动,实行指令性计划;对其他大量产品和经济活动,根据不同情况,分别实行指导性计划或完全由市场调节。

1984年10月,党的十二届三中全会通过了《中共中央关于经济体制改革的决定》,第一次明确提出:"改革计划体制,首先要突破把计划经济同商品经济对立起来的传统观念,明确认识社会主义计划经济必须自觉依据和运用价值规律,是在公有制基础上的有计划的商品经济。商品经济的充分发展,是社会经济发展的不可逾越的阶段,是实现我国经济现代

---

① 赵德馨:《市场化与工业化:经济现代化的两个主要层次》,《中国经济史研究》2001年第1期。

② 胡耀邦:《全面开创社会主义现代化建设的新局面》,《十二大以来重要文献选编》上卷,中央文献出版社2011年版,第18、19页。

化的必要条件。"①两天后,10月22日,邓小平高度评价了这次全会的决定,说"这次的文件好,就是解释了什么是社会主义,有些是我们老祖宗没有说过的话,有些新话。我看讲清楚了。过去我们不可能写出这样的文件,没有前几年的实践不可能写出这样的文件。写出来,也很不容易通过。我们用自己的实践回答了新情况下出现的一些新问题。"②

1987年10月,党的十三大认为十二届三中全会关于"社会主义经济是公有制基础上的有计划的商品经济"的论断"是我们党对社会主义经济作出的科学概括,是对马克思主义的重大发展,是我国经济体制改革的基本理论依据。"③大会认为"逐步建立起有计划的商品经济新体制的基本框架"是深化改革的主要任务,必须在公有制为主体的前提下继续发展多种所有制经济,实行以按劳分配为主体的多种分配方式和正确的分配政策。

1990年,邓小平又一次指出,"我们必须从理论上搞懂,资本主义与社会主义的区分不在于是计划还是市场这样的问题。社会主义也有市场经济,资本主义也有计划控制。"④

1992年,邓小平在南方谈话中集中阐述了他对市场与计划关系问题的理论思考。明确提出,"计划多一点还是市场多一点,不是社会主义与资本主义的本质区别。计划经济不等于社会主义,资本主义也有计划;市场经济不等于资本主义,社会主义也有市场。计划和市场都是经济手段。"⑤党的十四大把中国社会主义经济体制改革的目标定位于"逐步确

① 《中共中央关于经济体制改革的决定》,《十二大以来重要文献选编》中卷,中央文献出版社2011年版,第56页。

② 邓小平:《在中央顾问委员会第三次全体会议上的讲话》,《十二大以来重要文献选编》中卷,中央文献出版社2011年版,第82页。

③ 《沿着有中国特色的社会主义道路前进》,《十三大以来重要文献选编》上卷,中央文献出版社2011年版,第23页。

④ 《邓小平文选》第三卷,人民出版社1993年版,第364页。

⑤ 《邓小平文选》第三卷,人民出版社1993年版,第373页。

立社会主义市场经济体制"。大会认为,"我国经济体制改革确定什么样的目标模式,是关系整个社会主义现代化建设全局的一个重大问题。这个问题的核心,是正确认识和处理计划与市场的关系。""社会主义市场经济体制是同社会主义基本制度结合在一起的。""我们要建立的社会主义市场经济体制,就是要使市场在社会主义国家宏观调控下对资源配置起基础性作用,使经济活动遵循价值规律的要求,适应供求关系的变化;通过价格杠杆和竞争机制的功能,把资源配置到效益较好的环节中去,并给企业以压力和动力,实现优胜劣汰;运用市场对各种经济信号反应比较灵敏的优点,促进生产和需求的及时协调。"①

2003 年 10 月,党的十六届三中全会审议通过了《中共中央关于完善社会主义市场经济体制若干问题的决定》,明确提出完善社会主义市场经济体制的"主要任务是:完善公有制为主体、多种所有制经济共同发展的基本经济制度;建立有利于逐步改变城乡二元经济结构的体制;形成促进区域经济协调发展的机制;建设统一开放竞争有序的现代市场体系;完善宏观调控体系、行政管理体制和经济法律制度;健全就业、收入分配和社会保障制度;建立促进经济社会可持续发展的机制。"②

自党的十四大提出要使市场在经济社会发展中起"基础性"作用以后的 20 年来,社会主义市场经济体制建设的步伐加快,中国经济快速发展。实践的发展也推动我们党对市场经济的地位和作用的认识不断深入。党的十六大提出"在更大程度上发挥市场在资源配置中的基础性作用",十七大提出"从制度上更好发挥市场在资源配置中的基础性作用",十八大进一步提出"在更大程度更广范围发挥市场在资源配置中的基础性作用"。在此基础上,2013 年 11 月,中共十八届三中全会通过《中共中

---

① 《加快改革开放和现代化建设步伐,夺取有中国特色社会主义事业的更大胜利》,《十四大以来重要文献选编》上卷,中央文献出版社 2011 年版,第 15、17、16 页。

② 《中共中央关于完善社会主义市场经济体制若干问题的决定》,《十六大以来重要文献选编》上卷,中央文献出版社 2011 年版,第 465 页。

央关于全面深化改革若干重大问题的决定》，明确提出要紧紧围绕使市场在资源配置中起决定性作用深化经济体制改革，认为"经济体制改革是全面深化改革的重点，核心问题是处理好政府和市场的关系，使市场在资源配置中起决定性作用和更好发挥政府作用。市场决定资源配置是市场经济的一般规律，健全社会主义市场经济体制必须遵循这条规律，着力解决市场体系不完善、政府干预过多和监管不到位问题。"①市场经济就是让市场在配置资源中起决定性作用的经济体制充分发挥效能。从"市场在资源配置中起基础性作用"到"使市场在资源配置中起决定性作用"，这是我们党在理论上的又一重大进步，标志着我们党对市场经济认识的深化。让市场起决定性作用，意味着市场机制必须在中国经济文化社会各项建设中起决定性作用，市场能够解决的问题，决不交给市长解决，而不意味着经济增长量与指数的高低或者国际贸易量的大小②，因为这两项指标与经济体制本身没有直接的关系。让市场起决定性作用，有利于在全党全社会树立关于政府和市场关系的正确观念，有利于转变经济发展方式、转变政府职能、抑制消极腐败现象，必将对加快市场化改革、建立完善的社会主义市场经济体制起到重大的指导和推动作用。

在社会主义市场经济体制下实现工业化，这在200多年的世界工业化历史上还是第一次，这是世界工业化道路的模式创新，使中国工业化道路更具特色。与社会主义市场经济体制相适应，改革开放以来逐步调整了工业化发展战略，调动了各种积极性，充分利用了两种资源和两个市场，重工业优先发展逐步让位于轻工业、农业优先发展以解决民生问题，大大加快了中国工业化的步伐。经过30多年的高速增长，中国工业化水

---

① 《中共中央关于全面深化改革若干重大问题的决定》，《人民日报》2013年11月16日。

② 比如，有人认为，"欧盟一直不承认中国的市场经济地位，但现在中国贸易额已经排在世界第一位，承认与不承认还有什么意义呢？"（新华网：《傅莹说不能再用陈旧观点看待世界》，http://news.xinhuanet.com/2014-02/01/c_119201047.html.）这是一个常识错误，因为贸易量的多寡与经济体制无关，计划经济与市场经济均可达此目的。

平和国家综合实力都得到了全面提升。

（二）社会主义市场经济推进中国工业化的内在逻辑

社会主义市场经济是历史逻辑、理论逻辑和现实逻辑相统一的产物。三者的统一，不仅使社会主义市场经济成为一种必然的选择，而且成为推动中国工业化稳步发展的内在推动力量。

首先，从历史的角度来看，自西欧一隅兴起以来，工业化经历了早期原生态的商品经济、市场经济形式，又经历了现代市场经济和计划经济并行的时代，现今在中国正经历着社会主义市场经济，人类总是在不断地探索着更加有利于推动工业化的经济运行模式。社会主义市场经济是全人类找到的推动工业化的最新经济体制和工业化运行的最新平台，必将更加高效地推动中国工业化。

18 世纪六七十年代，资本主义借助古典市场经济体制的力量开始了工业化，西欧诸国在自由资本主义时代基本上都实现了工业化，极大地推进了资本主义社会生产力的发展。在 19 世纪的最后 30 年里，以德国、日本和美国为代表的一批国家赶上了自由资本主义的末班车，在自由资本主义向垄断资本主义转变的阶段实现了工业化。

进入 20 世纪后，一方面，随着社会化大生产的迅猛发展，自由市场经济的局限性日益明显暴露；另一方面，经济危机的破坏作用更加严重，1929—1933 年震撼世界的资本主义经济大危机，从根本上动摇了资本主义自由竞争的市场经济制度，国家干预主义政策和理论应运而生，自由市场经济开始被有调节的现代市场经济所代替。现代市场经济的兴起是 20 世纪世界经济运行方式的一个重要变化，而更重大的变化则是苏联开始实行的计划经济。以重工业优先发展为战略，以计划经济为保障手段，苏联开辟了世界工业化的崭新模式，取得了令世人瞩目的经济成就。这里有一个值得引起我们关注的问题，即无论社会主义国家，还是资本主义国家都不约而同地开始看重国民经济计划。为什么？从苏联方面来看，理论上是秉承了马克思主义原则,现实上则为了规避自由市场经济的乱象和应对国内急需工业化的压力。从资本主义世界来看,主要是为了克服自由市场经济的弊端,也有人认为它们参照了苏联的计划经济的做法。① 从此开始了现代市场经济和计划经济并行,推动世界工业化的新时期,直到 20 世纪结束前的 10—20 年。进入 80 年代后,世界经济政治形势了出现了新的变化,即时代主题已经由战争与革命明确地转变为和平与发展。冷战结束后,西方世界的经济政策也开始发生重大改变,"华盛顿共识"则是新自由主义由纯粹的学术问题上升为经济范式和政治性纲领的主要标志。这时,中国共产党一方面感受到时代主题已经转换;另一方面又对中国社会发展阶段给予准确的定位,在此基础上开始了以市场经济为指向的经济体制改革,最终提出社会主义市场经济理论。社会主义市场经济理论是中国共产党的创造,也是对市场经济推动工业化的历史经验的提升。

其次,从理论的角度来考察,社会主义市场经济是一种社会主义社会制度优势与市场经济体制优势相结合的制度安排,是一种重大的理论创新。

历史唯物主义在人类历史上第一次科学地揭示了社会发展动力系统问题,其中生产力与生产关系、经济基础与上层建筑的矛盾及其运动是推动社会发展的根本动力。经济基础的实质是社会一定发展阶段上的基本

---

① 英国历史学家埃瑞克·霍布斯鲍姆(E.Hobsbawn)认为:"此起彼伏,模仿苏联五年计划之举纷纷出笼。一时之间,'计划'一词成为政界最时髦的名词。比利时、挪威的社会民主党派,甚至开始正式采用'计划'一词。英国政府最受敬重的元老,也是英国国教重要一员的索特爵士(Sir Arthur Salter),此时也出书鼓吹计划一事的重要性,书名为《复苏》(Recovery)。他在书中主张,社会必须经过妥善筹划,方能避开类似大萧条性质的恶性循环。英国政府内许多持中间路线的大小官员,也组织了一个不分党派的智囊团体,称作'政经计划会'(Political and Economic Planning,PEP)。年轻一代的保守党人士,如日后出任首相的麦克米伦(Harold MacMillan,1894-1986),则纷纷自命为计划派的发言人。甚至连以反共为标榜的纳粹德国,也剽窃了苏联的点子,于 1933 年推出所谓的'四年计划'。"(《极端的年代》上卷,江苏人民出版社 1998 年版,第 139 页)

经济制度,是制度化的物质社会关系。经济体制不仅与经济基础、生产关系有着密切的内在关联,是社会基本经济制度所采取的组织形式和管理形式,是生产关系的具体实现形式,而且与生产力发展的关系更为直接、更为具体。因此,经济体制的选择得当,对于基本经济制度的自我完善和生产力的发展往往起着极为重大的推动作用。

社会主义是人类社会全新的、优越的社会制度,现代市场经济是社会生产力高度发展的产物,是人类社会对资源配置方式长期探索的积极成果,社会主义市场经济是世界现代经济史上的重大理论创新。任何经济政治体制都是一定社会制度的表现,不可能脱离社会基本制度而独立地存在、孤立地运转。市场只是商品交换和经济运行的一种机制,或者说是一种经济资源配置的方式,它本身并不具有政治和社会的制度性质,社会主义国家的市场和资本主义国家的市场在本质上都是一样的,都以价值规律作为基本的运作规则。但市场经济却不同,作为一种经济体制,它总是与一定的社会制度相联系,它是社会制度体系的组成部分。在理论上,我们可以把它抽象出来加以研究和分析,但在现实生活中,它总是同一定的社会基本制度结合在一起,两者是不可分割的。因此,在社会主义市场经济体制建立与完善过程中,我们"一方面要把市场经济的体制规定同资本主义经济的制度规定'剥离'开来,另一方面又要把市场经济体制同社会主义基本制度结合起来,建设和发展社会主义市场经济体制"①。

社会主义市场经济作为一种经济体制,与社会主义基本经济制度是一致的,是社会制度优势与经济体制优势的有机结合,这就要求我们必须在建设中国特色社会主义的过程中发展市场经济,在发展市场经济的过程中建设中国特色社会主义,把理论结合的优势转变为实践结合的优势,以社会主义市场经济体制推动中国特色新型工业化,以中国特色的新型

_____

① 顾海良、张雷声:《市场经济完全可以和社会主义基本制度相结合》,《前线》2000年第1期。

工业化的崭新实践完善社会主义市场经济体制,形成二者的良性互动。

最后,从现实的情况来看,社会主义市场经济是社会主义初级阶段中国社会实际的需要,是立足于当代中国实际的经济运行方式的实践创新。历史唯物主义告诉我们,社会发展的动力机制,从根本上来说,它是社会发展过程中社会基本矛盾在一定历史阶段的反映,是社会基本矛盾运行过程中的实在表现。在当代中国,最大的国情、最大的实际就是社会主义初级阶段,建设中国特色社会主义的总依据也是社会主义初级阶段。"我们必须清醒认识到,我国仍处于并将长期处于社会主义初级阶段的基本国情没有变,人民日益增长的物质文化需要同落后的社会生产之间的矛盾这一社会主要矛盾没有变,我国是世界最大发展中国家的国际地位没有变。在任何情况下都要牢牢把握社会主义初级阶段这个最大国情,推进任何方面的改革发展都要牢牢立足社会主义初级阶段这个最大实际。"①现代中国脱胎于半封建半殖民地社会,没有经历商品经济的充分发展和商品市场的充分发育,没有经受生产社会化与生产资料私人占有之间的尖锐矛盾,我们的主要任务不是超越市场经济,而是以市场经济推动生产力发展。社会主义与资本主义有着本质的不同,根本目标在于共同富裕。社会主义市场经济与共同富裕是手段与目标的关系,社会主义初级阶段的根本任务是发展社会生产力,市场经济体制是坚持社会主义基本制度、发挥社会主义制度的优越性,推动生产力快速发展的手段。"要坚持社会主义制度,最根本的是要发展社会生产力,这个问题长期以来我们并没有解决好。社会主义优越性最终要体现在生产力能够更好地发展上。多年的经验表明,要发展生产力,靠过去的经济体制不能解决问题。所以,我们吸收资本主义中一些有用的方法来发展生产力。现在看得很清楚,实行对外开放政策,搞计划经济和市场经济相结合,进行一系

---

① 胡锦涛:《坚定不移沿着中国特色社会主义道路前进,为全面建成小康社会而奋斗》,《人民日报》2012 年 11 月 18 日。

列的体制改革,这个路子是对的。"①

(三) 基本经济制度为中国工业化提供方向和动力保障

新中国成立以来,特别是改革开放以来,中国共产党带领人民在实践中逐步形成和完善了中国特色社会主义制度体系,涵盖了根本政治制度、基本政治制度和基本经济制度以及建立在它们之上的政治体制、经济体制、文化体制和社会体制等。"公有制为主体、多种所有制经济共同发展的基本经济制度,是中国特色社会主义制度的重要支柱,也是社会主义市场经济体制的根基。"②

坚持和完善基本经济制度,必须充分地发挥公有制经济的主体地位。马克思主义认为,不同的社会制度、不同的生产目的,决定着不同的经济运行机制,这是不以人们的意志为转移的客观规律。社会主义公有制的主体地位是由公有制的性质以及它在国民经济中的作用决定的。生产资料社会主义公有制是中国社会主义经济制度的基础,是社会主义经济制度的根本标志,只有建立起社会主义公有制并使其在多种所有制经济中居于主体地位,才标志着社会主义经济制度真正建立起来。马克思主义认为,生产资料所有制是社会经济制度的基础,是决定一个社会基本性质和发展方向的根本因素。科学社会主义和形形色色的社会主义的最大区别,就在于实行生产资料的公共占有或社会占有。马克思和恩格斯早在《共产党宣言》里就明确向全世界宣布:"共产党人可以把自己的理论概括为一句话:消灭私有制。"③生产资料公有制是社会主义制度的经济基础,也是社会主义的上层建筑赖以建立和巩固的基础。生产资料所有制是生产关系的基础。公有制不是社会主义的本质,但是,坚持公有制是实

---

① 《邓小平文选》第三卷,人民出版社 1993 年版,第 149 页。
② 《中共中央关于全面深化改革若干重大问题的决定》,《人民日报》2013 年 11 月 16 日。
③ 《马克思恩格斯选集》第 1 卷,人民出版社 1995 年版,第 286 页。

现社会主义根本任务的一条重要原则,因为唯有这样,才能真正体现和实现社会主义的本质。中国现阶段虽然存在着多种经济成分,但是由于公有制经济处于主体地位,这就决定了我们的经济制度在本质上是社会主义的。社会主义公有制是社会主义制度的根本特征,只有坚持公有制的主体地位,才能真正地巩固和发展社会主义经济制度,保证国民经济沿着社会主义方向健康发展。

公有制经济的主体地位是保障劳动人民经济、政治权利和全体社会成员实现共同富裕的不可缺少的物质基础。社会主义的经济基础是生产资料公有制,它排除了社会上一部分人对另一部分人的剥削,只有坚持公有制经济的主体地位,才能保证劳动人民的主人翁地位,才能按照人民的意志和利益建设好自己的国家,才能充分调动最广大人民群众的积极性,投身中国特色新型工业化建设。

坚持和完善基本经济制度,必须正确处理公有制经济与非公有制经济的关系。对此,党的十八届三中全会提出了两个“都是”,重申了两个“必须毫不动摇”。“公有制经济和非公有制经济都是社会主义市场经济的重要组成部分,都是我国经济社会发展的重要基础。必须毫不动摇巩固和发展公有制经济,坚持公有制主体地位,发挥国有经济主导作用,不断增强国有经济活力、控制力、影响力。必须毫不动摇鼓励、支持、引导非公有制经济发展,激发非公有制经济活力和创造力。”①

公有制经济与非公有制经济的关系不是彼此对立、不可调和的。在社会主义初级阶段,公有制和非公有制都是发展社会生产力不可缺少的所有制形式,都可以而且应该用来为社会主义服务。在社会主义市场经济条件下,公有制经济和非公有制经济是平等竞争、相互促进的关系,二者统一于社会主义现代化建设的过程中。一方面,它们互补共存,发挥各

---

① 《中共中央关于全面深化改革若干重大问题的决定》,《人民日报》2013 年 11 月 16 日。

自优势和特长,共同推动社会生产力的发展。非公有制经济和公有制经济在生产条件、活动领域、产业规模、技术水平和就业容量等方面都有各自的优势与不足,在很多情况下两者不是对立关系,而是互补共存的关系。公有制经济与非公有制经济之所以能够共存,除了它们分别与中国现阶段不同的生产力发展水平相适应的原因外,它们在效益、功能上的互补性也是一个重要原因。另一方面,它们竞争共长,非公有制经济和公有制经济之间在竞争中发展,在比较中成长。只要存在市场关系,就必然会有竞争。社会主义市场经济体制为竞争提供了体制基础,公有制为主体、多种所有制经济共同发展的基本经济制度为竞争提供了制度空间,允许和鼓励人们通过诚实劳动、合法经营致富的富民政策为竞争的推进提供了强大的动力机制,因此,在社会主义市场经济体制确立和完善过程中,公有制经济与非公有制经济的竞争就成为一种必然。但在社会主义市场经济条件下,市场主体间的竞争并非你死我活的竞争,更多地表现为双方共同促进、共同发展、共同提高的"共长"过程。因为,竞争可以形成外在的压力,促使竞争双方都必须认真地面对市场,研究需求动态,并改进技术,加强管理,提高效率,生产出适销对路的产品,以满足消费者的需求,这就在无形中提高了竞争双方的素质;竞争可以促进全社会生产技术水平和经营管理水平的提高,竞争双方也因此获得全社会生产发展所带来的好处,并以此为新的发展基础,不断提高和完善自己。

公有制经济与非公有制经济之间的互补共存、竞争共长的关系,能够保证当代中国经济各类主体扬长避短,有序发展,这是推动中国特色新型工业化的活力和动力。

（四）正确处理市场与政府关系是推动工业化的关键

正确处理政府与市场的关系,是党的十八届三中全会关注的焦点之一。"经济体制改革是全面深化改革的重点,核心问题是处理好政府和市场的关系,使市场在资源配置中起决定性作用和更好发挥政府作用。

市场决定资源配置是市场经济的一般规律,健全社会主义市场经济体制必须遵循这条规律,着力解决市场体系不完善、政府干预过多和监管不到位问题。"①能否充分发挥市场的决定性作用,并非完全取决于市场本身,更取决于政府,取决于能否正确处理政府与市场的关系。

正确处理政府与市场的关系,这不仅是一个理论问题,也是一个没有解决好的实践问题。从理论上说,主要是如何把握好市场放任与政府包办这两极之间的结合点问题;从实践上说,中外工业化进程积累了不少关于政府与市场关系的经验教训。这些理论与实践的问题正是三中全会把正确处理政府与市场的关系作为经济体制改革核心问题的逻辑起点。

从理论的角度讲,在现代经济理论中,自由主义强调要把市场的作用发挥到极致,让市场调节经济社会生活的方方面面,坚决反对政府包办,因为它是经济低效的根源;凯恩斯主义则强调充分发挥政府的作用,以克服市场失灵的问题,减少社会资源的浪费。作为配置资源的手段,市场调节和政府调节各有其合理的一面,也有其不足的一面。市场调节以每一单个生产者和经营者的效用最大化为直接目标,其最大优势在于灵活性,利于促进资源的优化配置,调节供需,均衡产品市场,促进优胜劣汰等。其最大的劣势在于"市场失灵",诸如对经济总量的平衡、宏观经济结构的调整、对社会发展、收入分配、生态平衡和环境保护等的调节显得无能为力,容易造成经济失衡和周期性波动,导致资源浪费,易引起贫富差距扩大和出现两极分化现象等。政府调节具有自觉性、事前性、直接性和宏观性的特点,其优点是能够集中力量进行重点建设,通过经济发展战略,加强宏观控制,可以合理调节收入分配等。其缺点主要是,难以对微观经济活动和复杂多变的社会需求发挥作用,容易损害经济主体的利益,造成

---

① 《中共中央关于全面深化改革若干重大问题的决定》,《人民日报》2013 年 11 月 16 日。

动力不足和效率低下。两种调节手段的优缺点都非常明显,"关于政府成就和政府不灵的争论再一次提醒我们,合理划分市场和政府的界限是一个长期持久的课题。在探寻自由放任市场机制和民主政府规制干预之间的黄金分割线的问题上,经济学工具是帮助社会的必不可缺的基本工具。……一个有效率并且讲人道的社会要求混合经济的两个方面——市场和政府都同时存在。如果没有市场或者没有政府,现代经济运作就会孤掌难鸣"①。在社会主义市场经济体制的运行过程中,一方面,我们要看到,市场机制作用的弊端仅靠市场机制自身是无法解决的,必须发挥国家的宏观调控手段和调控机制的作用;另一方面,我们也要看到,政府调节的不足也是无法靠自身的力量克服的,必须积极稳妥地从广度和深度上推进市场化改革,大幅度减少政府对资源的直接配置,依据市场规则、市场价格、市场竞争资源配置,实现效益最大化和效率最优化。社会主义市场经济之所以不同于资本主义市场经济,就在于它应当比资本主义能更有效地利用政府的公共政策来调控社会和经济,从而更好地促进社会的良性发展。政府的职责和作用主要是保持宏观经济稳定,加强和优化公共服务,保障公平竞争,加强市场监管,维护市场秩序,推动可持续发展,促进共同富裕,弥补市场失灵,引导国民经济持续、稳定、快速、健康地发展。

对当今中国而言,亟须解决的理论问题是如何把握市场调节和政府调控之间合理的边界,以促进经济社会协调发展。一方面要厘清两种调节手段发挥作用的边界,另一方面要找到二者的最佳结合点,最大限度地发挥其优势,最大限度地克服其不足。对立统一是世界万物运行的根本规律,只有对立统一才合规律,才会和谐相处。市场机制与国家宏观调控的有机结合,"看不见的手"与"看得见的手"的辩证统一,才会形成推动社会主义市场经济的合力,才能推动中国特色社会主义新型工业化。

---

① ［美］P.萨缪尔森等:《经济学》,人民邮电出版社 2004 年版,第 33 页。

　　从实践的角度讲,在几百年的市场经济实践中,市场与政府计划两种调节手段更是轮流登台,交替献艺,资本主义各国总是根据实际情况的变化,在以市场调节为主和以政府调节为主之间来回摆动,社会主义国家整体上则从以中央计划为主,逐渐向以市场调节为主过渡。对于这段历史,保罗·萨缪尔森等有过精彩的描述:"到了大约两个世纪以前,贵族政府对价格和生产方法的控制力便开始减弱。封建的枷锁逐渐地让位于我们现在所称的'市场机制'或'竞争资本主义制度'"。"对于欧洲和北美的大多数国家来说,19世纪是一个自由放任(laissez-faire)的时代。这种被译成'别管我们'的学说认为,政府应当尽可能少地干预经济,尽可能多地将经济决策留给市场供求机制去完成。19世纪中叶,许多政府就都是这样地笃信着这一经济信条。""然而,19世纪末,由于未加管束的资本主义的过度发展,美国及西欧工业国家纷纷放弃了完全自由思想,政府被赋予越来越多的经济职能,反垄断,征所得税,向老人提供社会保障等。这种新的制度被称为福利国家(welfare state),即由市场调节日常经济生活中的具体活动,而由政府维持社会秩序,管理退休金和医疗保险,以及为贫困家庭提供救济等等。""1980年前后,潮流再次逆转。保守主义在许多国家抬头,各国政府开始减税并放松经济管制。其中'里根革命'的影响尤为深远,它改变了公众对于税收和政府的态度,扭转了美国联邦政府的公共支出趋势。以至于连民主党的总统比尔·克林顿也都认为'大政府的时代已经成为过去'"。[①] 这是发达国家的情况。对于发展中国家,先是在"二战"后的一段时间,强调通过政府干预来克服市场失灵,高度强化政府在资源动员和配置中的作用,忽视市场作用,推行重工业优先发展战略,结果以对市场的各种扭曲为代价建立起来了一些先进的产业,但是经济发展的绩效较差,与发达国家的差距拉大。20世纪七八十年代,全世界发展中国家都在改革开放,新自由主义盛行,强调市场,忽视了政

---

① [美]P.萨缪尔森等:《经济学》,人民邮电出版社2004年版,第20页。

府的作用,主张采用休克疗法,推行私有化、自由化、市场化。结果是,推行新自由主义所倡导的华盛顿共识的国家经济普遍崩溃停滞,危机不断。① 2008 年金融危机发生以后,西方舆论又转向于要更加重视发挥政府作用。

这些都是一般意义上的描述,实际上,放任阶段并没有完全排斥政府作用,强调政府调节时期也没有放弃市场的作用,大多情况下是市场调节与政府调控的结合,只是侧重点有所不同而已。即使在自由放任时代以及英国工业化时期,政府也不是完全无为的。欧美国家政府在工业化进程中至少发挥了两个方面的作用:对内,通过立法和强制的手段,为资本主义经济的运行和发展提供了制度保障;对外,通过海外扩张和掠夺,为本国资本主义经济的发展提供了丰富资源和广大市场。没有政府的这些作用,西欧、日本,甚至美国早期资本主义市场化和工业化是不可能实现的。第二次世界大战以后到 20 世纪六七十年代,自由资本主义思潮重新抬头,又强调要尊重市场作用,甚至有人说管的最少的政府是最好的政府,把政府称为 a necessary evil(必要的邪恶),但也正是这个时候,欧洲的德国、东亚的日本及亚洲四小龙,还有拉美的数个国家依靠强大的政府,加强对资源配置的管理,扶持现代工业尤其是基础工业的发展,实现了经济快速增长。因此,从理论上讲有市场主导型工业化,也有政府主导型工业化两个不同的类型,这是为了便于理论抽象,在实践中很难见到纯粹的市场型,也难以见到完全的政府型,总是二者的结合,只是有所偏重罢了。

就中国的经历而言,中国共产党承继了近代中国历代先贤探索工业化道路的历史经验与教训,带领人民成立了新中国,开始工业化建设。新中国政府是长期人民革命的结果,获得了人民的广泛拥戴。为了维护人

---

① 林毅夫:《有效市场也需有为政府》,FT 中文网:http://www.ftchinese.com/story/001053617? page=1。

民的根本利益,中国共产党和人民政府一方面要加速工业化,以实现国家富强;另一方面又要实现人民的共同富裕,而不愿意看到资本主义工业化过程中出现的农民破产和工人阶级贫困化的历史在中国重演。这样,加强政府领导,排斥市场作用就成为必然的、有效的选择。实践证明,这是一种非常高效的经济增长模式,但同时,市场机制也从此被排除在工业化进程之外。"革命造就强大政府,革命越彻底,即民众参与越深、越广泛(如法国大革命),政府就越强大;而外部环境严峻,也需要强大的政府;而强大的政府又会实行政府主导型发展模式,在实行这个模式过程中,又会自我强化,直到进行不下去为止。"①这正是中国走向市场经济的逻辑起点。

社会主义市场经济体制建设目前正处在一个关键时期,难点、重点、关键点都在于正确处理政府与市场的关系。当然,我们说正确处理政府与市场的关系,绝不是说谁多谁少、谁强谁弱、谁进谁退的问题,而是各自在自己的领域更好地发挥作用(用党的十八届三中全会的话说叫作"使市场在资源配置中起决定性作用和更好发挥政府作用"),实现政府宏观调控的优势和市场微观调节的优势之间的有机结合,使社会主义市场经济体制的总体效益更大。政府这只"看得见的手"和市场这只"看不见的手"都要发挥作用,关键在于要有一个度的把握。在市场经济条件下,政府在经济领域的主要职能是宏观调控,在于规范市场秩序,营造各类企业平等竞争的环境。如果政府对市场过度干涉,市场就会丧失效率,政府的公信力也会受到影响。一个工业化成功的国家必然是以市场经济为基础,再加上一个有为的政府,"成熟市场经济国家的政府也基本上遵守了市场经济对政府职能的要求。我们看不到成熟市场经济国家的政府频繁地用行政手段干预经济,也看不到这些国家的地方政府直接扮演市场主

---

① 武力:《中国现代化过程中的工业化与市场化——西欧现代化与中国现代化的比较研究》,《教学与研究》2002 年第 9 期。

体的角色,更看不到这些国家唯 GDP 马首是瞻。正因为政府扮演了它应当扮演的角色,这样的体制才是高效的。"①这是发达国家给我们留下的可资借鉴的宝贵经验。

第四节　社会主义本质理论激发中国工业化新动力

马克思主义创始人在创立科学社会主义理论,设计未来社会的时候,曾经假设社会主义社会将会在工业发达的西欧国家诞生并继承资本主义社会创造的高度发达的生产力,在此基础上,他们把更多的工夫花在了对未来社会制度建设的理论研究上,大量地描述了社会主义社会的一般特征。社会主义国家建立后,社会主义实践者普遍忽视了马克思、恩格斯讲的前提,而从三大特征上把握社会主义,特别是从生产资料所有制的角度来规范社会主义。党的十一届三中全会以后,随着对外开放和对中外社会主义建设历史的重新审视,邓小平提出了从本质上规范社会主义的新命题。社会主义本质理论的提出,具有重大的理论意义与实践价值。过去,大家强调较多的是社会主义本质论在马克思主义发展史上的意义,认为它把对社会主义的认识提到了新高度,这个定位是准确的。但现在看来,社会主义本质论的实践价值也非常重大,它不仅使我们更加坚定改革开放以来大力发展生产力的基本道路和正确方向,而且以共同富裕的目标唤起了最广大人民群众参与社会主义工业化的积极性与创造性,以更加充满活力的体制机制为社会主义工业化注入了新的动力。

---

① 李义平:《正确处理政府与市场的关系已成重中之重》,中国经济新闻网,http://www.cet.com.cn/ycpd/sdyd/992021.shtml。

一、社会主义实践中的认识偏差

辩证唯物主义认为,认识与实践之间存在着互动关系,人们对事物的认识总是由表及里、由浅入深,从现象到本质。"人对事物、现象、过程等等的认识深化的无限过程,从现象到本质、从不甚深刻的本质到更深刻的本质。"①对什么是社会主义、怎样建设社会主义这样重大的理论与实践问题,从列宁到中国共产党人,都进行了艰难的探索,认识也一步步地深化。马克思主义创始人本来是从生产力与生产关系的辩证统一来规范社会主义社会的,但后来的实践者则更加注重从生产关系的角度来认识和解释社会主义,从理论到实践都发生了偏差。对社会主义本质的理论认识,影响着社会主义建设实践的方方面面,对社会主义认识的偏差则直接决定了社会主义国家建设道路的曲折。

(一) 马克思主义创始人认为社会主义社会应当以生产力的巨大增长和高度发展为基础

历史唯物主义的一个根本原则就是强调生产力与生产关系、经济基础与上层建筑的矛盾及其运动是推动社会发展的根本动力。马克思、恩格斯在创立共产主义理论时,非常强调发展生产力的问题,认为共产主义社会的建立是以生产力的巨大增长和高度发展为前提的。在《共产党宣言》中,他们就明确指出:"无产阶级将利用自己的统治,一步一步地夺取资产阶级的全部资本,把一切生产工具集中在国家即组织成为统治阶级的无产阶级手里,并且尽可能快地增加生产力的总量。"而要达到此目的,必须先解决生产资料占有问题,"无产者只有废除自己的现存的占有方式,从而废除全

———

① 《列宁选集》第 2 卷,人民出版社 1995 年版,第 412 页。

部现存的占有方式,才能取得社会生产力。"①在《德意志意识形态》中,又指出:"生产力的这种发展(随着这种发展,人们的世界历史性的而不是狭隘地域性的存在同时已经是经验的存在了)之所以是绝对必需的实际前提,还因为如果没有这种发展,那就只会有贫穷、极端贫困的普遍化;而在极端贫困的情况下,必须重新开始争取必需品的斗争,全部陈腐污浊的东西又要死灰复燃。"②衡量一种社会制度是否先进,归根结底要看它的生产力是否比前一个社会先进。可见,社会主义的本质特征是在解放、发展生产力的基础上,提高人们的物质文化生活水平,进而促进人的全面发展。

(二) 社会主义实践中的共产主义者更注重从生产关系的角度规范社会主义

十月革命胜利后,特别是苏联成立后,社会主义由理论变成了现实,如何在经济落后的基础上建设社会主义就成为列宁和斯大林必须面对的重大理论和实践问题。列宁提出并实行了新经济政策,还对苏维埃的经济政治制度做了有益的探索。斯大林领导苏联社会主义建设时期,则更多是从社会主义的特征,尤其是从社会主义经济制度的角度来理解和把握社会主义的,把生产资料的公有制看作社会主义的本质。后来,中国等社会主义国家在建设实践中几乎都照搬了苏联模式,当然也照搬了斯大林的社会主义理论,从生产关系和社会制度方面来认识社会主义,认为社会主义就是公有制、计划经济和按劳分配。并且,无论苏联,还是中国,都从马克思、恩格斯的著作中引经据典以证明这种理论和认识的正当性。这种状况"反映了理论和历史的局限性,是在社会主义制度产生和发展的初始阶段人们的认识和实践还不成熟的产物和表现"③。

---

① 《马克思恩格斯选集》第 1 卷,人民出版社 1995 年版,第 293、283 页。
② 《马克思恩格斯选集》第 1 卷,人民出版社 1995 年版,第 86 页。
③ 高继文、贺曙敏:《社会主义本质论与当代中国社会发展》,《济南大学学报》2002年第 2 期。

　　在社会主义实践中，各国共产党人越来越多地从生产关系角度而不是从生产力的角度去理解社会主义，在一定程度上偏离了马克思、恩格斯的思想。为什么会这样？除理论与历史的局限性之外，一方面是因为，马克思、恩格斯对旧制度的批判有余，而对新社会的建设却论述不足。马克思主义创始人的首要任务是论证"两个必然"的合理性与正当性，因而主要从历史观和社会制度层面去剖析资本主义的落后性，阐明社会主义的先进性，以突出社会主义与资本主义的对立和区别，而对如何建设社会主义的一些具体问题，他们因为没有实践，也只能做一些原则性的描述。这样，当社会主义实践中的马克思主义者从原著中寻找社会主义建设的理论依据时，自然会发现更多的是马克思、恩格斯对未来社会生产关系和上层建筑方面的论述。另一方面是因为，他们从资本主义与社会主义制度对立的角度来认识社会主义，对资本主义制度批判越彻底，就意味着对社会主义制度越坚信。对两种对立的社会制度，马克思、恩格斯倾注了高度的情感，后来的马克思主义者们同样也倾注了强烈的感情，特别是中国的马克思主义者，他们深切地感受到外国资本帝国主义对近代中国的压迫和侵略，高度同情人民深重的疾苦，因而更容易对马克思主义经典著作中批判旧世界的内容引起强烈的共鸣，更坚定了他们与旧制度彻底决裂的信念。尤其是战后，在两大阵营对立的冷战时期，在非此即彼的思维模式下，我们对社会主义的理解是有偏差的，特别是在中苏两党理论分歧过程中及其以后，我们更加坚定了自己所理解的社会主义，更加坚定地认为大、公、纯的所有制才是社会主义。

　　这样一来，在社会主义实践中就出现了一个非常奇特的、普遍的现象：理想与现实、理论与实践的背离。一方面坚定地认为自己是马克思主义者，另一方面在实践中却违背了马克思主义关于生产力与生产关系辩证统一的原则；一方面强调要及时把党和国家工作的重心转移到经济建设上来，把国民经济搞上去，另一方面却"宁要社会主义的草，不要资本主义的苗"；一方面要争取大力发展生产力，另一方面却批判"唯生产力论"。这些现象看起来十分混乱,实际上原因却很简单,这一切都根源于我们对社会主义本质的理解错误。我们不是着力解决生产力与生产关系长期不平衡、不匹配的问题,而是单纯追求生产关系的不断变革和强化政治动员、阶级斗争。生产关系在一定时期内,在特定条件下,适度超前是允许的,但是,试图通过不断地变革生产关系以期达到社会向前发展的想法和做法,却是违背历史唯物主义的,是违背社会发展规律的。由此而来,有人认为改革开放前我们不注意发展生产力,这是不对的。毛泽东也十分注意发展生产力,但他的方法不完全是正确的,这正是那段时间生产力发展受限制的原因所在。"毛泽东同志是伟大的领袖,中国革命是在他的领导下取得成功的。然而他有一个重大的缺点,就是忽视发展社会生产力。不是说他不想发展生产力,但方法不都是对头的,例如搞'大跃进'、人民公社,就没有按照社会经济发展的规律办事。"①

这种理论与实践上的偏差为中国共产党人进一步探索社会主义发展道路提供了宝贵的经验教训,邓小平正是在此基础上开始了对社会主义本质的理论探索。

二、社会主义本质论坚定中国工业化正确方向

进入 20 世纪 80 年代以后,根据国际发达资本主义国家生产力变化的新特点,深入考察了世界各国特别是中苏社会主义建设的历史之后,邓小平认识到,必须解决从本质上规范社会主义的理论问题,逐步提出了社会主义本质理论,从生产力的角度来认识社会主义。社会主义本质理论的提出,更加坚定了新中国 60 多年、特别是改革开放 30 多年走过的社会主义工业化道路,更加坚定了大力发展生产力的正确道路和方向。

改革开放以后,邓小平立足于马克思又超越马克思,从生产力的角度

①　《邓小平文选》第三卷,人民出版社 1993 年版,第 116 页。

来理解社会主义。以邓小平为代表的中国共产党人依据国际国内经济建设的经验教训,提出了"什么是社会主义、怎样建设社会主义"的重大问题,以保证中国工业化沿着正确、健康的道路前行。

(一) 什么是社会主义?

提出"什么是社会主义"的问题,不是说我们搞了几十年社会主义,却不知道什么是社会主义,而是说,我们认识社会主义的角度是有偏差的,所认识的社会主义是曲解的、片面的。如前所述,我们曾经片面强调生产关系对生产力、上层建筑对经济基础的反作用,在生产关系与上层建筑方面"不断革命",忽视生产力发展的区域不平衡性,搞生产关系的"一刀切",盲目追求更大、更公、更纯。结果,生产力并没有充分释放,人民生活得不到更大提高,不仅社会主义优越性没能有效地展现出来,反而损害了社会主义的声誉。

邓小平回到马克思,回归辩证唯物主义,从本质上而不是从特征上理解社会主义,回归历史唯物主义,从生产力而不是生产关系上规范社会主义,对"什么是社会主义"这个理论问题有了清醒的、准确的认识。本质是一事物区别另一事物的内在属性,特征是本质的反映,是事物的外在属性。可见,本质是社会主义的内在规定性,特征只不过是社会主义的外在表现。1980 年 5 月 5 日,邓小平会见几内亚总统杜尔时说过一句话:"社会主义是个很好的名词,但是如果搞不好,不能正确理解,不能采取正确的政策,那就体现不出社会主义的本质。"①这段话看似简单,实则内涵丰富。首先,在社会主义理论发展史上,邓小平第一次提出了"社会主义的本质"的概念。其次,"社会主义是个很好的名词"是前提和基础。邓小平反复强调,我们建立的社会主义制度是个好制度,必须坚持,只有社会主义才能救中国,只有社会主义才能发展中国。但光有一个好名字还远

---

① 《邓小平文选》第二卷,人民出版社 1994 年版,第 313 页。

远不够,充分发挥其优越性才是问题的实质,"要充分研究如何搞社会主义建设的问题……要研究一下,为什么好多非洲国家搞社会主义越搞越穷。不能因为有社会主义的名字就光荣,就好。"①最后,社会主义的优越性没有得到充分发挥,原因就在于"搞不好"、"不能正确理解"、"不能采取正确的策略"。其中,"不能正确理解"是起点、根源,"不能采取正确的策略"是过程,"搞不好"是结果。

顺着这一思路,邓小平不断深入探究其中的道理,逐步凝炼出社会主义本质论。首先,从中国社会主义建设的实践出发,提出问题,设定目标。"根据我们自己的经验,讲社会主义,首先就要使生产力发展,这是主要的。只有这样,才能表明社会主义的优越性。社会主义经济政策对不对,归根到底要看生产力是否发展,人民收入是否增加。这是压倒一切的标准。空讲社会主义不行,人民不相信。"②其次,回到马克思主义,回归理论本源,寻找理论与实践的结合点。"马克思主义最注重发展生产力。……社会主义阶段的最根本任务就是发展生产力,社会主义的优越性归根到底要体现在它的生产力比资本主义发展得更快一些、更高一些,并且在发展生产力的基础上不断改善人民的物质文化生活。"③最后,系统地阐述了社会主义本质论:"社会主义的本质,是解放生产力,发展生产力,消灭剥削,消除两极分化,最终达到共同富裕。"④"解放生产力,发展生产力"是实现社会主义本质的手段和基础,讲的是生产力;"消灭剥削,消除两极分化"是实现社会主义本质的前提和制度保证,讲的是生产关系;"最终达到共同富裕"是目的和目标,讲的是社会主义生产力和生产关系相互运动的结果。

① 《邓小平文选》第二卷,人民出版社 1994 年版,第 312—313 页。
② 《邓小平文选》第二卷,人民出版社 1994 年版,第 314 页。
③ 《邓小平文选》第三卷,人民出版社 1993 年版,第 63 页。
④ 《邓小平文选》第三卷,人民出版社 1993 年版,第 373 页。

（二）怎样建设社会主义？

怎样建设社会主义？经了几十年的社会主义实践，不是说我们没有搞建设，而是说由于对什么是社会主义的理解不准确，导致社会主义建设过程中，方法欠佳，没有更好地发展社会主义，没有更好地发挥社会主义制度的优越性。以邓小平为代表的中国共产党人不仅回归马克思主义基本原理，把发展生产力作为社会主义的根本任务和制度本质，而且提出如何发展生产力的问题。关于发展生产力的手段问题，邓小平和中央有过很多精辟论述，其中改革、现代科技和现代市场经济是三个最重要的手段。关于改革生产关系促进生产力的理论问题，马克思、恩格斯虽已经解决，但在当代中国却有着特别重大的意义，邓小平强调改革是中国的第二次革命。用现代科技和现代市场经济推动生产力发展，这是邓小平的创新和超越。

三、社会主义本质论赋予中国工业化直接动力

马克思主义认为，社会的发展是由诸多动力要素构成的一个合力系统，但这里不讨论各要素是如何起作用的，只简单讨论社会主义本质理论为中国工业化提供了哪些直接的推动力。

（一）创新发展的精神力量

社会主义本质论开启思想解放，凝聚精神动力，使全国人民团结一致，致力于中国特色社会主义工业化。

社会主义本质论不拘泥于马克思主义经典著作的一般论述，也不拘泥于社会主义建设实践中的一般原则，而是从社会主义发展的实际和当代中国的社会需要出发，从社会主义的生产目的出发，从根本上巩固社会主义制度的具体目标出发，来重新认识社会主义，这是对传统社会主义理论与实践的超越，是思想解放的过程和结果。"我们现在所干的事业，是

一项新事业。马克思没有讲过，我们的前人没有做过，其他社会主义国家也没有干过，所以，没有现成的经验可学。我们只能在干中学，在实践中摸索。"①

社会主义本质论的提出是解放思想的过程和结果，社会主义本质论的践行要求我们不断解放思想。当代中国正经历着快速、多层面的社会转型，面临着各类矛盾，解决问题的办法没有旧例可循，必须根据实际情况解放思想，启动新思路，运用新办法，解决新问题。改革开放30多年以来，中国社会正在经历着两大转型（由计划经济向市场经济的体制转型和由农业社会向工业社会的发展转型）、四化同步互动（推动信息化和工业化深度融合、工业化和城镇化良性互动、城镇化和农业现代化相互协调，促进工业化、信息化、城镇化、农业现代化同步发展）的剧烈社会变迁。快速的经济增长带来了社会各方面的变化，综合国力增强了，人们的生活水平提高了，精神风貌、思想观念都发生了根本性的变革，但是，发展过程中产生的问题也随之增多，持续30年的发展模式难以为继，各方面的体制与机制活力衰微，不解放思想，不全面深化改革，发展就无法前行，并且积累的问题也会大规模集中爆发，可能会导致工业化、现代化进程的断裂，像拉美国家在经济和社会发展道路上掉进"拉美陷阱"那样，我们也有可能掉进"中国陷阱"。在发展的新起点上，只有进一步解放思想，推进全面深化的改革，才能推动经济社会又好又快地发展。"实践发展永无止境，解放思想永无止境，改革开放也永无止境，停顿和倒退没有出路，改革开放只有进行时、没有完成时。""思想不解放，我们就很难看清各种利益固化的症结所在，很难找准突破的方向和着力点，很难拿出创造性的改革举措。因此，一定要有自我革新的勇气和胸怀，跳出条条框框限制，克服部门利益掣肘，以积极主动精神研究和提出改革举措。"②改革开

---

① 《邓小平文选》第三卷，人民出版社1993年版，第258—259页。
② 《关于〈中共中央关于全面深化改革若干重大问题的决定〉的说明》，《人民日报》2013年11月16日。

放 30 多年来,每一届的三中全会都会聚焦深化改革,就是这个道理。十八届三中全会不仅提出要深化改革,而且提出要全面深化改革,也是这个道理。

如何解放思想? 解放思想的关键在"解放",一个是"解",一个是"放"。"解"什么?"放"什么?"解"主要包含了解脱、解除、解决三层意思。"解脱",就是要从旧的思想观念、旧的工作方式里面解脱出来;"解除",就是要解除那些不适应时代的要求、不符合发展规律的一些制度、规定和办法;"解决",就是要解决当前思想上、工作中、发展实践中亟须解决的一些突出问题。"放"就是要放心、放手、放眼。"放心",是要把心放开,也就是说要把思想搞活,不要受那么多旧的思想、旧的观念的束缚,要活跃起来;"放手"就是对于一些不合时宜的、不合潮流的、不利于经济社会发展的东西,要放手。也就是说,要把有些旧的东西打破,该管的要管住,不该管的、不利于发展的、不利于进步的要放开,不要管;"放眼",就是眼光要放远,不能仅仅局限在眼前这个狭隘的视野里面思考问题、谋划发展,要把工作放在长远、放在全局中来思考,谋划更新、更好、更快地发展。

要解放思想,就必须坚持"三个有利于"标准,把是否有利于发展社会主义生产力作为一切工作的出发点和归宿,凡是有利于发展生产力,有利于增强综合国力,有利于提高人民生活,就要大胆干,大胆试,大胆闯;凡是不利于生产力发展的,凡是不利于提高人民生活水平的,就应该坚决地反对和制止。是否有利于生产力的发展和人民共同富裕,就成为检验我们一切工作成败的一个最明确、最简单、最切实、最可靠的标准。只有这样,才能真正、更好地体现社会主义本质。

(二) 广泛动员群众力量

社会主义本质论契合了最广大人民群众的需求,能够调动他们参与中国特色社会主义工业化的积极性。

社会主义本质论以人民的共同富裕为出发点和归宿,以依靠人民发展生产力为手段,以社会主义生产资料公有制为基础,始终围绕人民群众的根本利益,它能够引起最广大人民的共鸣,产生推进社会主义工业化的动力。

人民群众是历史的创造者,是社会主义社会发展的重要动力,这是历史唯物主义的一个重要观点。在社会主义现代化建设过程中,如何调动最广大劳动者的积极性? 这是中外社会主义建设中没有很好解决的一个问题。新中国成立后的很长一段时间,虽然我们坚持按劳分配原则,辅之以精神激励,但忽视物质刺激、过分强调精神鼓励,人民群众的积极性逐渐减弱。怎么解决这个社会主义建设的动力问题? 邓小平认为:"不讲多劳多得,不重视物质利益,对少数先进分子可以,对广大群众不行,一段时间可以,长期不行。革命精神是非常宝贵的,没有革命精神就没有革命行动,但是,革命是在物质利益的基础上产生的,如果只讲牺牲精神,不讲物质利益,那就是唯心论。"①社会主义本质论的主要目的和功能虽然不在于调动人民群众积极性,但社会主义本质理论的践行却能够起到这样的作用。

邓小平在 1992 年春天视察南方时集中表达了他长时间的思考,对社会主义的本质做了精炼的概括,切实地反映了人民的利益和时代的要求。解放生产力、发展生产力是实现共同富裕的根本条件,消灭剥削、消除两极分化是实现共同富裕的根本保证,而实现共同富裕则是解放生产力、发展生产力和消灭剥削、消除两极分化的最终目标。可见,邓小平在提出和阐述社会主义本质时,其出发点是一切为了人民群众的根本利益,一切为了提高和改善人民群众的生活水平。

"共同富裕"是社会主义本质的核心概括,是一切为了人民的出发点和归宿的集中体现。共产党人的工作目标就是为了人民群众的根本利

_____

① 《邓小平文选》第二卷,人民出版社 1994 年版,第 146 页。

益,为了满足人民日益增长的物质文化需要,这是马克思主义的理论要求,也是中国共产党的实践目标。在创立科学社会主义理论时,马克思、恩格斯就强调他们理论的出发点在于为了保证人民的富足与自由。实现生产资料归社会所有之后,"通过社会生产,不仅可能保证一切社会成员有富足的和一天比一天充裕的物质生活,而且还可能保证他们的体力和智力获得充分的自由的发展和运用"。① 可见,恩格斯对未来社会价值目标的表达主要有两点:一是保证全体社会成员实现共同富裕;二是保证每个社会成员全面而自由的发展。邓小平社会主义本质论中的"共同富裕"包含两个方面:"共同"是指社会成员对财富的占有方式,是生产关系的体现;"富裕"是指社会对财富的拥有,是社会生产力发展水平的体现。"共同富裕"包含着生产力与生产关系两方面的特质,从质的规定性上确定了共同富裕的社会理想地位,使之成为社会主义的本质规定和奋斗目标,成为全体人民团结奋斗的共同利益基础。

"消灭剥削,消除两极分化"是社会主义制度更为深刻的本质规定。实现社会公平是衡量一种社会形态进步的一个基本准则,也是维护人民利益的重要表现。社会主义之所以是一种先进的社会制度,是因为它能够从根本上解决贫富悬殊、两极分化以及人剥削人的社会不公平问题,最终实现社会公平。社会主义思潮一诞生,就得到全世界多数人的关注和拥护,关键在于它实质上是对资本主义社会不平等、不公正现象的深刻批判,代表了人们对建立一个更加公正、更加合理的社会制度的价值诉求。"消灭剥削,消除两极分化"鲜明地指出了社会主义制度同一切剥削制度的本质区别,搞社会主义,就是要用一种先进的社会制度来保障社会公平、公正。社会主义的目的是使全体人民共同富裕,而不是两极分化。"如果我们的政策导致两极分化,我们就失败了;如果产生了什么新的资

---

① 《马克思恩格斯选集》第 3 卷,人民出版社 1995 年版,第 633 页。

产阶级,那我们就真的走了邪路了。"①把"消灭剥削、消除两极分化"作为社会主义本质的根本规定,目的在于从基本经济制度上避免社会成员之间的根本利益冲突,保障广大劳动群众的经济、政治权利,满足社会大多数成员的愿望和要求。

"解放生产力,发展生产力"是实现共同富裕、解决社会公平的基本手段。最大限度地维护和保证人民利益,实现社会公平,达到人民的共同富裕,归根到底都取决于生产力的高度发展。中国是一个经济文化比较落后的国家,现在仍处于社会主义初级阶段,生产力总体水平比较低,与发达国家相比还有不小的差距,远远不能满足全体人民物质生活和文化生活的需要。我们仍处于并将长期处于社会主义初级阶段的基本国情没有变,人民日益增长的物质文化需要同落后的社会生产之间的矛盾这一社会主要矛盾没有变,中国是世界上最大的发展中国家的国际地位没有变。大力发展生产力,把经济尽快搞上去,是解决现阶段主要矛盾、满足人民需求、体现社会主义本质的唯一途径。

一切依靠群众,相信群众,尊重人民主体地位,充分发挥人民群众建设社会的积极性、创造性和首创精神,这是历史唯物主义的另一个重要观点。解放生产力,发展生产力,关键是要调动人民群众的积极性和创造性,充分发挥他们的聪明才智和内在潜力。人民群众是生产力的主体,调动人民群众的积极性,是解放生产力、实现社会主义本质的题中应有之义。

社会主义本质论的出发点、归宿、过程和手段,都是为了让最广大的人民群众过上幸福生活,这也是社会主义工业化的目的。社会主义工业化是一个由大多数人参与、为大多数人服务、成果由大多数人共享的广泛的社会运动,只有公平公正的社会制度才有可能调动最广大人民群众的广泛参与,也只有在实践中不断深入地践行社会主义本质理论,才能取信

---

① 《邓小平文选》第三卷,人民出版社 1993 年版,第 111 页。

于民,才能更进一步动员群众参与中国特色社会主义各项事业。

（三）新体制的制度力量

社会主义本质论推动中国由计划经济向社会主义市场经济转型,社会主义市场经济是体现社会主义本质的最佳体制选择。

社会主义初级阶段的中国如何实现发展的转型,实现四化的互动融合? 如何在实践中体现社会主义本质? 这就要求我们按照"三个有利于"标准、按照社会主义本质的要求来选择合适的体制、机制。因为目标是一定的,那就是发展生产力,实现共同富裕,它要求我们必须灵活地选择适合社会主义初级阶段生产力的现状和发展要求的体制和机制。在坚持社会主义原则的前提下,一切有利于发展生产力、有利于提高综合国力、有利于提高人民生活水平的体制和机制都可以采用,而一切不利于上述发展目标的体制和机制都应大胆革除。如前所述,改革开放以来,我们逐步探索,最终找到了社会主义市场经济体制。它是实现社会主义本质最有效的手段。社会主义市场经济体制建立和完善的过程,已经向世人初步展示了它的力量。

社会主义市场经济作为一种全新的体制,在推动生产力发展,实现社会主义本质的过程中起到重要的作用。市场经济受价值机制和竞争机制支配,导致市场主体之间、甚至区域之间生产力发展的不平衡,刺激其活力,督促其提高经济效率,进而推动全社会注重经济效益,形成先富带动后富的竞争共进的局面。社会主义本质论的提出,在理论上是一种重要的创新,在实践上推动中国经济体制由计划向市场转轨,"社会主义本质论对于中国由计划经济体制向市场经济体制转轨起到了无可替代的指导作用。"①

---

① 徐念沙:《社会主义本质论对我国经济转轨实践的指导意义》,《理论前沿》2004年第13期。

改革开放以来,理论创新与实践创新是推动中国工业化快速进步的根本动力,这一时期的创新是中国共产党创新工作的一个重要阶段和重要组成部分。"新中国成立 60 年,如果说在思想上是不断追求解放,那么,在行动上就是在体制、战略和政策上不断寻求变革的道路的历史。前 30 年是试图建立社会主义计划经济体制的理想主义变革道路,以不断的'革命'运动为特征;后 30 年则是探索建立社会主义市场经济体制的现实主义变革道路,以'渐进式'的改革开放为特征。无论前 30 年还是后 30 年,工业都是变革行动最前沿的经济领域。"①

如果说理论领域的最大创新在于上述三大理论,那么,重大的实践变革则是理论创新带动实践创新,加快产业结构调整升级,促使乡镇企业异军突起和稳步发展。

---

① 中国社会科学院工业经济研究所:《中国工业发展报告(2009)——新中国工业 60 年》,经济管理出版社 2009 年版,第 1 页。

第二章 产业结构调整
推动中国工业化迈向新阶段

产业结构调整与经济增长之间存在着互为因果的密切关系,产业结构的优化既是经济增长的客观要求,又是经济增长的必要条件。"一个国家的经济发展不仅表现为经济总量的增长,同时必然伴随着产业结构的逐步演进,特别是在工业化中期阶段,经济增长以结构的加速转换为重要特征。"[①]一方面,经济增长在一定程度上取决于产业结构的状况。经济增长主要取决于各种资源的动员及其有效配置,及时、合理地调整产业结构,使稀缺资源在社会生产各部门各行业重新进行配置,使资源得到更为有效的利用,提高单位资源的产出效益,从而促进经济增长;另一方面,经济增长对产业结构的变动也有一定的影响。经济增长达到一定程度,人均收入发生显著变化,消费需求结构发生重大变化。消费需求的变动又会直接拉动产业结构的变动,从而推动产业结构的转换与升级。

产业结构调整升级是一个产业之间的数量比例关系、经济技术联系和相互作用关系趋向协调平衡的过程,也是一个从较低级形式向较高级形式的转化过程,目的在于充分合理地利用资源,使各产业部门互相协调,以适应市场需求变化,提供社会所需要的产品和服务,提供劳动者充

---

① 邹东涛主编:《中国经济发展和体制改革报告 No. 1:中国改革开放 30 年(1978—2008)》,社会科学文献出版社 2008 年版,第 393 页。

分就业的机会,推广应用先进的产业技术,获得最佳经济效益。

新中国工业化在经济技术落后的基础上起步,工业化道路的基本问题就是如何正确处理农轻重的关系。在改革开放前的 30 年里,以毛泽东为代表的中国共产党中央领导集体虽然花费很大精力,努力走出一条适合中国情况的、农轻重协调发展的工业化道路,但实践的结果却并没有实现他们的理想。进入 20 世纪 80 年代以后,农轻重结构不合理的状况已经成为困扰中国工业化持续健康发展的重要因素。

改革开放以来,中国产业结构的调整升级一方面与工业化逐步转型相伴而生,产业结构调整升级推动了工业化的转型,工业化的转型迫切要求产业结构的调整升级;另一方面与中国工业化进程相伴而生,工业化进程与产业结构调整升级相互推进,经济增长和工业化水平的提高也与结构调整升级存在着正相关关系。

产业结构的演进是产业发展一般规律、资源禀赋和产业政策共同作用的结果。本章拟分两个部分描述改革开放以来产业结构调整与工业化进程的关系。1979 年到 1996 年为第一阶段,1997 年以来为第二阶段。第一阶段,内容上以适应性调整为主,手段上以计划调节为主,调整的目的在于查漏补缺,控制总量平衡,以保障国民经济的正常有序运行和人民生活水平稳中有升;第二阶段,内容上以战略调整为主,注重产业的升级,手段上以市场调节为主,调整的目的在于提高产业水平,从注重数量扩张,到注重质量提升,促进工业化水平的提高和满足人民群众优质生活的需要。这样划分,既顾及改革开放以来中国产业结构优化升级的发展历史及其规律,又彰显中国共产党通过产业政策对产业结构演进的引导。

第一节　1979—1996 年的产业结构调整

这 18 年,在新中国工业化史和产业结构调整史上都是一个重要的历史阶段,是工业化与市场化融合的开始阶段,也是由适应性调整向战略性调整过渡的阶段。其中也有几个细分阶段:1979—1984 年是恢复性调整,是经济战线上拨乱反正的一个组成部分,工作的重点在于治理失衡的结构,特别加强了农业和轻工业;1985—1992 年是市场和计划双手并用的时期,调整的重点是国有工业企业,同时促进轻工业和原材料工业快速增长,中间经历了经济过热及随后的降温。这一时期,由于中国共产党高层对国际形势的判断出现了新的认识(从邓小平提出东西南北问题,到全党提出和平与发展是时代主题),开放的脚步加快,强调引用国际力量促进中国产业结构调整;1993—1996 年是一个重要的过渡阶段,工业品产能由不足向过剩过渡,商品市场由卖方市场向买方市场过渡,结构调整由适应性调整向战略性调整过渡。

一、1979—1984 年的产业结构调整

产业结构调整是国家宏观经济调控的一种基本职能,存在于新中国成立以来的各个历史时期,但这一阶段的调整却有着特殊的必要性,它是工业化战略由重工业优先发展向轻重工业协调发展转型的一个组成部分。党的十一届三中全会以前,中国工业化基本上是在封闭的环境中采用重工业优先发展的方式展开的,按照先生产、后生活的思路,以牺牲农业和轻工业的发展为代价换取重化工业在国民经济发展中一直保持快速的发展势头,从而导致产业结构严重失衡,在工农业关系上表现为工业优先于农业,在工业内部表现为重工业优先于轻工业,在城乡工业关系上表现为城市工业优先于农村工业。党的十一届三中全会以后,随着改革开放进程的不断深入,中国工业化战略发生了重大变化,发展思路也作了相应的调整,努力使上述几种关系趋向于协调和均衡。这次结构调整的目的就在于一方面使工业与农业均衡发展;另一方面使工业内部轻重工业均衡发展,进而促进国民经济的增长和工业化水平的提高。

（一）国民经济调整任务的提出

从党的八大到十一届三中全会以前,中国共产党对农轻重的比例关系进行过长时间的艰难探索,对国民经济结构进行过多次调整,但这种调整往往是在国民经济发展遇到严重困难、甚至是发生危机的时候才提出的,带有一定的被迫性。尽管中央和毛泽东多次在口头上和文件中强调要下决心把重轻农的次序反一下,但在国民经济实践中重工业优先发展却是铁定的规则,不容更改,一旦遇到适当的机会,就会毫不犹豫地由"以农业为基础"变成"以工业为主导"。因此,党的十一届三中全会前尽管党和国家付出了极大的努力来革除苏联工业化模式的弊端,努力走出一条适合中国国情的工业化道路,但结果却并不理想,始终没有突破过分依赖重工业的框架,不仅没有革除苏联工业化模式固有的弊端,反而在有些方面变本加厉。加上 1977 年、1978 年两年经济工作中"左"的失误,国民经济各部门比例关系的失调加剧,产业结构严重失衡。主要表现在:一方面,农轻重比例失调。农、轻、重产值比由 1957 年的 43.3/31.2/25.5,变为 1978 年的 24.8/32.4/42.8,农业比重下降 18.5%,轻工业比重上升1.2%,重工业比重上升 17.3%;另一方面,原材料、燃料动力、交通运输等基础产业严重滞后。20 世纪 70 年代末期,因煤电短缺,全国有近 1/4 的工业生产能力不能发挥作用,原材料工业的生产能力和加工工业的生产能力严重不适应,机床加工能力大于钢材供应能力的 3—4 倍;交通运输全面紧张,铁路、公路运力不足,港口吞吐能力不足,待运货物积压严重;邮电通信业不发达,国内和国际通信联系极不方便。[①]

20 世纪 70 年代末 80 年代初,国务院财经委员会组织了 600 多人进行了为期 10 个月的经济结构调查,得出的主要结论是:(1)农业严重落

[①]　郭树言、欧新黔:《推动中国产业结构战略性调整与优化升级探索》,经济管理出版社 2008 年版,第 2 页。

后于工业,阻碍国民经济的迅速发展;(2)轻工业落后,不能满足城乡人民提高生活水平的要求;(3)重工业脱离农业、轻工业片面发展。[①]

1978年12月召开的党的十一届三中全会是新中国社会发展的转折点,也是中国社会主义工业化战略的转折点。全会提出,"文化大革命"结束以后,"一些重大的比例失调状况没有完全改变过来,生产、建设、流通、分配中的一些混乱现象没有完全消除,城乡人民生活中多年积累下来的一系列问题必须妥善解决。我们必须在这几年中认真地逐步地解决这些问题,切实做到综合平衡,以便为迅速发展奠定稳固的基础"。[②]

为了落实三中全会关于对国民经济进行调整和改革的精神,中共中央于1979年4月召开中央工作会议,主要讨论了经济调整问题,会议决定用3—5年的时间把工业和农业、重工业和轻工业、积累和消费等严重失调的比例关系调整过来,同时进行经济体制的改革,会议提出了"调整、改革、整顿、提高"的八字方针。根据三中全会和中央工作会议精神,1979年6月召开的五届人大二次会议讨论和决定了国民经济"调整、改革、整顿、提高"的方针,会议提出要集中三年的时间对国民经济进行调整,要达到五项主要目标,其中主要包括:第一,要使粮食和其他农副产品生产的发展同人口的增长和工业的发展比较适应;第二,在轻纺工业方面,要使它们的增长速度赶上或略高于重工业的增长速度,使主要轻纺产品的增长大体上同国内购买力的增长相适应,并大量增加出口;第三,冶金、机械、化工等重工业部门,要在增加生产的同时,着重提高质量,增加品种。1979年12月召开的全国省长会议和中央工作会议对经济形势作了深入分析,决定对国民经济进行进一步调整,确定了进一步调整的总要求和主要任务——稳定经济、调整结构、挖掘潜力、提高效益。会议决定

---

① 董辅礽主编:《中华人民共和国经济史》下卷,经济科学出版社1999年版,第121页。

② 《中国共产党第十一届中央委员会第三次全体会议公报》,《三中全会以来重要文献选编》上卷,中央文献出版社2011年版,第5页。

把产业结构作为调整的重点内容:要求把农业放在首要地位;进一步加快轻工业的发展,使轻工业生产继续快于重工业的发展速度;在基本建设大量压缩的情况下,对重工业内部结构进行调整,使之同整个国民经济结构调整方向相一致。重工业内部采取"重转轻"、"军转民"、"长转短"等形式进行结构调整,对消耗高、质量差、亏损大的企业坚决实行关停并转。1981年11月30日至12月13日,五届人大四次会议召开,通过了《当前的经济形势和今后经济建设的方针》的政府工作报告,认为,"当前,我国整个国民经济中的产业结构、产品结构、技术结构、企业结构、组织结构、工业布局和经济布局都不很合理,我国的经济管理体制也存在着许多弊病,这些是提高经济效益的最大障碍。今后,我们考虑一切经济问题,必须把根本出发点放在提高经济效益上,使我国经济更好地持续发展。"为此,报告提出经济建设的十条方针:(1)依靠政策和科学加快农业的发展;(2)把消费品工业的发展放到重要地位,进一步调整重工业的服务方向;(3)提高能源的利用效率,加强能源工业和交通运输业的建设;(4)有重点有步骤地进行技术改造,充分发挥现有的企业的作用;(5)分批进行企业的全面整顿和必要改组;(6)讲究生财、聚财、用财之道,增加和节省建设资金;(7)坚持对外开放政策,增强中国自力更生的能力;(8)积极稳妥地改革经济体制,充分调动各方面的积极性;(9)提高全体劳动者的科学文化水平,大力组织科研攻关;(10)从一切为人民的思想出发,统筹安排生产建设和人民生活。[①] 这十条方针,是调整、改革、整顿、提高方针的具体体现,其核心思想是纠正长期以来经济建设中的"左"倾指导思想,改变过去片面追求高速度、高指标,导致低效益的错误方针,这标志着中国经济建设指导思想开始发生根本性转变。

---

① 《当前的经济形势和今后经济建设的方针》,《三中全会以来重要文献选编》下卷,中央文献出版社2011年版,第316、316—341页。

（二）工农业比例关系的调整

从理论上讲,按照 W.A.刘易斯的两部门结构模型,工业化首先是国民经济的主导产业由农业向工业转变的过程,工农业关系是工业化进程中最基本的矛盾。从实践上看,新中国工业化进程的历史经验表明,工业化的推进速度从根本上说取决于农业的发展状况,即取决于农业部门为非农业部门提供多少剩余劳动和剩余产品。在工业化由初期阶段向中期阶段快速转换时期,虽然农业在国民经济中的份额逐步下降,农业对工业支持的力度有所减弱,而且工业对农业的资本依赖逐步消失,以土地生产物为原料的工业品需求弹性降低,但这并不意味着农业基础地位的下降。工业的扩张需要农业的支撑能力和农村吸纳工业品的能力,推进工业化要坚定不移地贯彻以农业为基础的方针。中国共产党在处理工农业关系时的一条重要经验,就是工业化建设要始终建立在稳固的农业基础之上,在产业结构变动中保持农业的生产稳定和效率提高。

党的十一届三中全会以前,中国实行重工业优先发展的工业化战略,一方面构建了独立完整的工业体系,为国民经济体系打下了坚实的物质基础;另一方面导致了产业结构的严重失调,尤其是工农业之间关系失衡。因此,党的十一届三中全会以后,随着经济建设方面"拨乱反正"的展开,国民经济重大比例严重失调成为经济工作中最突出的问题,调整失衡的产业结构就成为中国工业化的迫切要求。正如邓小平在1980年1月所说:"为了建设现代化的社会主义强国,任务很多,需要做的事情很多,各种任务之间又有相互依存的关系……不能顾此失彼。我们过去长期搞计划,有一个很大的缺点,就是没有安排好各种比例关系。农业和工业比例失调,农林牧副渔之间和轻重工业之间比例失调……现代化建设的任务是多方面的,各个方面需要综合平衡,不能单打一。"①

---

① 《邓小平文选》第二卷,人民出版社1994年版,第249—250页。

十一届三中全会后,党中央根据国民经济发展和工业化的要求,新一轮工业化从农村改革起步,在农业发展与工业发展的互动中进一步推动中国工业化进程。十一届三中全会公报指出,"全会认为,全党目前必须集中主要精力把农业尽快搞上去,因为农业这个国民经济的基础,这些年来受了严重的破坏,目前就整体来说还十分薄弱。只有大力恢复和加快发展农业生产,坚决地、完整地执行农林牧副渔并举和'以粮为纲,全面发展,因地制宜,适当集中'的方针,逐步实现农业现代化,才能保证整个国民经济的迅速发展,才能不断提高全国人民的生活水平。"①

十一届三中全会确立了党和国家工作重点转移到经济建设上的总方针,虽然国家对农业、农村的政策不断放宽,但对于包产到户的问题,理论界和基层领导层却发生了激烈的争论,害怕包产到户会走到资本主义的邪路上去。1980年1月11日,万里在安徽省农业会议上的总结讲话中指出:"在坚持生产资料公有制和按劳分配原则的前提下,不论是哪一种形式的责任制,只要有利于充分调动群众的生产积极性,有利于发展生产,符合群众意愿,得到群众的拥护,就应当允许试行。在实行联系产量责任制的过程中,实践证明,联系产量的责任制比不联系产量的责任制,增产效果更明显。因为联系产量的责任制,把集体生产的成果同社员个人的物质利益结合得更紧密了,使多劳多得的原则在分配上直接表现出来,从而更有利于提高出勤率,提高工效,提高农活质量。……现在对这种包产到户的做法是不是联系产量责任制的形式之一,同志们的看法有分歧。有些同志承认这种形式对改变长期低产落后的生产队效果显著,但又担心这样做违背中央的决定。其实,这样做正是实事求是地执行中央的决定,和中央决定的基本精神是一致的。领导机关的责任是了解情

---

① 《中国共产党第十一届中央委员会第三次全体会议公报》,《三中全会以来重要文献选编》上卷,中央文献出版社2011年版,第7页。

况,掌握政策,也就是要按照本地的实际情况来落实党的政策。要做到这一点,必须解放思想,坚持实践是检验真理的唯一标准,坚持实践第一的观点,按辩证唯物主义的思想路线办事。"①这是党的高级别领导人的公开表态。1980 年 5 月 31 日,邓小平在同中央负责工作人员谈话中明确指出,"现在农村工作中的主要问题还是思想不够解放","农村政策放宽以后,一些适宜搞包产到户的地方搞了包产到户,效果很好,变化很快。安徽肥西县绝大多数生产队搞了包产到户,增产幅度很大。'凤阳花鼓'中唱的那个凤阳县,绝大多数生产队搞了大包干,也是一年翻身,改变面貌。有的同志担心,这样搞会不会影响集体经济。我看这种担心是不必要的。我们总的方向是发展集体经济。实行包产到户的地方,经济的主体现在也还是生产队。这些地方将来会怎么样呢?可以肯定,只要生产发展了,农村的社会分工和商品经济发展了,低水平的集体化就会发展到高水平的集体化,集体经济不巩固的也会巩固起来。"②1980 年 9 月,中共中央发布《关于进一步加强和完善农业生产责任制的几个问题》,一方面明确指出,"集体经济是我国农业向现代化前进的不可动摇的基础";另一方面又指出,中国地域辽阔,生产发展不平衡,各地"都应从实际需要和实际情况出发,允许有多种经营形式、多种劳动组织、多种计酬办法同时存在",在那些边远山区和贫困落后的地区的"三靠"(长期吃粮靠返销,生产靠贷款,生活靠救济)生产队,"应当支持群众的要求,可以包产到户,也可以包干到户,并在一个较长的时间内保持稳定",并认为这是"联系群众,发展生产,解决温饱问题的一种必要的措施"。对于全国其他地方来说,"在社会主义工业、社会主义商业和集体农业占绝对优势的情况下,在生产队领导下实行的包产到户是依存于社会主义经济,而不会脱离社会主义轨道的,没有什么复辟资本主义

---

① 《要敢于改革农业——万里同志在全省农业会议上的总结讲话》,安徽省地方志编纂委员会编:《安徽省志》附录卷,方志出版社 1999 年版,第 265 页。

② 《邓小平文选》第二卷,人民出版社 1994 年版,第 316、315 页。

的危险,因而并不可怕。"①邓小平的讲话和这个通知引起舆论的转向,支持包产到户的人多了起来。

1982年中共中央一号文件(《中共中央批转〈全国农村工作会议纪要〉》)第一次正面回答了"产量与方向"之争,系统地阐述了包产到户的性质,这标志着包产到户作为社会主义的生产经营责任制的合法地位在中国正式确立。1983年1月2日,中共中央发布第二个"一号文件"(《中共中央关于印发〈当前农村经济政策的若干问题〉的通知》),从理论上说明了联产承包制是在党的领导下我国农民的伟大创造,是马克思主义农业合作化理论在我国实践中的新发展,提出农村经济政策中的十四个问题。(邓小平对这个文件评价很高,说:"一号文件很好,政策问题解决了。"②)1984年1月1日,中共中央发出第三个"一号文件"(《中共中央关于一九八四年农村工作的通知》),指出当年农村工作的重点是:在稳定和完善生产责任制的基础上,提高生产水平,梳理流通渠道,发展商品生产。1985年1月1日,第四个"一号文件"(《中共中央、国务院关于进一步活跃农村经济的十项政策》)发布,取消了30年来农副产品统购派购的制度。文件指出,打破集体经济中的"大锅饭"以后,农村的工作重点是,进一步改革农业管理体制,改革农产品统购派购制度,在国家计划指导下,扩大市场调节,使农业生产适应市场需要,促进农村产业结构的合理化,进一步把农村经济搞活。文件的主要内容是:(1)改革农产品统购派购制度。国家不再向农民下达农产品统购派购任务,按照不同情况,分别实行合同定购和市场收购;(2)大力帮助农村调整产业结构,继续贯彻决不放松粮食生产、积极发展多种经营的方针;(3)进一步放宽山区、林区政策;(4)积极兴办交通事业;(5)对乡镇企业实行信贷、税收优惠;

---

① 《中共中央印发〈关于进一步加强和完善农业生产责任制的几个问题〉的通知》,《三中全会以来重要文献选编》上卷,中央文献出版社2011年版,第470、473、475页。

② 冷溶、汪作玲主编:《邓小平年谱(1975—1997)》下册,中央文献出版社2004年版,第882页。

（6）鼓励技术转移和人才流动；（7）放活农村金融政策，提高资金的融通效益；（8）按照商品经济的要求，积极发展和完善农村合作制；（9）进一步扩大城乡经济交往，加强对小城镇建设的指导；（10）发展对外经济、技术交流。以这个文件为标志，中国农村开始了以改革农产品统购派购制度、调整产业结构为主要内容的第二步改革。邓小平认为，这个文件在改革上"迈出了相当勇敢的一步"。① 1986 年 1 月 1 日，第五个"一号文件"（《中共中央、国务院下发关于一九八六年农村工作的部署》）发布，认为中国农村已开始走上有计划发展商品经济的轨道，肯定了农村改革的方针政策是正确的。文件指出，1986 年农村工作总的要求是：落实政策，深入改革，改善农业生产条件，组织产前产后服务，推动农村经济持续稳定协调发展。

从 1982 年到 1986 年，中共中央、国务院连续五年发布关于农村工作的"一号文件"有效地推动了农村经济体制的改革。到 1983 年底，实行家庭联产承包责任制的生产队已达当时生产队总数的 99.5%，其中实行包干到户的占生产队总数的 97.8%，②以家庭联产承包责任制为核心的农村经营体制成为改革开放后中国经济体制的重要组成部分。

在确立家庭联产承包责任制的同时，中共中央、国务院决定提高农副产品收购价格，降低农用工业品价格，使广大农民从中得到更多的实惠。十一届三中全会公报指出，"会议认为，在今后一个较长时间内，全国粮食征购指标继续稳定在一九七一年到一九七五年'一定五年'的基础上不变，绝对不许购过头粮。为了缩小工农业产品交换的差价，全会建议国务院作出决定，粮食统购价格从一九七九年夏粮上市的时候起提高百分之二十，超购部分在这个基础上再加价百分之五十，棉花、油料、糖料、畜

---

① 黄道霞：《指导农村改革取得突破的历史文献——五个"中央一号文件"制订经过》，《中共党史研究》1998 年第 5 期。

② 董辅礽主编：《中华人民共和国经济史》下卷，经济科学出版社 1999 年版，第 471 页。

产品、水产品、林产品等农副产品的收购价格也要分别情况,逐步作相应的提高。农业机械、化肥、农药、农用塑料等农用工业品的出厂价格和销售价格,在降低成本的基础上,在一九七九年和一九八〇年降低百分之十到十五,把降低成本的好处基本上给农民。"①据此,从 1979 年 3 月开始,国家对 18 种主要农副产品的收购价格进行了调整,提价的平均幅度为 24.8%,对粮油的超购部分,在提高的统购价格的基础上将加价幅度由原来的 30%提高到 50%,棉花以 1976—1978 年平均收购量为基数,超购部分加价 30%,并对北方棉区另加 5%的价外补贴。虽然三中全会提出农用产品降价设想,但由于绝大多数农用工业品的成本难以降低并且还有所上升,因而这一理想未能如愿。到 1984 年,农用工业品的零售价格水平上升了 7.8%,而同期全国农副产品收购价格总水平比 1978 年却提高了 53.6%,剪刀差缩小了 29.9%。②

与此同时,中共中央、国务院从 20 世纪 80 年代初开始实行了一系列的富民政策:除提高农产品收购价格外,缩小农产品的统购派购范围,降低征购指标;开放城乡农产品集贸市场,搞活农产品流通体制;调整农村经济结构,鼓励多种经营;增加政府投资,减轻税负等,促进了农业的快速发展。③

农村家庭联产承包责任制的推行以及提高农副产品的收购价格及其他一系列惠农措施,暂时缓解了长期以来工农产品贸易条件对农产品过于不利的状况,增强了农业自身发展的能力,极大地调动了广大农民生产经营的积极性,使农作物大幅度增产,由 1953—1978 年年均增长率的 2.1%上升到 1979—1997 年的 5%。④ 农民收入迅速增加,农村市场相应

---

① 《中国共产党第十一届中央委员会第三次全体会议公报》,《三中全会以来重要文献选编》上卷,中央文献出版社 2011 年版,第 7 页。

② 董辅礽主编:《中华人民共和国经济史》下卷,经济科学出版社 1999 年版,第 40 页。

③ 参见董辅礽主编:《中华人民共和国经济史》下卷,经济科学出版社 1999 年版,第 38—44 页。

④ 吕淑兰、张建成:《邓小平工业化思想之研究》,《内蒙古农业大学学报》2005 年第 2 期。

扩大,工农两大产业开始趋于协调发展,长期以来农业发展相对滞后的状况得到了较大改善。改革带动了农业以及整个农村经济的全面活跃。1978年,第一产业在国内生产总值中的比重为28.2%,自1979年以后一直保持在30%以上,1984年上升到32.1%。① 这种情况在新中国成立以后是空前的。农村经济全面发展,一方面为工业发展提供了更多的原材料,另一方面为工业发展提供了更为充足的劳动力和资金。农村改革为加速推进工业化起到了助推作用。

中共中央和国务院集中精力调整农业、农村政策,改革农业管理制度,确立了家庭联产承包责任制,改善农业结构,按照因地制宜和发挥优势的原则指导农业生产,加快农业发展,使工农业悬殊的结构比例拉近,工农业两大产业间的紧张关系得到初步改善。经过调整,主要农产品产量大幅度增加,粮食产量由1978年的30476.5万吨增加到1984年的40730.5万吨;全国农林牧渔业总产值由1978年的1397亿元,增长到1984年的3214亿元,增加116.2%。②

但同时也必须看到,这种调整还是初步的,农业的快速增长基本上属于制度变革前提下的恢复性增长,只是相对于重工业优先发展战略下农业长期处于从属地位而言,农业的地位有了较大提高,农业有了较快的发展,但整体上农业同工业相比,发展依然严重滞后,到1985年工业品特别是涉农工业品的价格提高以后,工农业产品价格的差距重新拉开。一方面,经过了几年的快速增长,1984年全国粮食大丰收,达到历史最高产量,主要农产品几乎都出现了类似"卖粮难"的相对过剩;另一方面,城市经济体制改革开始以后,工业领域特别是国有大中型工业企业的改革进入攻坚阶段。这时,中央好像感觉农业的日子相对好

① 国家统计局国民经济综合统计司编:《新中国六十年统计资料汇编》,中国统计出版社2009年版,第10页表1-7。
② 国家统计局国民经济综合统计司编:《新中国六十年统计资料汇编》,中国统计出版社2009年版,第34、37页表1-29、1-32。

过一些了,政策上应该松口气了,因而,中止了连续五个涉农的"一号文件"。而实际上,从1985年开始,粮食继续增产的势头戛然而止,直到1989年连续四年出现粮食产量下降,同时其他经济作物的产量也出现相同的现象。

(三) 工业内部结构的调整

针对改革开放前重工业优先发展造成的工业内部结构比例关系失调的状况,党中央和国务院采取措施,在以下三个方面加快工业内部结构的调整,力争使其合理化。

1.加快基础工业和基础设施发展

改革开放初期,中国能源与原材料短缺,交通运输紧张,通信业滞后,基础产业成为制约中国国民经济发展的重要因素。针对这种情况,国家调整投资结构,加大直接投资力度和设立专项基金扶持,加强重点建设。1981年政府工作报告提出,要"努力提高能源的利用效率,加强能源工业和交通运输业的建设","今年基本建设投资的重点,首先是放在同人民生活密切相关的轻纺工业上,其次是放在能源、建材、交通运输上"。[①]1982年12月,中共中央和国务院发出《关于征集国家能源交通重点建设基金的通知》,认为"能源的开发和利用,直接关系到整个国民经济发展的规模和速度,而交通运输则是保证国民经济顺利发展的必不可少的条件。"因此,决定从1983年起,3年内增加200亿元资金用于能源交通等重点建设,并认为这是"国家的一项重大决策"。[②] 同一时期,国家还批准开征铁路建设基金、民航建设基金、车辆购置附加费、港口建设费、电力建设基金等,允许地方、企业、个人、外资办电,给予通信业的发展优惠政策。中央政府通过发行重点建设债券、增加银行贷款等措施,加强农业、能源、

---

① 《当前的经济形势和今后经济建设的方针》,《三中全会以来重要文献选编》(下),中央文献出版社2011年版,第322、309页。

② 《中华人民共和国国务院公报》1982年第21期。

运输等部门的建设;实行差别利率,对农业、能源、交通、通信、重要原材料等基础产业的固定资产投资贷款,实行优惠利率;开征固定资产投资方向调节税,按照国家产业政策实行有差别税率,引导一部分非重点建设投资转到国家重点建设上来。

2. 加快轻工业的发展

在轻工业方面,中共中央国务院采取直接干预政策措施,通过改善轻工业的生产和流通条件,大力支持集体企业和小商品生产的发展等措施,刺激轻工业的快速发展,限制重工业的发展,以调整重工业与轻工业失衡的结构。1979 年 4 月,国务院批转轻工业部提出的《关于轻工业工作重点转移问题的报告》指出,轻工业具有投资少、见效快、积累多、换汇率高的特点,把轻工业的工作着重点转移好,可以加快轻工业的发展速度,改善人民生活,繁荣城乡市场,扩大对外贸易,为国家增加资金积累和外汇收入,从而加速整个国民经济的发展。它要求各地轻工业领导部门从着重抓产值、产量转到着重抓质量、品种上来,努力扩大出口,创造更多外汇,搞好挖潜、革新、改造和新技术引进,各级领导要把主要精力放在生产建设和技术革命上来。从 1979 年开始,国家有计划地放慢了重工业的发展速度,采取一系列积极措施发展轻工业,比如,在投资分配上提高了对轻工业的投资比重。用于轻工业的投资占工业总投资的比重由 1978 年的 9.3%,增加到 1979 年的 10.8%,再增加到 1980 年的 14.9%。[①] 1980年 1 月 8 日,国家决定对轻纺工业实行"六个优先"(原材料、燃料、电力供应优先,挖潜、革新、改造的措施优先,基本建设优先,银行贷款优先,外汇和引进新技术优先,交通运输优先)的政策,加快轻纺工业发展步伐,促进产品升级换代,增加各种优质品牌日用消费品产量,要求重工业要把为轻纺工业和农业技术改造服务作为重要发展方向。1980 年 1 月 14

---

① 汪海波:《新中国工业经济史(1979—2000)》,经济管理出版社 2001 年版,第13 页。

日,国务院批转国家经委、中国人民银行等单位的《关于请批准轻工业、纺织工业中短期专项贷款试行办法的报告》,决定从 1980 年起在国家安排的基建投资和技术措施费外,由中国人民银行、中国银行发放 20 亿元中短期专项贷款和 3 亿美元买方外汇贷款,每年保持这个余额周转使用。这笔贷款用于轻工业、纺织工业老企业的挖潜、革新、改造,增加市场急需的产品和扩大出口的产品。①

经过扶持,1979—1980 年轻工业的增长速度超过了重工业。1979、1980 两年轻工业总产值分别比上年增长 10%、18.9%,而同期重工业只分别增长 8% 和 1.9%。通过调整,在工业总产值中轻重工业的比例关系发生了变化。轻工业在工业总产值中的比重由 1978 年的 43.1%,上升到 1979 年的 43.7%,再上升到 1984 年的 47.4%,其中 1981、1982 两年分别高达 51.5% 和 50.2%。②

在轻工业总量大幅度增长的过程中,轻工业内部的比例关系也有了进一步的改善。在轻纺工业的原料结构方面,以工业品为原料的产品在工业总产值中的比重继续上升,"六五"期间加快化纤工业建设,合成纤维产量的增长均远远超过了棉麻毛纤维的产量。轻工业产品的结构发生了变化,在吃、穿、用三类消费品中,用的比重上升;在耐用消费品中,中高档消费品的比重上升,特别是电视机、录音机、电冰箱、照相机等产品的产量大幅度增长。

随着经济的发展和人民生活水平的提高,城乡居民的消费需求和消费结构也出现了新的变化。在吃的方面,对经加工的副食品的需求比重迅速上升;对穿着的需求向中高档发展,农民的穿着需求开始向城市居民

---

① 《国务院批转国家经委、中国人民银行等部门关于请批准轻工、纺织工业中短期专项贷款试行办法的报告的通知》,人民网法律法规库:http://www.people.com.cn/item/flfgk/gwyfg/1980/112203198001.html。

② 国家统计局国民经济综合统计司编:《新中国五十年统计资料汇编》,中国统计出版社 1999 年版,第 38 页表 A-34。

看齐;对耐用消费品的购买量增长较快,但仍然供不应求。① 这种消费需求的变化和扩大进一步推动了中国轻工业的发展。一批短线产品的产量有了较大幅度的增长,适销对路的产品大量增加,日用消费品供应紧缺的局面有所改观。轻工业品市场的局面也开始转变,过去是量的矛盾比较突出,长期供不应求,到 1985 年前后开始转变为质的矛盾比较突出,消费者对某些类别的商品已经开始挑剔了。

3. 调整重工业的服务方向和内部结构

这次调整不仅调整了重工业的增长速度,而且调整了重工业的服务方向和内部结构。

在重工业总产值、增长速度和内部构成等方面,这次调整形成一个"马鞍形":1979—1981 年这三年逐年下降,1982—1984 年这三年逐年上升,1981 年是拐点。如表 2-1 所示:

表 2-1　1978—1984 年轻重工业总产值、增长速度和内部构成

年份	绝对量(亿元)		增长速度(%)		内部构成(%)	
	轻工业	重工业	轻工业	重工业	轻工业	重工业
1978	1826	2411	110.9	115.6	43.1	56.9
1979	2045	2636	110.0	108.0	43.7	56.3
1980	2430	2724	118.9	101.9	47.2	52.8
1981	2781	2619	114.3	95.5	51.5	48.5
1982	2919	2892	105.8	109.9	50.2	49.8
1983	3135	3326	109.3	113.1	48.5	51.5
1984	3608	4009	116.1	116.5	47.4	52.6

资料来源:国家统计局国民经济综合统计司编:《新中国五十年统计资料汇编》,中国统计出版社 1999 年版,第 38 页表 A-34。

在这次调整中,重工业调整了服务方向和产品结构,大力发展社会需

---

① 汪海波:《新中国工业经济史(1979—2000)》,经济管理出版社 2001 年版,第 35 页。

求量大的产品,开始改变过去长期存在的重工业自我服务、自我循环的局面,直接为农业、轻工业和人民生活需要提供越来越多的产品。比如,冶金工业,改变过去主要为重工业服务的局面,注重调整产品结构,把为轻纺工业服务作为重要任务,大力开发与人民生活密切相关的产品。同时,冶金工业还以提高效益为中心,把工作重点放在提高质量、增加品种、节能降耗、治理环境等方面上来,大力推进"五个转变":把产品质量逐步转变到国际先进水平上来,品种转变到适应国民经济技术进步的需要上来,高能耗结构转变到低能耗结构上来,生产转变到新技术上来,企业各项工作转变到提高经济效益的轨道上来。① 再如,机械工业,在调整中扩大了服务领域,调整了服务方向,改善了产品结构,在为重工业和基本建设服务的同时,积极为轻纺工业、人民生活、城市建设、老企业技术改造和扩大机电产品进口提供设备,各种中小型机电产品快速增长。又如,化学工业开始转向主要为解决"衣食住用行"服务,重点放在为轻工、纺织、电子、建材等工业提供配套的原料、材料,为农业提供化肥、农药等各种支农产品上。

需要说明的是,1979—1984 年的经济调整与改革开放前的几次调整有了很大的不同。这次调整开始与经济体制的改革相结合,已经不是在纯粹计划经济体制框架下的那种调整了,而是以调整为中心,在调整中改革、在调整中整顿、在调整中提高。因此,这次调整的意义和作用也就不同以往:

第一,从农轻重的比例关系的角度来看,农业、轻工业发展迅速,摆脱了长期落后的局面,农轻重连续保持了相对的均衡发展,农轻重比例失调的状况明显改善。由于农村改革的推动,农业连年丰收,为轻工业生产提供了较为充足的原料,也使国民经济有了一个比较稳固的基础。"六五"期间(1981—1985 年)农业总产值每年平均增长 11.7%,而 1978 年前的26 年(1953—1978 年)每年平均增长 3.2%;轻工业总产值每年平均增长12%,而 1978 年前的 26 年每年平均增长 9.1%。重工业调整了产品结

---

① 汪海波:《新中国工业经济史(1979—2000)》,经济管理出版社 2001 年版,第 36 页。

构,扩大了服务面,增长速度放慢,由 1978 年前的 26 年每年平均增长 13.6% 下降为"六五"期间的平均每年增长 9.6%。①

第二,从工业内部的比例关系来看,轻重工业比例关系趋向协调。这次调整主要是对工业生产进行了战略性的转变和经济结构的调整,重工业不再是政府主导的优先发展目标,轻工业得到政府各方面的大力支持,在需求的强力拉动下迅速地恢复和发展。这一时期,轻工业投资加大,增长速度加快,轻工业产值在工业总产值中的比重呈上升趋势,经济史学界把这种现象称之为工业发展的"轻型化"。②

对轻工业的高速增长,我们可以从两个方面来理解:一方面,相对于重工业优先发展战略下轻工业发展严重不足的状况而言,这一时期轻工业的增长属于恢复性增长,对中国工业结构的均衡和人民生活水平的提高都做出了极大的贡献;另一方面,这种超高速增长从工业化进程的长过程来看并不是一种常态,因为对于工业化初、中级阶段来说,随着工业化水平的提高,消费资料工业的比重应该逐渐下降,生产资料工业的比重会逐渐上升。如前所述,1981 年轻重工业的比例关系达到一个拐点,此后,重工业的比重又开始回升。直到 2003 年,中国经济开始新一轮快速增长,领军的依然是钢铁、化工、重型机械等重化工业领域。2004 年,中国 GDP 总量达到 136515 亿元,工业增加值达 54805 亿元,其中重工业达 37043 亿元,占 67.6%,轻工业达 17762 亿元,占 32.4%。③ 可见,中国进入了新的工业重型化主导的发展阶段。工业重型化是不是中国经济发展不可逾越的阶段? 这是经济学界 2005 年前后激烈争论的焦点之一。一

---

① 刘国光主编:《中国十个五年计划研究报告》,人民出版社 2006 年版,第 479 页。

② 董辅礽主编:《中华人民共和国经济史》下卷,经济科学出版社 1999 年版,第 135 页;姜爱林:《改革开放以来中国工业化发展的进程及特征》,《中共四川省委党校学报》2002 年第 1 期。

③ 据国家统计局:《中华人民共和国 2004 年国民经济和社会发展统计公报》(2005 年 2 月 28 日)测算。国家统计局官网: http://www.stats.gov.cn/tjgb/ndtjgb/qgndtjgb/t20050228_402231854.htm。

种观点认为,工业发展必须经历轻工业、重工业、知识工业这几个阶段。韩国、日本走完重工业阶段花了 20 至 40 年。当前中国要赶上日本至少需要 20 年,赶上美国大概需要 40 年,中间必须要有产业结构的升级换代,重化工业的发展是不可避免的。但要靠工业化将中国带入发达国家行列,技术革命不可或缺。另一种观点认为,考虑中国先天的资源禀赋,工业重型化这条传统工业化道路是没有前途的。工业重型化是不是中国经济发展不可逾越的阶段,虽然学界还没有定论,但不可否认,中国当前新一轮经济增长周期的到来在很大程度上正是得益于重化工业的快速发展,中国经济向重型工业化发展的趋势是再也明了不过的。

二、1985—1992 年的产业结构调整

1984—1985 年,中国经济体制改革开始出现新变化,一方面改革发展的重心由农村转向城市、转向国有(营)大中型企业,另一方面开始逐步引入市场机制,开始探讨社会主义工业化与商品(市场)经济的有机结合。在改革进入新阶段后,工农业关系和工业内部结构都发生了一些新变化。针对这些新变化,中共中央、国务院采取了一系列措施,在改革中调整,在调整中改革,努力继续探寻农轻重协调发展之路。

(一) 宏观政策导引

1984 年 10 月,党的十二届三中全会以后,中国的经济体制改革进入新阶段。全会分析了中国当时的经济和政治形势,一致认为必须加快以城市为主战场的整个经济体制改革的步伐,以利于更好地开创社会主义现代化建设的新局面,因为"城市是我国经济、政治、科学技术、文化教育的中心,是现代工业和工人阶级集中的地方,在社会主义现代化建设中起着主导作用。只有坚决地系统地进行改革,城市经济才能兴旺繁荣,才能适应对内搞活、对外开放的需要,真正起到应有的主导作用,推动整个国

民经济更好更快地发展。"同时,从工农业关系和国民经济整体考虑,全会认为,"目前农村的改革还在继续发展,农村经济开始向专业化、商品化、现代化转变,这种形势迫切要求疏通城乡流通渠道,为日益增多的农产品开拓市场,同时满足农民对工业品、科学技术和文化教育的不断增长的需求。农村改革的成功经验,农村经济发展对城市的要求,为以城市为重点的整个经济体制的改革提供了极为有利的条件。"改革进入新阶段后,无论是城市经济体制改革还是农村经济体制改革,都要建立自觉运用价值规律的计划体制,发展社会主义商品经济。"改革计划体制,首先要突破把计划经济同商品经济对立起来的传统观念,明确认识社会主义计划经济必须自觉依据和运用价值规律,是在公有制基础上的有计划的商品经济。商品经济的充分发展,是社会经济发展的不可逾越的阶段,是实现我国经济现代化的必要条件。"同时,"还应该看到,正在世界范围兴起的新技术革命,对我国经济的发展是一种新的机遇和挑战。这就要求我们的经济体制,具有吸收当代最新科技成就,推动科技进步,创造新的生产力的更加强大的能力。"①十二届三中全会通过的《中共中央关于经济体制改革的决定》为下一步中国经济体制改革指明了方向。

十二届三中全会以后,在产业规划与发展过程中,中央政府一方面努力加大市场调节的力度和范围,充分运用市场在产业发展中的作用,另一方面加快产业政策的制定与执行工作。在"七五"期间,对产业政策有重要影响的宏观政策有两次:一次是"七五规划",另一次是国务院颁布的"产业政策要点"。

《国民经济建设社会发展第七个五年计划》"第一次明确提出和规定了产业政策"。② 1985 年 9 月,中国共产党全国代表会议通过《中共中央关于

---

① 《中共中央关于经济体制改革的决定》,《十二大以来重要文献选编》中卷,中央文献出版社 2011 年版,第 48、48、56、49 页。

② 中国社会科学院工业经济研究所:《中国工业发展报告(2009)——新中国工业 60 年》,经济管理出版社 2009 年版,第 76 页。

制定国民经济和社会发展第七个五年计划的建议》(以下简称《建议》),在"经济建设的战略布局和主要方针"中指出:根据中国经济发展的客观要求,在"七五"期间以至更长一些的时间内,必须在经济建设的总体布局上认真解决好三个问题,其中之一就是"适应国民经济现代化的要求,适应人民消费水平的提高和消费结构的变化,进一步合理调整产业结构"。① 为了解决好这三个问题,必须认真执行六条方针。其中,第一条方针是,"坚持依靠政策和科学,进一步改善生产条件,继续促进农业的全面稳定发展。农业的发展仍然是中国整个国民经济发展的重要基础,必须充分重视它的战略地位。要根据农林牧副渔全面发展、农工商运综合经营的原则,进一步调整农村产业结构,逐步实现农业经济的专业化、商品化、现代化,更好地满足社会需求……必须采取有效的政策和措施,继续保持粮食的稳定增产。适宜种粮食的地方一定要把粮食种好,努力提高单位面积产量,增加品种,改进质量。在这个前提下,根据市场需求和自然条件生产各类经济作物,同时加快发展林业、畜牧业、水产业和养殖业,提高它们在整个农业中的比重。"第二条方针是,努力扩大消费品工业的生产领域。"必须在继续抓好日用必需品生产的同时,大力增产名牌产品和优质产品,发展新品种和新产品,开辟新的生产门类。应当把食品工业、服装工业、耐用消费品工业作为重点,带动整个消费品工业生产的更好发展。"第三条方针是,"集中必要的财力物力和技术力量,高质量、高效率地建设一批能源、交通、通信和原材料工业的重点工程。"第四条方针是,"加快发展为生产和生活服务的第三产业,逐步改变第三产业同第一、第二产业比例不相协调的状况。"②

为了更好地振兴农村经济,应当采取以下六项政策和措施:"一、继续完善和发展家庭联产承包责任制等经营方式,在家庭经营的基础上,鼓

---

① 《中共中央关于制定国民经济和社会发展第七个五年计划的建议》,《十二大以来重要文献选编》中卷,中央文献出版社 2011 年版,第 256—257 页。

② 《中共中央关于制定国民经济和社会发展第七个五年计划的建议》,《十二大以来重要文献选编》中卷,中央文献出版社 2011 年版,第 257、258—259、259 页。

励农民根据自愿互利原则发展多种形式的合作和联合经营。二、在国家计划指导下扩大农业生产的市场调节范围,进一步放开和调整农副产品价格,促进农村产业结构的合理化和商品经济的发展。三、实行谁投资、谁经营、谁得益的原则,鼓励农民兴办乡镇企业、农业基础设施和商品储运设施,促进农副土特产商品基地和出口基地的建设。四、加速农业技术改造和农村智力开发,大力推广适用的农业科学技术,促进农业生产技术水平、产品质量和经济效益的不断提高。五、适当增加国家对农业的投入,主要用于兴修水利,加强农田基本建设,培育、引进优良品种,增加化肥、农药、农用塑料和农业机具的供应,加速植树造林,搞好水土保持,改善农业生态环境。六、制止各种不合理的摊派,减轻农民负担。"①

根据《建议》,1986 年 4 月,九届人大四次会议通过了《中华人民共和国国民经济和社会发展第七个五年计划》。其中,第六章规定了调整产业结构的方向和原则:(1)在继续保持农业全面增长、促进轻工业和重工业稳定发展的前提下,着重改善他们各自的内部结构。(2)加快能源、原材料工业的发展,同时适当控制一般加工工业生产的增长,使两者的比例关系逐步趋向协调。(3)把交通运输和通信的发展放到优先地位。(4)大力发展建筑业。(5)加快为生产和生活服务的第三产业的发展。(6)积极运用新技术改造传统产业、传统产品,有重点地开发知识密集型和技术密集型产品,努力开拓新的生产领域,有计划地促进若干新兴产业的形成和发展。②

1989 年 3 月颁布的《国务院关于当前产业政策要点的决定》指出,"制定正确的产业政策,明确国民经济各个领域中支持和限制的重点,是调整产业结构、进行宏观调控的重要依据。"《决定》明确规定生产领域、基本建设领域、技术改造领域和对外贸易领域等重点支持基本建设的产

---

① 《中共中央关于制定国民经济和社会发展第七个五年计划的建议》,《十二大以来重要文献选编》中卷,中央文献出版社 2011 年版,第 258 页。

② 《中华人民共和国国民经济和社会发展第七个五年计划(摘要)》,《十二大以来重要文献选编》中卷,中央文献出版社 2011 年版,第 419 页。

业、产品和停止或严格限制基本建设的产业、产品目录。《决定》的附件还颁列了"当前的产业发展序列目录"。① 以后的产业政策也基本上延续了鼓励、限制、禁止的分类原则,它"标志着产业政策体系的正式形成"。②

(二) 产业结构调整的成效与问题

经过"七五"时期和"八五"的前两年的产业结构调整,产业结构发生了明显的变化。第一、二、三次产业产值占 GDP 总量的比重(百分比)从 1979 年的 31.3/47.1/21.6,转变为 1985 年的 28.4/42.9/28.7,到 1992 年三者的结构比例为 21.8/43.5/34.8。与此同时,第一、二、三次产业从业人员的比重(百分比)从 1980 年的 68.75/18.19/13.06,转化为 1985 年的 62.42/20.82/16.76,到 1992 年三者的结构比例为 58.5/21.7/19.8。③

1. 农业产业结构变化与农业生产波动

农业产业结构,即农业生产结构,是指一定地域的农业各产业部门和各部门内部的组成及其相互之间的比例关系。农业结构包括四个层次:第一,部门结构,即农业内部各生产部门(如种植业、畜牧业、林业和渔业等)的组成及其相互间的关系;第二,种植结构,即某一农业生产部门内部(如种植业中粮食作物、经济作物、饲料作物、园艺作物等)的各类农产品之间的关系;第三,品种结构,即某一农产品(如粮食生产要分为水稻、小麦、玉米、大豆等,如小麦中的硬质小麦与普通小麦,大豆中转基因品种与非转基因品种)的品种和质量结构;第四,分布结构,即区域之间农业生产的差异。农业产业结构影响着农业自然资源合理利用,影响着农业内部各个生产部门和生产项目之间的物质能量相互转化关系充分发挥,影响着农村中劳动

---

① 《国务院关于当前产业政策要点的决定》,《十三大以来重要文献选编》上卷,中央文献出版社 2011 年版,第 356—365 页。

② 中国社会科学院工业经济研究所:《中国工业发展报告(2009)——新中国工业 60 年》,经济管理出版社 2009 年版,第 76 页。

③ 国家统计局国民经济综合统计司编:《新中国六十年统计资料汇编》,中国统计出版社 2009 年版,第 7、10 页表 1-4、1-7。

力资源充分合理利用,影响着国民经济的发展对各种农产品的需求是否能按比例得到满足,因此,农业产业结构的合理调整具有重要意义。

调整和改善农业产业结构是党和政府在 20 世纪 80 年代中期着力解决的一个重大经济问题。1985 年 3 月,六届人大三次会议上的政府工作报告《当前的经济形势和经济体制改革》指出,"为了进一步搞活经济,在农村,要继续完善家庭联产承包责任制,改革农产品的统购派购制度,积极推进产业结构的调整。继续抓好粮食生产,努力开辟粮食的多种用途。根据市场需求,大力发展畜牧业和水产业,发展林木、水果和药材种植业,发展饲料工业、农产品加工业、小型采矿业、小水电工业、建筑建材工业以及运输业、商业、服务业等第三产业,逐步建立农林牧渔全面发展、农工商运综合经营的合理的产业结构,使我国丰富的农业资源和农村劳动力得到合理的利用。适应社会主义商品经济的发展,鼓励农民根据自愿互利的原则,在加工、销售、运输等领域中,发展多种形式的合作和联合经营,逐步完善农村合作经济。积极组织城乡商品交换,广泛设置农副产品批发市场,认真加强贮运系统,使农副产品更多更快地变为在城市适销的商品,以适应人民生活水平不断提高的要求。"①1986 年 3 月,六届人大四次会议上的政府工作报告《关于第七个五年计划的报告》指出,"不断加强农业这个国民经济的基础,是我国现代化建设中的一项重要战略方针。我们要继续抓紧粮食生产,努力保证粮食产量的稳定增长……要在保证粮食稳定增产的前提下,有步骤地改善农村产业结构,促进种植业、林业、畜牧业、水产业和乡镇企业的全面发展。为了加快农业的发展,一要继续执行正确的农村政策,深入进行农村改革,进一步活跃农村商品经济,逐步提高农业生产的专业化、社会化程度。"②1987 年 3 月,六届人大五次会

---

① 《当前的经济形势和经济体制改革》,《十二大以来重要文献选编》中卷,中央文献出版社 2011 年版,第 165 页。

② 《关于第七个五年计划的报告》,《十二大以来重要文献选编》中卷,中央文献出版社 2011 年版,第 386 页。

议上的《政府工作报告》指出，"农业问题主要是粮食问题。我们必须在决不放松粮食生产的前提下，积极发展多种经营，继续改善农村产业结构。这几年农村改革取得重大成就，农业生产全面发展，但决不能因此而忽视农业的基础地位，不能忽视农村工作。"①1987 年 10 月，中共十三大报告把"保持社会总需求和总供给基本平衡，合理调整和改造产业结构"作为克服经济增长矛盾，实现第二步战略目标必须着重解决好的三个重要问题之一。关于农业（村）产业结构的问题，报告指出："农业的稳定增长和农村产业结构的改善，是整个国民经济长期稳定发展的基础。在社会主义初级阶段，我国农业生产条件还比较落后，发展还很不稳定，加强农业建设尤为迫切和重要。我们必须十分重视粮食生产，争取在今后十多年内粮食产量有较大增长，这是实现到本世纪末战略目标的一个基本条件。我们又必须继续合理调整城乡经济布局和农村产业结构，积极发展多种经营和乡镇企业，并且把它同支持和促进粮食生产很好地结合起来，保持农村经济的全面发展和农民收入的持续增长。要巩固和完善以家庭经营为主的多种形式的联产承包责任制，积极鼓励兼业经营，建立社会化服务体系。"②

经过调整和改革，农业产业结构发生了很大的变化。1984 年农、林、牧、渔各业占总产值的比例分别为 74.1%、5.0%、18.3%、2.6%，1992 年分别为 61.5%、4.7%、27.1%、6.8%。③ 养殖业的迅速增长改变了农业的产业结构，农业产值比重下降 12.6 个百分点，林牧渔业则上升 12.9 个百分点，而养殖业上升了 13 个百分点。

在 1985—1992 年间，全国猪肉增长 1.35 倍，年平均增长 4.4%；牛肉增长 3.86 倍，年平均增长 21.3%；羊肉增长 2.11 倍，年平均增长 11.2%；

---

① 《政府工作报告》，《十二大以来重要文献选编》下卷，中央文献出版社 2011 年版，第 247—248 页。

② 《沿着有中国特色的社会主义道路前进》，《十三大以来重要文献选编》上卷，中央文献出版社 2011 年版，第 19 页。

③ 国家统计局国民经济综合统计司：《新中国六十年统计资料汇编》，中国统计出版社 2009 年版，第 34 页表 1-29。

禽肉增长 2.84 倍,年平均增长 16.1%。蛋产量也由 1985 年的 534.7 万吨增加到 1992 年的 1019.9 万吨,增长了 1.84 倍,年平均增长 10.7%。人们告别了凭证供应。奶产量也由 1985 年的 249.9 万吨,增加到 1992 年的 503.1 万吨,增长了 2.01 倍,年平均增长 12.4%。[①] 同期,水产品产量由 705.2 万吨增加到 1557.1 万吨,[②]增长 1.21 倍。城乡居民的饮食结构发生了较大的变化,改变了过去单一依靠粮食的状况。

然而,一个不容忽视的事实是,1985 年以后,各级政府在产业政策上重新向工业倾斜,工农业产品价格"剪刀差"扩大,农用生产资料涨价,农业生产成本上升。由于农业资金投入减少,农业生产增长缓慢,农业和工业增长速度比例失调,带来了农业生产较大的波动。

农业(村)产业结构合理调整的同时,出现了粮棉等主要农作物产量徘徊的不良现象,主要农作物生产出现严重波动。1984 年中国粮棉大丰收,生产粮食 40730.5 万吨、棉花 625.8 万吨,达到中国粮棉产量历史最高值,出现了"卖粮难"、"卖棉难"的现象。但这一现象却使中央政府产生一个错觉:似乎我们已经是"手中有粮,心里不慌"了,似乎中国粮食产量已经超过了人民日常生活之需了。因而,1985 年 3 月,国务院总理在六届人大三次会议上的政府工作报告《当前的经济形势和经济体制改革》中就提出了"继续抓好粮食生产,努力开辟粮食的多种用途"的问题。实际上,农业既是国民经济的基础产业,也是比较容易受伤害的产业,尽管党和政府在思想上和决策上一直没有放松粮棉生产问题,但在政策执行层面上却始终没有像抓工业那样下大功夫,以至于全国出现了粮棉生产徘徊的问题,特别引人注目的是,1985 年以后粮食产量出现过几次大的波动:1985 年、1988 年、1991 年,每三年出现一次周期性的负增长。1985 年,全国粮食产量陡降 2819.7 万吨(接近中国粮食主产区河南省

---

① 董辅礽主编:《中华人民共和国经济史》下卷,经济科学出版社 1999 年版,第 324 页。
② 国家统计局国民经济综合统计司:《新中国六十年统计资料汇编》,中国统计出版社 2009 年版,第 8 页表 1-21 续表。

1984 年的全年产量 2893.50 万吨），是新中国成立以来粮食减产最多的一年。1986 年小有回升，增加 1240.4 万吨。1987 年再升 1146.5 万吨，但仍未达到 1984 年的水平。1988 年再次回落 889.1 万吨。1989、1990 年分别增加 1346.8 万吨和 4121 万吨，略微超过 1984 年的水平。1991 年再次下降。1992 年和 1984 年相比，粮食增产 3535.3 万吨，平均每年增长 441.9 万吨，仅相当于 1979—1984 年年均增长 1503.8 万吨的 29.4%。[①] 其他主要经济作物也表现出相同的发展趋势，糖料产量出现了典型的大小年现象（参见表 2-2）。

表 2-2　1984—1992 年间中国主要农产品产量波动情况

（单位：万吨）

品种＼年份	1984	1985	1986	1987	1988	1989	1990	1991	1992
粮食	40730.5	37910.8	39151.2	40297.7	39408.1	40754.9	44624.3	43529.3	44265.8
棉花	625.8	414.7	354.0	424.5	414.9	378.8	450.8	567.5	450.8
油料	1191.0	1578.4	1473.8	1527.8	1320.3	1295.2	1613.2	1638.3	1641.2
糖料	4780.4	6046.8	5852.5	5550.4	6187.5	5803.8	7214.5	3418.7	8808.0

资料来源：国家统计局国民经济综合统计司编：《新中国六十年统计资料汇编》，中国统计出版社 2009 年版，第 37 页表 1-32。

棉花生产也大体如此。1984 年棉花大丰收，达到了历史上的最高水平，当时中国的棉花消费能力只有 300 万吨左右，市场出现了相对过剩。政府对棉花生产形势也作出了过分乐观的估计，在宏观政策上出现失误（比如，缩减棉花种植面积、调整棉花收购和供应政策[②]等），有些地方取消了棉花生产的优惠政策，棉花产量从 1985 年开始下降。1985、1986 年

---

① 根据国家统计局国民经济综合统计司：《新中国六十年统计资料汇编》，中国统计出版社 2009 年版，第 37 页表 1-32 测算。

② 《国务院批转商业部、农牧渔业部、纺织工业部、财政部、国家物价局〈关于调整一九八六年棉花产销政策报告〉的通知》（1985 年 9 月 6 日），人民网法律法规库，http://www.people.com.cn/item/flfgk/gwyfg/1985/112206198503.html。

两年分别下降 211.1 万吨和 60.7 万吨。为了遏制棉花生产下滑的被动局面,1989、1990 年中央和 15 个省相继出台鼓励棉花生产的新政策,归纳起来大致有以下几个方面:(1)实行生产扶持费政策,增加棉农收入。如四川省规定,每交售 50 公斤皮棉(1—4 级)补贴 40 元。其他省市不等。(2)增加奖售化肥数量。如江苏、安徽等七省均实行每交售 50 公斤皮棉奖售 50 公斤化肥的政策(含中央奖售的 35 公斤)。(3)确定收购调拨基数,调动地方种棉积极性。如湖北省规定,以县为单位定基数,超产部分留成 80%,上交省 20%。(4)与粮食生产挂钩。如江苏等省规定,以 1987 年棉花实际收购数为基数,超交 1 公斤皮棉抵算 5 公斤粮食的交售任务,安徽省则实行"斤棉斤粮"相抵的奖励政策。① 因此,1990 年全国棉花产量增加 19%,达到 450.8 万吨。然而,棉花生产再也没有达到 1984 年的水平,直到 2004 年棉花产量才达到 632.4 万吨。②

从 20 世纪 80 年代中期直到 2005 年前后的 20 年时间里,中国农业的发展一直处于十分不利的境地,在一定程度上影响了中国的工业化、城市化和现代化进程。科学发展观统领下的包括取消农业税、农村率先实行免费义务教育、提高粮食收购价格、种粮直补、基础设施建设、政府补贴的工业品下乡在内等一系列新的惠农政策对新一轮的工业化、城市化和现代化产生了重大的推动效应。

2. 工业产业结构的变化

从工业发展来看,随着工业经济体制改革的不断深入,1984—1992 年间中国工业保持快速增长,经历了新中国成立以来最快的发展时期之一,除 1989—1990 年间的调整和整顿之外,增长速度都是两位数,其中有

---

① 《全国 15 个产棉省制定出鼓励棉花生产政策》,《中国农垦》1989 年第 2 期;《各地积极采取措施防止棉花生产滑坡》,《纺织导报》1989 年第 15 期;《河南省增加 4 项鼓励棉花生产的优惠政策》,《纺织导报》1990 年第 8 期。

② 国家统计局国民经济综合统计司:《新中国六十年统计资料汇编》,中国统计出版社 2009 年版,第 37 页表 1-32。

三年超过20%,这期间中国工业总产值增长2.81倍,按可比价格计算,年均增长15.3%①(参见表2-3)。这一时期,工业生产经历了三个阶段:1985—1989年,在城市经济体制改革的促进下,工业快速发展;1989—1991年,在全国经济治理整顿中,工业调整发展;1992年,在邓小平视察南方谈话精神鼓舞下,工业迅速步入高增长,工业基本建设和技术改造取得重大进展,工业生产能力有了巨大提高,工业总产值和主要产品产量高速增长,工业物质技术基础进一步加强,大型工业企业产值在工业总产值中的比重上升,工业地区布局有所改善。

表 2-3　1984—1992 年间中国工业增长情况

项目 年份	工业总产值		轻重工业产值 构成(%)		轻重工业增长率(%)	
	绝对量 (亿元)	增长率(%) (上年=100)	轻工业	重工业	轻工业 (上年=100)	重工业 (上年=100)
1984	7617.3	116.3	47.4	52.6	116.1	116.5
1985	9716.5	121.4	47.1	52.9	122.7	120.2
1986	11194.3	111.7	47.6	52.4	113.1	110.2
1987	13813.0	111.7	48.2	51.8	118.6	116.7
1988	18224.6	120.8	49.3	50.7	122.1	119.4
1989	22017.1	108.9	48.9	51.1	108.9	108.9
1990	23924.4	107.8	49.4	50.6	109.2	106.2
1991	26625.0	114.8	48.4	51.6	115.0	114.5
1992	34599.0	124.7	46.6	53.4	120.0	129.0

资料来源:根据国家统计局国民经济综合统计司编:《新中国五十年统计资料汇编》,中国统计出版社1999年版,第36、37、38页表A-32、A-33、A-34编制。

就工业结构的总体变化而言,工业结构由轻型化向重型化转变。首先,从轻重工业结构的变化来看,因需求拉动,轻工业增长速度仍快于重

---

① 董辅礽:《中华人民共和国经济史》下卷,经济科学出版社1999年版,第326页。

工业。1984—1990 年,轻工业产值比重呈上升趋势,重工业产值比重呈下降趋势。1990—1992 年,重工业产值比重转为上升趋势,而轻工业产值比重则转为下降趋势。其次,从轻工业内部结构变化来看,随着社会消费水平的提高,对传统消费品的需求逐渐饱和而产生出新的更高级的消费需求,这对轻工业的结构变动具有决定性影响。据统计,1992 年食品工业产值比重比 1985 年下降了 5.3 个百分点,而啤酒则比 1985 年增长3.56 倍;1992 年棉毛纺织业产值比重比 1985 年下降 3.4 个百分点,而皮革、毛皮则增长 3.24 倍。① 最后,从重工业内部结构变化来看,通过产业结构的不断调整,重工业内部结构朝着良好的方面转变,制造工业增长速度减缓,原材料工业生产增长迅速,使得长期存在的瓶颈制约得以缓解。

三、1993—1996 年的产业结构调整

1992 年党的十四大召开,确立了社会主义经济体制改革的总体目标就是要建立社会主义市场经济体制,从此,以社会主义市场经济为指向的中国经济体制改革全面启动。

这一时期的产业结构调整带有明显的阶段性、过渡性特色。一是在社会主义市场经济体制开始确立时期,在结构调整过程中,政府与市场作用的边界尚不明确,调整的随机性较强且政府的作用强于市场;二是随着改革开放的深入和市场化趋势更加明朗化,各类产品的产能饱和甚至出现过剩;三是由于前两个原因,产业结构的适应性调整已经不能满足经济增长和工业化的需要,必须开始战略性调整和结构升级。上述三点,有一个共同的特点,就是过渡性,即社会主义市场经济体制从开始到确立的过渡,社会总供给与总需求之间的矛盾由卖方市场向买方市场过渡,产业结

---

① 姜爱林:《改革开放以来中国工业化发展的进程及特征》,《中共四川省委党校学报》2002 年第 1 期。

构的调整由过去几十年来的结构性调整以满足国民经济平衡的需要、满足人民生活的基本需求向战略性调整和结构升级以满足经济结构高级化、满足人民生活优质化的需求过渡。

（一）完善产业政策推动农轻重进一步协调发展

进入 20 世纪 90 年代以后，特别是邓小平视察南方谈话和党的十四大以后，党和国家在产业政策方面的积极行动为中国工业化的进一步发展提供了优良的条件，成为推动经济体制改革，实现工业化与市场化相结合的强大动力。

1992 年 10 月，党的十四大不仅把建立社会主义市场经济体制作为深化改革的目标模式，而且提出了进一步完善产业结构的问题。大会报告把"调整和优化产业结构，高度重视农业，加快发展基础工业、基础设施和第三产业"作为"加速改革开放，推动经济发展和社会全面进步，必须努力实现十个方面关系全局的主要任务"之一提出来。大会报告指出，要树立大农业观念，保持粮食、棉花稳定增产，继续调整农业内部结构，积极发展农、林、牧、副、渔各业，努力开发高产优质高效农业；要加快交通、通信、能源、重要原材料和水利等基础设施和基础工业的开发与建设；要振兴机械电子、石油化工、汽车制造和建筑业，使它们成为国民经济的支柱产业；要不失时机地发展高新技术产业；要加快第三产业的发展。为达此目标，1993 年 3 月，十四届二中全会通过的《中共中央关于调整"八五"计划若干指标的建议》再次提出产业结构的调整和优化问题："当前，我国经济发展中的一个突出问题是产业结构不合理。这个问题不解决，资源就难以优化配置，国民经济也难以持续地以较高速度增长。'八五'后三年是一个关键时期，要把调整和优化产业结构放到突出地位，采取有力措施，加强调整的力度，打攻坚战。""我们要进一步抓住有利时机，充分利用一切有利因素，巩固和发展已经出现的大好形势，继续在提高质量、优化结构、增进效益的基础上，实现较高的经济增长速度。"①

根据党的十四大、十四届二中全会精神和中国产业结构调整的需要，国务院组织力量制定并于 1994 年 3 月 25 日国务院第 16 次常务会议审议通过了《九十年代国家产业政策纲要》(以下简称《纲要》)。《纲要》指出："九十年代国家产业政策要解决的重要课题是：不断强化农业的基础地位，全面发展农村经济；大力加强基础产业，努力缓解基础设施和基础工业严重滞后的局面；加快发展支柱产业，带动国民经济的全面振兴；合理调整对外经济贸易结构，增强我国产业的国际竞争能力；加快高新技术产业发展的步伐，支持新兴产业的发展和新产品开发；继续大力发展第三产业。同时，要优化产业组织结构，提高产业技术水平，使产业布局更加合理。"②《纲要》强调在发挥政府这只看得见的手作用的同时，更多地体现了运用市场手段这只看不见的手来实现产业目标。

(二) 三次产业结构发生变化

经过调整，产业结构发生了一定的变化。

1. 三次产业产值结构变化情况

进入 20 世纪 90 年代以后，中国的产业结构变化与国民经济发展水平基本相适应，基本符合产业结构趋向高度化的演进规律：第一产业比重下降，第二、第三产业比重上升。但是，这一变化速度缓慢且小有波动(参见表 2-4)。需要说明的是，若仅考察 1993—1996 年这四年的变动情况会因为数据不充分而不能反映统计规律，故将时间扩展至整个 90年代。

---

① 《中共中央关于调整"八五"计划若干指标的建议》，《十四大以来重要文献选编》上卷，中央文献出版社 2011 年版，第 88 页。
② 《九十年代国家产业政策纲要》，《十四大以来重要文献选编》上卷，中央文献出版社 2011 年版，第 654—655 页。

表 2-4　20 世纪 90 年代中国三次产业产值结构变动情况

项目 年份	国生产总值（亿元）				构成（%）		
	总量	第一产业	第二产业	第三产业	第一产业	第二产业	第三产业
1990	18667.8	5062.0	7717.4	5888.4	27.1	41.3	31.5
1991	21781.5	5342.2	9102.2	7337.1	24.5	41.8	33.7
1992	26923.5	5866.6	11699.5	9357.4	21.8	43.5	34.8
1993	35333.9	6963.8	16454.4	11915.7	19.7	46.6	33.7
1994	48197.9	9572.7	22445.4	16179.8	19.9	46.6	33.6
1995	60793.7	12135.8	28679.5	19978.5	20.0	47.2	32.9
1996	71176.6	14015.4	33835.0	23326.2	19.7	47.5	32.8
1997	78973.0	14441.9	37543.0	26988.1	18.3	47.5	34.2
1998	84402.3	14817.6	39004.2	30580.5	17.6	46.2	36.2
1999	89677.1	14770.0	41033.6	33873.4	16.5	45.8	37.8

资料来源：国家统计局国民经济综合统计司编：《新中国六十年统计资料汇编》，中国统计出版社 2009 年版，第 9、10 页表 1-6、1-7。

2. 三次产业就业结构变化情况

进入 20 世纪 90 年代以后，中国第一产业从业人数大幅度下降，1999 年比 1990 年减少 3146 万人，平均每年减少 350 万人，在劳动力构成中下降了 10 个百分点，是新中国成立以来下降最快的时期之一。第二产业从业人数缓慢而持续上升。第三产业从业人数增加最快，1994 年第一次超过第二产业从业人数，1999 年比 1990 年增加 7226 万人，年平均增加 803 万人，就业结构比重增加了 8.4 个百分点。但是，从 1995 年开始，由于经济调整，从业人数出现新的变化，第一产业从业人数减幅大大放缓，1990—1995 年减少 7.9%，而 1995—1999 年则只减少 0.4%；第二产业从业人数增幅减缓，第二产业 1990—1997 年增加 2.3%，1998 和 1999 则连续减少（参见表 2-5）。

表 2-5　20 世纪 90 年代中国三次产业就业结构变动情况

项目 年份	就业人员（万人）				构成（%）		
	总数	第一产业	第二产业	第三产业	第一产业	第二产业	第三产业
1990	64749	38914	13856	11979	60.1	21.4	18.5
1991	65491	39098	14015	12378	59.7	21.4	18.9
1992	66152	38699	14355	13098	58.5	21.7	19.8
1993	66808	37680	14965	14163	56.4	22.4	21.2
1994	67455	36628	15312	15515	54.3	22.7	23.0
1995	68065	35530	15655	16880	52.2	23.0	24.8
1996	68950	34820	16203	17927	50.5	23.5	26.0
1997	69820	34840	16547	18432	49.9	23.7	26.4
1998	70637	35177	16600	18860	49.8	23.5	26.7
1999	71394	35768	16421	19205	50.1	23.0	26.9

资料来源："从业人员"一项来自国家统计局国民经济综合统计司编：《新中国六十年统计资料汇编》，中国统计出版社 2009 年版，第 7 页表 1-4。"构成"一项系行业就业数与全国就业总数之比。

（三）工业内部结构

从轻、重工业结构的变化来看，20 世纪 90 年代表现出两方面的特征：一是，工业快速增长，增长波动很大，重工业波动幅度明显高于轻工业。经过 80 年代中期以后工业结构的调整，中国工业化进程出现了工业结构由轻型化向重型化转变的特征。1992 年邓小平南方谈话发表以后，工业经济体制改革跃上了一个新台阶，经济快速发展，固定资产投资膨胀，这对重工业拉动较强，重工业的增长速度快于轻工业。1994 年以后，中央适时提出了"适度从紧"的财政政策和货币政策。在财政政策方面，结合分税制改革，强化了增值税、消费税的调控作用，合理压缩财政支出，并通过发行国债，引导社会资金流向。在货币政策方面，严格控制信贷规模，大幅提高存贷款利率，要求银行定期收回违规拆借的资金。新的财政政策和货币政策的实施使宏观经济在快车道上平稳刹车,并最终顺利实现软着陆。新政策严格控制固定资产投资规模和新开工项目,这对投资需求和消费需求都有影响,但对重工业的发展影响更大、更直接,重工业增长速度的下降幅度更大,相比之下,轻工业的增长速度略高于重工业。1996年以后,固定资产投资加快,重工业的增长速度又开始高于轻工业。二是,从总体上看,重工业比重略有下降,轻工业比重略有上升,但变化不大,轻、重工业保持了同步增长的变化格局。① 从消费品工业内部结构变化来看,自1993年以后,消费品的价格全部放开,消费品的生产基本由市场的供求关系决定,需求约束已成为消费品生产的主要制约因素。从重工业内部结构变化来看,重工业内部各行业的增长速度都有所降低。其中,原材料工业的增长速度降低幅度最大,采掘工业降低幅度最小,制造业居中。②

总的来看,四年的改革创新带来宏观经济较大变革,非公有制经济进一步发展壮大,国有企业改革取得新进展;市场体系建设全面推进,市场在资源配置中的基础性作用明显增强;宏观调控体系进一步健全,计划、投融资、财税、金融等体制改革继续推进;新型分配制度的雏形开始形成;社会保障制度改革积极稳步开展。

四、简要评价

以上简要回顾和分析了1979—1996年间中国产业结构调整,探索农轻重协调发展的工业化道路的大体情况。总的来看,这18年间,随着工业化和城市化进程的加快,中国三次产业结构发生了深刻的变化,产业结

---

① 董辅礽主编:《中华人民共和国经济史》下卷,经济科学出版社1999年版,第613页。
② 姜爱林:《改革开放以来中国工业化发展的进程及特征》,《中共四川省委党校学报》2002年第1期。

构逐步摆脱了第一产业基础薄弱、第二产业发展不均衡、第三产业水平低下的状况,第一产业比重下降,第二产业、第三产业比重上升,产业结构逐渐趋于合理,基本符合世界产业结构演变的一般规律和中国经济发展的基本要求。

然而,我们同时也必须明白,这个时期中国进行的经济结构与产业结构调整是一种被动的适应性调整。这种被动适应的特点主要表现在,结构调整较多地根据静态的比较优势来选择优先发展的产业进行投资,更多地反映了现实的需求动向,而较少反映潜在需求的发展动向。在这种情况下,通常的选择是眼前什么最赚钱就生产什么,缺什么就补什么。结构调整依次分三个阶段展开:第一阶段是解决吃饭问题。通过加大农业科技投入和大力推进农村经济体制改革,使农业生产力得到较充分的释放,农业高速增长。第二阶段是解决"穿"和"用"的问题。加快轻纺工业发展,使轻工业发展速度明显快于重工业。第三阶段解决基础设施建设问题。随着经济规模的扩大,基础设施越来越成为经济发展的瓶颈,因而在 20 世纪 90 年代初期加大了对基础设施的投资。可见,这种结构调整主要是为满足基本需求而进行的适应性调整,它是改革开放以后中国经济增长的动力和活力所在,对中国经济高速发展起了极为重要的推动作用。在适应性结构调整阶段,总是经济增长推动着结构调整,结构调整严重滞后于经济发展,只有当经济增长过程中结构问题暴露并且到了不得不下决心调整的时候,政府才会下决心调整和整顿。这就决定了适应性调整是一种事后控制,政府扮演了一个灭火队的角色。

第二节　1997 年以来的产业结构调整与升级

1997 年以来,中国产业结构的调整出现了一些新情况:一是,就中国宏观经济而论,开始告别产品短缺时代,逐步进入相对过剩时期;二是,就世界经济发展形势而论,知识经济和经济全球化时代悄然来临;三是,就国家工业化的转型而论,开始了由传统工业化向新型工业化的过渡,可持续发展逐步成为共识。上述新变化使中国产业结构的调整出现了新的内容和特点:一是,产业结构的调整由单纯的适应性调整转变为战略性调整;二是,产业结构的调整与升级同步进行,以信息化带动工业化。

这一时期也内含了几个重要且各有特点的阶段。1997—2002 年是产业结构由适应性调整向战略性调整过渡的关键阶段;2003—2008 年是以工业化、信息化互动为主要特征的新型工业化道路开始的阶段;2009年以来是应对国际经济危机和后危机阶段,各个阶段都有特殊的经济形势与相应的产业结构调整的任务。

一、1997—2002 年的产业结构调整

1997 年以后,国际国内经济环境都发生了重大变化。就国内而言,一方面,经济规模迅速扩大,经济发展水平已由低收入转为中低收入水平,人民生活水平基本实现了"小康",同时,长期困扰居民经济生活的"短缺现象"基本消失,在一些领域出现了阶段性和结构性过剩问题;另一方面,随着社会主义市场经济体制基本构架的形成和产业升级,国有企业和乡镇企业吸纳劳动力的能力下降,城乡就业压力增大。这样,关乎民生最重要的两大问题——生活和就业都面临着新形势和新问题。就国际而言,随着成功化解亚洲金融危机带来的巨大不利影响,中国对外开放水平不断提高,全方位、多层次、宽领域的对外开放格局基本形成,产业结构也必须适应开放条件的要求。因此,新一轮的产业结构调整、升级就成为必然。

（一）前一时期结构调整存在的问题

经过前一时期 18 年的调整,总的来看,中国产业结构趋于基本合理,但同工业化先进国家的产业结构相比,我们还存在着很大差距,这已经成为影响中国产业进步和经济发展的障碍因素。具体表现在以下几个方面:

1. 产业结构不平衡且层次低

从占 GDP 的比重来看,中国三大产业不协调,第一产业比重偏高,高于同等 GDP 水平国家;第二产业比重明显偏高,不仅高于同等 GDP 水平国家,而且高于工业发达国家;第三产业发展严重滞后,大大低于同等 GDP 水平国家和发达国家。从第三产业内部看,部分领域如交通运输、邮电通信、商业等实现了较快增长,但金融业、信息业、咨询业、旅游业等,并没有得到快速发展。这种不合理的产业结构影响了资源的优化配置和合理使用,导致整体经济效益低下,产品的国际竞争力不强。三大产业之间的比例关系失衡是制约中国经济快速、良性发展的主要障碍。

以三次产业占 GDP 的比重和从业人员比重结构为标准,以世界上最发达国家美国和日本、中等发达国家韩国和巴西、人均 GDP 与中国相近的国家菲律宾和印度尼西亚等六国为参照对象,运用综合评分法和结构相似系数的方法,对产业结构水平进行比较分析(见表 2-6),我们会发现:从三大产业的层次上看,中国三次产业 GDP 结构与最发达的国家美国、日本比,无论产业结构水平评分值、从业人员结构水平评分值,还是 GDP 结构的相似系数、从业人员结构的相似系数都很低,表明中国与最发达国家结构水平相差最大;与中国人均 GDP 水平相近的菲律宾、印尼相比,大部分评分值在 94 分以上,结构相似系数均在 91% 以上,相似程度高,与印度尼西亚的相似程度最高。[1] 这表明,中国的产业结构从整体上

---

[1] 王家新、贾晓峰:《对我国产业结构进行战略性调整的探讨》,《财贸经济》2003 年第 4 期。

说水平较低。中国与发达国家 GDP 结构的主要差别在于第一产业比重过高,第二产业比重偏大,第三产业比重过低,三次产业 GDP 结构类型为"二三一",与发达国家类型"三二一"相比差一个发展阶段,中国从业人员结构与发达国家的主要差别在于第一产业比重过高,第三产业比重过低,从业人员在三次产业中的结构类型为"一三二",与发达国家(美、日)的"三二一"相比差两个发展阶段,与发展水平相近的国家相比,第三产业的比重也偏低。

表 2-6　中国与美国等六国 GDP、从业人员结构比较(%)

产业	中国		美国		日本		韩国		巴西		菲律宾		印度尼西亚	
	GDP 2001	从业人员 2000	GDP 1994	从业人员 1998	GDP 1997	从业人员 1998	GDP 1997	从业人员 1990	GDP 1995	从业人员 1997	GDP 1998	从业人员 1998	GDP 1998	从业人员 1998
第一产业	15.2	50	2	2.7	1.7	5.3	5.4	22.3	9	24.2	16.9	39.9	19.5	45
第二产业	51.2	22.5	28	23.8	37.2	32	43.1	44	36.7	20	31.6	15.7	45.3	16.3
第三产业	33.6	27.5	70	73.5	61.1	62.7	51.5	33.7	54.3	55.8	51.5	44.4	35.2	38.7
合计	100	100	100	100	100	100	100	100	100	100	100	100	100	100
中国与其他国家三次产业结构对比的评分值			38.2	45.2	45.8	41.1	61	58.5	63.6	69.4	78.6	94	103	98.6
中国与其他国家三次产业结构对比的相似系数			80	57	88	63	95	83	92	81	91	94	99	98

资料来源:根据《国际统计年鉴》和《中国统计年鉴》中有关数据整理计算,引自王家新、贾晓峰:《对我国产业结构进行战略性调整的探讨》,《财贸经济》2003 年第 4 期。

2. 各次产业科技含量低,尤其是工业内部高加工度化、高技术化水平低

改革开放以来,中国产业技术水平和产业竞争实力有较大幅度提高,但总体水平与世界先进水平的差距仍很大。整体上看,传统产业比重大,技术含量低,而高新技术的新兴产业比重偏小。

农业生产经营规模小,机械化水平低,劳动效率低;农产品科技含量小,附加值不高,农业产业化水平低。虽然中国的一些主要的农产品产量已位居世界前列,人均已达到或接近世界平均水平,但名优、新特、精细等优质农产品所占比重小,这使中国农产品不仅在国际市场上缺乏竞争力,而且在国内市场也难以满足人民群众较高生活消费的需求。同时,由于农产品质次价低,农民增收缓慢,从而影响农村发展。

加工工业内部消耗大、附加值低的产业比重高,而技术和知识密集的高附加值的产业比重低。比如,中国钢的生产能力世界第一,但高档钢材却不能自给;纺织生产能力严重过剩,但每年还必须进口高档面料。由于技术水平落后,12种主要原料的物耗比发达国家高出5—10倍,我们用同样的原料消耗,生产出来的价值量仅相当于发达国家的1/4,甚至1/6。

一般加工生产能力相对过剩与高加工能力相对不足现象并存,高技术含量、高加工度的制造业发展滞后。据国家统计局1997年对900多种主要工业产品生产能力的普查,全国生产能力严重过剩,一半左右的工业产品生产能力利用率在60%以下,最低的仅有10%。而一些国民经济急需的技术含量高、有特色、市场前景好的产品,尤其是重大技术装备和成套技术设施、高新技术产品则供给不足,有的缺口还很大。中国产业的竞争力主要是依靠低成本的劳动力优势和粗放性资源投入实现的,产业技术创新能力不足,产业整体素质和核心竞争力比较薄弱,特别是一些关键技术装备长期依赖进口。

高新技术产业化水平低,大量的科技成果没有转化为现实生产力,对整个中国经济发展造成了巨大损失。

3. 区域结构雷同,低水平重复现象严重

自20世纪80年代以来,地区产业结构趋同问题一直困扰着中国的改革和发展,其突出表现为"大而全"、"小而全",区域结构差异缩小,产业的地域特点不明显,各地区产业门类齐全并逐步形成完整的体系,主要行业和产品生产的空间分布均匀化,集中度下降,相互间缺乏应有的分工与合作,最终导致整个社会资源配置效率低下,资源浪费严重,企业规模经济效益差。比如,"九五"期间,国家提出将机械、电子、石油化工、汽车和建筑业作为支柱产业。各地在制定"九五"计划和 2010 年远景规划时,都在构筑趋同化模式,全国将汽车列为支柱产业的省(市、区)有 22 个,且都是整车厂;将电子工业列为支柱产业的有 24 个,发展重点又都是通信设备、计算机、电子声像设备等;将化工列为支柱产业的有 23 个,大多为石化产业。如果全国各地的这些计划和规划真正得以实施,很可能会形成新一轮规模更大、投资更多的重复建设,产业结构的趋同化将更加积重难返。低水平重复建设导致产业结构不合理,已经严重影响了国民经济持续、快速、健康发展。

4. 产业集中度低

中国产业内部集中度不高,企业规模小而分散,规模经济效益差。从 1979 年开始的市场化改革使不断涌现的投资者进入原本不能进入的由计划管制的产业领域,从而导致产业的集中度不断下降。产业集中度的下降表明市场竞争越来越激烈,致使资源浪费,同时也造成行业利润率下降和许多企业的亏损,从而削弱产业的整体竞争力。

综上四条,我们发现,中国又到了必须进行结构调整的关键时刻。不调整就不能继续前进,不调整就不能健康发展。但这种调整已经不是一般意义上的适应性调整,而是知识经济推动的、对经济的全局和长远发展具有重大影响的战略性调整;不是局部的调整,而是包括产业结构、地区结构和城乡结构在内的,以提高经济的整体素质和竞争能力、实现可持续发展为目标的全面调整。

(二) 产业结构从适应性调整向战略性调整过渡

产业结构从适应性调整向战略性调整过渡要达到双重目的,既要解决历史遗留的产业结构不合理的问题,也要根据中国经济发展新阶段供求关系变化的新特点以及国际新科技革命和产业结构重组的趋势,进行结构升级和结构优化。

产业结构适应性调整着眼于维持产业间的合理比例关系,是一种适应产业现状的调整,从而有一定的局限性。首先,它是一种封闭性调整。适应性调整严格贯彻生产创造消费、生产引导消费的产业结构调整思路,着眼于产业自成体系,着眼于直接生产领域产业间经济联系,在很大程度上与市场需求相脱离,使各部门、各地区乃至全国都力图构造一个完整的工业体系,以期小而全、大而全。其次,它是一种瓶颈制约调整。在国民经济高速增长时期,工业尤其是加工工业通常是经济增长的支撑点,它与基础产业、基础设施的矛盾随着经济增长的加快越来越尖锐,最终形成难以突破的瓶颈。为了缓解矛盾,不得不放慢加工工业发展速度,使之与基础产业和基础设施的供给能力相适应。我们在农业与工业之间做了多年的适应性调整,卓有成效,但工农业增长的差距不仅没有缩小,反而有所扩大。在工业内部,轻工业与重工业之间,重工业内部的采掘工业、材料工业和加工工业之间,也多次进行适应性调整,虽然取得不小的成绩,但与预期目标仍有相当的距离。最后,它是一种静态事后调整。由于适应性调整的直接目标是解决产业现存的矛盾和问题,难以同客观上经常变动的产业比例相适应,产业结构调整处于滞后被动状态;总是在经济总量发生严重失衡、产业结构矛盾突出时,才着手进行产业结构调整。这是一种静态的、滞后的被动调整。①

这种适应性结构调整一方面与短缺经济和计划经济存在着天然的耦合关系,和计划经济相伴而生;另一方面也是经济发展水平较低的产物,在中国经济发展的一定阶段上是难以避免的。

但是,如前所述,1997 年以后中国宏观经济环境发生了深刻的变化,逐步告别短缺、步入相对过剩时期,结构调整必须从适应性调整转向战略

---

① 王积业:《产业结构:从适应性调整转向战略性调整》,《经济学家》1997 年第 3 期。

性调整。① 如果说适应性结构调整是经济发展水平较低的产物，是"短缺"经济环境下经济加快发展的一种事后控制，那么，战略性调整就是与经济发展水平和产业结构升级相适应的事前控制。随着"过剩"时代的来临，结构调整的着眼点要由过去短期的适应性调整转向长期的战略性调整；调整的内容要从单一的产业、产品结构调整转向行业结构、企业组织结构、技术及产品结构、区域结构和劳动力结构等综合性调整；调整的重点也要由增量调整为主转向增量与存量调整有机结合、以存量调整为主。调整要根据不同行业的特点，分类指导，区别对待。资本密集、技术密集、规模经济要求高的行业，要提高产业集中度，其他行业要适应市场细分化趋势，提高专业化水平。通过企业组织结构的调整，最终形成以大企业为主导，大中小企业合理分工、有机联系、协调发展的格局。

相对于适应性调整，这次产业结构战略性调整是一种新型的结构调整，其特点有以下几个方面：

1. 注重产业结构升级

产业结构的升级是这个阶段调整的重要任务，也是新中国历次产业结构调整中所不曾有过的新特点。结构调整要加大对科技的投入，加快技术进步，大力发展能够带动整个经济增长的支柱产业，发展新兴产业和

---

① 关于产业结构战略性调整的研究，学术界精见颇多，大家可以参阅。如，王积业：《产业结构：从适应性调整转向战略性调整》，《经济学家》1997 年第 3 期；王小广：《"十五"时期工业：从适应性结构调整向战略性结构调整转变》，《中国工业经济》1999 年第 10 期；董辅礽主编：《中华人民共和国经济史》下卷，经济科学出版社 1999 年版，第 613 页；王万宾：《工业结构：由适应性调整转向战略性调整》，《中国经济时报》2000 年 8 月 25 日；周叔莲：《如何实施战略性结构调整》，《港口经济》2001 年第 4 期；王家新、贾晓峰《对我国产业结构进行战略性调整的探讨》，《财贸经济》2003 年第 4 期；史言信：《新型工业化道路：产业结构调整与升级》，中国社会科学出版社 2006 年版；周晓娟：《我国产业结构战略性调整的方向》，《合作经济与科技》2004 年第 7 期；孙都光：《对我国国有经济战略性结构调整的认识》，《安徽冶金科技职业学院学报》2006 年第 3 期；袁文榜：《通过结构战略性调整实现增长方式的转变》，《科技创业月刊》2006 年第 12 期；蔡兵：《努力推进经济结构战略性调整》，《经济日报》2007 年 12 月 3 日；范波涛：《从适应性到战略性调整的成功实践》，《前进》2009 年第 4 期；彭志强：《试论经济结构战略性调整》，《经济研究导刊》2011 年第 25 期，等等。

高技术产业。要加快高新技术向传统产业渗透,从而影响和改变传统产业在产业结构中的比例,加快整个产业结构向高级化迈进。

2. 注重市场调节

产业结构调整以市场为导向,充分发挥市场的调节作用,更加有效地促进优胜劣汰,结构优化。根据经济发展和城乡居民消费结构升级的变化趋势,压缩和淘汰那些不适应市场需求的产品和生产能力,提高市场需要产品的有效供给水平,培育潜在市场前景良好的产业和产品。政府要善于动用经济杠杆和经济政策来鼓励和引导企业根据市场需求状况和政策信号自主决策。

3. 鼓励制度创新

产业结构优化升级与制度创新之间存在着一种辩证的关系,产业结构优化产生制度创新的需求与冲动,制度创新为产业结构优化提供制度保障与动力支持。从历史上看,每一次产业结构的优化升级,都是以制度创新为前提的。从中国当前来看,制度创新贯穿在经济社会发展的各个领域和各个层面,从国民经济全局出发,通过制度创新积极推动产业结构的调整与升级,不断提高企业的素质和核心竞争力,提升行业整体水平和竞争力。

4. 鼓励技术创新

作为发展中国家,随着经济规模的进一步扩大,高投入、高消耗的经济增长方式必然受到资源短缺和环境污染的严重制约和挑战,必须实现经济增长方式转变。广泛开展技术创新正是向集约型增长方式转化的有效途径。技术创新通过对投入和产出两方面的作用,可以使经济运行从过去主要依靠增加生产要素投入,转变到主要依靠提高生产要素的质量和使用效率上。不仅如此,重大技术创新还可以使以高新技术为基础的新兴技术知识密集型产业得以涌现与发展,并且不断提高它们在国民经济中的比重。

（三）党和国家政策导向

1996 年 3 月,全国人大八届四次会议批准《中华人民共和国国民经济和社会发展"九五"计划和 2010 年远景目标纲要》,提出"促进国民经济持续、快速、健康发展,关键是实行两个具有全局意义的根本性转变,一是经济体制从传统的计划经济体制向社会主义市场经济体制转变,二是经济增长方式从粗放型向集约型转变。"宏观调控政策要体现"大力促进产业结构的合理化"的基本思路,"着力加强第一产业,提高农业对国民经济发展的支撑能力。调整和提高第二产业,继续加强基础设施和基础工业,大力振兴支柱产业,发挥工业对经济增长的带动作用和增加出口的主力作用。积极发展第三产业,形成合理的规模和结构,发挥劳动就业主渠道的作用。"①

1997 年,党的十五大再次提出经济结构的调整优化问题。大会报告指出,"要根据我国经济发展状况,充分考虑世界科学技术加快发展和国际经济结构加速重组的趋势,着眼于全面提高国民经济整体素质和效益,增强综合国力和国际竞争力,对经济结构进行战略性调整。这是国民经济发展的迫切要求和长期任务。总的原则是:以市场为导向,使社会生产适应国内外市场需求的变化;依靠科技进步,促进产业结构优化;发挥各地优势,推动区域经济协调发展;转变经济增长方式,改变高投入、低产出,高消耗、低效益的状况。"②

进入 21 世纪以后,中共中央、国务院面对经济社会发展的新形势和国际经济技术发展的新趋势,及时提出了推进产业结构升级,实现可持续发展的战略问题。2000 年 10 月,中共十五届五中全会通过了《中共中央

---

① 《中华人民共和国国民经济和社会发展"九五"计划和 2010 年远景目标纲要》,《十四大以来重要文献选编》下卷,中央文献出版社 2011 年版,第 776、783 页。

② 江泽民:《高举邓小平理论伟大旗帜,把建设有中国特色社会主义事业全面推向二十一世纪》,《十五大以来重要文献选编》上卷,中央文献出版社 2011 年版,第 22 页。

关于制定国民经济和社会发展第十个五年计划的建议》，再次强调经济结构调整的重要性、紧迫性和主要任务："实现国民经济持续快速健康发展，必须以提高经济效益为中心，对经济结构进行战略性调整。经济结构存在的问题，主要是产业结构不合理，地区发展不协调，城镇化水平低，这是当前我国经济发展中的突出矛盾。把经济结构问题解决好，才能扩大国内需求，增加有效供给，也才能切实提高国民经济的整体素质，在日趋激烈的国际竞争中赢得主动。要坚持在发展中推进经济结构调整，在经济结构调整中保持快速发展。经济结构战略性调整的主要任务是：优化产业结构，全面提高农业、工业、服务业的水平和效益；合理调整生产力布局，促进地区经济协调发展；逐步推进城镇化，努力实现城乡经济良性互动；着力改善基础设施和生态环境，实现城乡可持续发展。继续完成工业化是我国现代化进程中艰巨的历史性任务。大力推进国民经济和社会信息化，是覆盖现代化建设全局的战略举措。以信息化带动工业化，发挥后发优势，实现社会生产力的跨越式发展。"①

总体来讲，党和政府关于产业政策的总出发点是进行战略性调整，提高中国产业的国际竞争力。具体来讲，产业调整和升级任务主要涉及以下四个方面：第一，大力推进科教兴农，发展高产、优质、高效农业和节水农业。积极发展农业产业化经营，形成生产、加工、销售有机结合和相互促进的机制，推进农业向商品化、专业化、现代化转变。综合发展农林牧副渔各业，继续发展乡镇企业，形成合理的产业结构。第二，改造和提高传统产业，发展新兴产业和高技术产业，推进国民经济信息化。第三，继续加强基础设施和基础工业，加大调整、改造加工工业的力度，振兴支柱产业，积极培育新的经济增长点。把开发新技术、新产品、新产业同开拓市场结合起来，把发展技术密集型产业和劳动密集型产业结合起来。第

---

① 《中共中央关于制定国民经济和社会发展第十个五年计划的建议》，《十五大以来重要文献选编》中卷，中央文献出版社 2011 年版，第 488—489 页。

四,鼓励和引导第三产业加快发展。

为此,中央政府采取了一系列政策和措施振兴产业。首先,国家计委和国家经贸委出台了产业结构调整方面的目录,引导产业发展,以防止因盲目投资、低水平重复建设造成生产能力过剩。如《当前国家重点鼓励发展的产业、产品和技术目录》(1997 年首颁,2000 年修订),确定了国家重点鼓励发展的产业、产品和技术的原则:第一,符合当前和今后一个时期的市场需求,有比较广阔的发展前景。第二,有比较高的技术含量,有利于企业设备更新,加快对传统产业的技术改造,促进产业结构的优化和升级,全面提高经济效益。第三,国内存在从研究开发到实现产业化的潜在技术基础,经过努力,可以填补国内产业和技术空白,有利于形成新的经济增长点。第四,符合可持续发展战略,有利于资源节约以及生态和环境保护。第五,提高供给能力,促进产业结构合理化,保持国民经济的持续快速健康发展。本着上述原则,国家当前重点鼓励 29 个领域,共 440 种产品、技术及部分基础设施和服务的发展。①《淘汰落后生产能力、工艺和产品的目录》(第一批 1999,第二批 1999,第三批 2002),其中就包括钢铁、有色金属、建材等热点行业。又如,《工商投资领域制止重复建设目录》(第一批 1999)等。

其次,加大淘汰落后生产能力和劣势企业退出市场的力度。国家采取了大量以强制性的"关停并转"和"砍压砸封"为标志的调节政策和措施,帮助一些传统产业如纺织、煤炭、冶金、制糖等实施退出或结构化改造。同时,继续设立相应的退出援助基金来帮助企业退出。

再次,通过国债投资,扩大基础设施投资,扶持装备工业和高技术产业等。国家从 1998 年开始连续发行国债。从产业角度看,在安排国债投资时,在国内加工工业能力普遍过剩的情况下,为了避免重复建设,以加

---

① 《当前国家重点鼓励发展的产业、产品和技术目录》,人民网·法律法规库,http://www.people.com.cn/item/flfgk/gwyfg/1997/112501199702.html。

大基础设施建设为主,重点增加农林水利设施建设,铁路、公路、通信、环保等基础设施建设,城市公共设施建设,普通民用住宅建设,高新技术产业方面的投资,并适当增加对中小企业和乡镇企业在基础技术开发、人员培训和技术改造方面的投资。重点支持能够带动结构升级、技术含量高的产业和产品,坚决淘汰技术落后的超过市场容量的过剩生产能力。国债投资的使用原则是:全部用于基础设施建设项目,绝不能搞一般性项目,以优化结构,增强发展后劲。如 1999 年,新增国债资金的使用原则包括扶持重点行业、重点产品的技术改造和技术进步,并注意向老工业基地倾斜,向中西部地区适度倾斜。1999 年的国债投资方向是:继续加强基础设施项目建设的同时,较大幅度地增加了企业技术改造投入;在继续扩大基础设施投资的同时,增加重大项目装备国产化和高技术产业化投入;继续增加基础工业等工业投资的同时,增加环保与生态以及科教文化设施建设的投入。2000 年的国债在五个方面重点投入:水利和生态项目,教育设施建设,交通等基础设施,企业技术改造、高新技术产业化,城市轨道交通、环保等设施国产化与城市环保项目建设。

二、2003—2008 年的产业结构调整

这一阶段大约六年时间,开端是党的十六大。进入 21 世纪之后,国际上知识经济时代的来临和国际经济一体化加剧,国内经济结构升级和发展方式变革的要求越来越迫切,新一轮的产业结构调整升级来临,中国共产党确立了 21 世纪头 20 年走中国特色新型工业化道路,加快全面小康社会建设的宏观战略。下限是 2008 年,由美国次贷危机引发的全球经济危机对中国经济提出了新的挑战。

(一) 新型工业化道路呼唤新一轮产业结构调整升级

党的十六大提出,为完成 21 世纪头 20 年建设全面小康社会的任务,

必须走中国特色新型工业化道路,以保持国民经济持续快速健康发展,不断提高人民生活水平。中国特色新型工业化道路的核心在于工业化与信息化的互动融合,坚持以信息化带动工业化,以工业化促进信息化,走出一条科技含量高、经济效益好、资源消耗低、环境污染少、人力资源优势得到充分发挥的新型工业化路子。为此,必须"推进产业结构优化升级,形成以高新技术产业为先导、基础产业和制造业为支撑、服务业全面发展的产业格局。优先发展信息产业,在经济和社会领域广泛应用信息技术。积极发展对经济增长有突破性重大带动作用的高新技术产业。用高新技术和先进适用技术改造传统产业,大力振兴装备制造业。继续加强基础设施建设。加快发展现代服务业,提高第三产业在国民经济中的比重。正确处理发展高新技术产业和传统产业、资金技术密集型产业和劳动密集型产业、虚拟经济和实体经济的关系。"①

从党的十六大关于产业结构调整的基本精神来看,调整产业结构,实现优化升级,主要途径在以下六条:第一,优先发展信息产业,在经济和社会领域广泛应用信息技术。第二,用高新技术改造和提升传统产业,大力振兴装备制造业。中国在轻纺工业、冶金工业、石化工业、装备制造工业等传统领域中具有比较优势和一定的国际竞争力,它们是促进经济增长、增加就业和提高人民生活水平的主要领域。用高新技术和先进适用技术改造传统产业,焕发传统产业的活力,提高竞争力,就成为中国产业结构调整升级的重点。第三,积极发展对经济增长有突破性重大带动作用的高新技术产业。高新技术产业是国际新兴产业,是信息化与工业化相结合的典范,必须积极推进具有战略意义的高新技术研究,集中力量在信息技术、生物技术、新能源、新材料等关键领域取得突破,在一些关系国家经济命脉和安全的高技术领域,提高自主创新能力,推动中国工业化实现跨

---

① 江泽民:《全面建设小康社会,开创中国特色社会主义事业新局面》,《十六大以来重要文献选编》上册,中央文献出版社 2011 年版,第 16—17 页。

越式发展。第四,加强基础设施建设。随着国家对经济布局实施战略性调整,政府对一般竞争性行业不再进行投资,而将集中财力物力加强基础设施等关系国民经济命脉的重要行业和关键领域的建设,如水利、能源、交通、生态保护、环境污染治理等,实现经济社会的可持续发展。第五,加快发展现代服务业,提高第三产业在国民经济中的比重。改革开放以后,第一二产业发展迅速,人民生活水平不断提高,发展第三产业不仅有着广泛的社会需求,而且也是实现工业化和经济现代化的必然要求。第六,巩固和加强农业的基础地位。中国是一个发展中的大国,工业化进展越是高级化就越不能削弱农业的地位,保持粮食等农产品的基本生产能力,不仅有利于国家粮食安全,也有利于人民生活的安定。加强农业的基础地位还要不断调整和优化农业的产业结构,提高农产品加工能力,提高农民的收入水平。

(二) 结构调整的宏观政策导向

根据"十一五"时期面临的国内外环境,2005 年 10 月,党的十六届五中全会通过了《中共中央关于制定国民经济和社会发展第十一个五年规划的建议》,再次提出"推进产业结构优化升级"的重大战略问题。2006年 3 月,十届全国人大四次会议通过了《中华人民共和国国民经济和社会发展第十一个五年规划纲要》,把"产业结构优化升级"作为"十一五"时期要努力实现的经济社会发展的主要目标之一。纲要指出要"立足优化产业结构推动发展,把调整经济结构作为主线,促使经济增长由主要依靠工业带动和数量扩张带动向三次产业协同带动和结构优化升级带动转变"①。

2007 年 10 月,党的十七大报告提出"促进国民经济又好又快发展"

---

① 《中华人民共和国国民经济和社会发展第十一个五年规划纲要》,《人民日报》2006 年 10 月 17 日。

的目标,并把"加快转变经济发展方式,推动产业结构优化升级"作为实现目标的重要途径,并且认为"这是关系国民经济全局紧迫而重大的战略任务"①。

(三) 结构调整的具体政策措施

1. 发布《产业结构调整指导目录》引导结构调整方向

2003 年 12 月,"为推进经济结构战略性调整,加强投资引导,制止重复建设,促进产业结构优化升级",国家发展和改革委员会公布了《产业结构调整方向暂行规定(征求意见稿)》和《产业结构调整指导目录(征求意见稿)》。② 这是继 1999 年密集出台一系列产业结构调整政策之后,国家宏观经济管理部门首次出台全面的产业结构调整新政策,对部分增长和投资过快的产业进行引导。

2005 年 12 月,国务院发布了《促进产业结构调整暂行规定》,明确了产业结构调整的目标、原则、方向和重点。产业结构调整的目标是,"推进产业结构优化升级,促进一、二、三次产业健康协调发展,逐步形成农业为基础、高新技术产业为先导、基础产业和制造业为支撑、服务业全面发展的产业格局,坚持节约发展、清洁发展、安全发展,实现可持续发展。"产业结构调整要坚持以下四项原则:一是坚持市场调节和政府引导相结合;二是以自主创新提升产业技术水平;三是坚持走新型工业化道路;四是促进产业协调健康发展。产业结构调整的方向和重点:一是巩固和加强农业基础地位,加快传统农业向现代农业转变;二是加强能源、交通、水利和信息等基础设施建设,增强对经济社会发展的保障能力;三是以振兴

---

① 胡锦涛:《高举中国特色社会主义伟大旗帜,为夺取全面建设小康社会新胜利而奋斗》,《十七大以来重要文献选编》上册,中央文献出版社 2009 年版,第 17 页。

② 《国家发展改革委公开征求对〈产业结构调整方向暂行规定〉和〈产业结构调整指导目录〉的意见》,国家发改委官网,http://www.ndrc.gov.cn/xwzx/xwfb/200507/t20050706_27696.html。

装备制造业为重点发展先进制造业,发挥其对经济发展的重要支撑作用;四是加快发展高技术产业,进一步增强高技术产业对经济增长的带动作用;五是提高服务业比重,优化服务业结构,促进服务业全面快速发展;六是大力发展循环经济,建设资源节约和环境友好型社会,实现经济增长与人口资源环境相协调;七是优化产业组织结构,调整区域产业布局;八是实施互利共赢的开放战略,提高对外开放水平,促进国内产业结构升级。① 同时配套发布了《产业结构调整指导目录(2005 年本)》,列举了鼓励、限制和淘汰三类产业目录。

2006 年 3 月 12 日,国务院出台了"国发[2006]11 号文件"——《国务院关于加快推进产能过剩行业结构调整的通知》,明确将钢铁、电解铝、电石、铁合金、焦炭、汽车等行业列为"产能明显过剩行业",将水泥、煤炭、电力、纺织等虽然产需基本平衡,但在建规模很大的行业列为"潜在产能过剩行业"。文件规定了推进产能过剩行业结构调整的四项原则:充分发挥市场配置资源的基础性作用;综合运用经济、法律手段和必要的行政手段;坚持区别对待,促进扶优汰劣;健全持续推进结构调整的制度保障。文件还提出了推进产能过剩行业结构调整的八项重点措施:切实防止固定资产投资反弹;严格控制新上项目;淘汰落后生产能力;推进技术改造;促进兼并重组;加强信贷、土地、建设、环保、安全等政策与产业政策的协调配合;深化行政管理和投资体制、价格形成和市场退出机制等方面的改革;健全行业信息发布制度。② 迄今为止,这是政府发布的涉及推进产能过剩行业结构调整的级别最高的文件。

---

① 《国务院关于发布实施〈促进产业结构调整暂行规定〉的决定》,《十六大以来重要文献选编》下卷,中央文献出版社 2011 年版,第 73—79 页。

② 《国务院关于加快推进产能过剩行业结构调整的通知》,中华人民共和国中央人民政府门户网站,http://www.gov.cn/xxgk/pub/govpublic/mrlm/200803/t20080328_32718.html。

2. 利用信贷、土地、财政、税收等管控手段促进产业结构调整和干预投资方向

在计划经济体制下，为限制某些产业发展，往往采用直接干预的限制手段，如限制物资供应、限制财政资金进入等。随着社会主义市场经济体制的建立与完善，产业结构调整政策措施也逐步趋向市场化原则，具体政策手段也以市场引导为主，主要通过信贷政策、土地、税收、价格等政策干预产业投资和结构调整。如《产业结构调整方向暂行规定》（征求意见稿）第十七、十八条指出："对限制类投资项目，各级政府投资主管部门要严格按照有关投资管理规定进行核准。对未经核准的限制类投资项目，政府不予投资，各银行、金融机构不予贷款，土地管理、城市规划、环境保护、消防、海关等部门不得办理有关手续。凡违背规定进行投融资建设的，要追究有关人员的责任。""对淘汰类项目，禁止投资。"①针对部分投资过热、能耗过高的产业，实行差异电价，提高部分行业的固定资产投资项目比率，如其中钢铁行业由 25% 提高到 40%，水泥、电解铝、房地产开发行业从 20% 提高到 35%，以限制其发展。

（四）本阶段产业结构调整的成效

这几年的调整效果明显，无论是产业结构、内部结构，还是就业结构，都发生了明显变化。

1. 三次产业的产出结构呈良性变动

改革开放以来，中国坚持巩固和加强第一产业、提高和改造第二产业、促进和发展第三产业的产业政策，引导三次产业结构不断向优化升级的方向发展。本期内，产业结构的变动基本上符合 30 多年来的总体情况，但略有出入，如表 2-7 所示。

---

① 《产业结构调整方向暂行规定（征求意见稿）》，国家发展与改革委员会门户网站，http://www.ndrc.gov.cn/xwzx/xwfb/200507/t20050706_27695.html。

表 2-7 2002—2008 年三次产业占 GDP 比重的结构变动(%)

年份	总量	第一产业	第二产业			第三产业		
				工业	建筑业		交通运输、仓储、邮政	批发、零售
2002	100	13.7	44.8	39.4	5.4	41.5	6.2	8.3
2003	100	12.8	46.0	40.5	5.5	41.2	5.8	8.2
2004	100	13.4	46.2	40.8	5.4	40.4	5.8	7.8
2005	100	12.2	47.7	42.2	5.5	40.1	5.9	7.4
2006	100	11.3	48.7	43.1	5.6	40.0	5.9	7.3
2007	100	11.1	48.5	43.0	5.5	40.4	5.8	7.3
2008	100	11.3	48.6	42.9	5.7	40.1	5.5	7.7

资料来源:国家统计局国民经济综合统计司:《新中国六十年统计资料汇编》,中国统计出版社 2009 年版,第 10 页表 1-7。

经过调整,农业稳步增长,农业结构调整进一步深化。随着 2004 年以后党的工农业发展新理念(如以工补农,多予少取等)的形成和国家惠农政策(如免除农业税,种养殖业补贴、大型农机具补贴等)的实施,农民种粮和从事农业生产的积极性大大增强。从总体上看,农业保持稳步增长态势,粮食生产出现重要转机,扭转了自 1999 年以来连续 5 年减产的局面;棉花、油料等经济作物面积持续扩大;农产品质量明显提高,主要农产品进一步向优势产区集中;农业产业化经营继续向纵深发展,优势农产品出口成效显著,竞争力不断增强。但从表 2-7 看,本期第一产业的比重有所下降,这和 20 世纪 80 年代中期以来第一产业在国内生产总值中所占的比重不断下降的趋势是吻合的。

第二产业发展较快,占 GDP 的比重有所增加,充分显示了这几年中国产业发展的一个新特点,即一批高增长行业支撑着第二产业的快速发展。从 2003 年开始,中国出现了几个具有典型特征的高增长产业群。这批高增长行业主要集中在制造行业,既有一批重化工业行业,也有部分战略性行业如装备制造业等。根据产业特性主要有四类①：第一，汽车工业族群，包括合成材料工业、轮胎制造业、钢铁工业（汽车用钢），机械工业中的机床工业，特别是数控机床；第二，房地产族群，包括钢铁工业、建材工业，特别是轻质建筑材料制造业、建筑用金属制品业、装饰装修行业，及物业管理、社区服务等相关服务业；第三，机械制造族群；第四，日常消费品族群，包括食品工业中的水产品加工业、乳制品业、淀粉、植物油等小行业；饮料工业中的葡萄酒和软饮料制造业；与满足居民文化、娱乐和休闲消费关系密切的行业，如造纸印刷业，文化体育用品制造业中的体育用品、玩具和游艺器材制造业，旅游行业中的旅行社、旅游景点建设等；以及高档消费类电子产品制造业，如手机、数码相机、摄像机和其他高档家电产品等。从整体上看，第二产业始终在 GDP 结构中占据最重要的地位，在 GDP 中的比重略有上升。

第三产业占 GDP 的比重呈现出缓慢下降的趋势。改革开放初期，第三产业在 GDP 结构中所占比重一直没有发生变化，而在 1983 年以后，第三产业的比重迅速上升，在 1985 年超过了第一产业。2002 年，第三产业和第二产业的差距最为微小，仅相差 3.03 个百分点。然而，自 2002 年以后，第三产业在 GDP 结构中的比重却开始呈现下降的趋势，这是不符合产业发展趋势的现象。

2. 三次产业内部结构变动

本期三次产业内部的结构变化与改革开放以来的变化趋势基本相同。

改革开放以来，中国农业产值结构变动的总体趋势是农业比重下降，林业比重相对稳定，牧业和渔业比重上升。改革开放之初，种植业占第一产业比重的 80% 左右，远远超过渔业、牧业和林业的总和，后来处于不断

---

① 郭树言、欧新黔主编：《推动中国产业结构战略性调整与优化升级探索》，经济管理出版社 2008 年版，第 17 页。

下降趋势,但是直到 2008 年,种植业仍然占第一产业的 48.4%,仍与渔业、牧业和林业的总和持平。种植结构的调整取得了较快进展,粮经比例不断优化,经济作物种植面积不断扩大,蔬菜生产大幅增长,品种结构不断得到优化,产品优质化取得了较为迅速的发展,传统农业向现代农业转变的趋势增强。随着经济的快速发展,人民的生活水平不断得到改善,对肉类产品和鱼类产品的需求不断扩大,显著刺激了牧业和渔业的发展。[1]表 2-8 显示了 2002 年到 2008 年农业、林业、牧业和渔业在第一产业内部结构比例关系的总体情况。

表 2-8　2002—2008 年第一产业内部结构变动情况

年份	农林牧渔业总产值（亿元）					比重结构（%）			
	总产值	农业	林业	牧业	渔业	农业	林业	牧业	渔业
2002	27391	14932	1034	8455	2971	55.2	3.8	30.9	10.8
2003	29692	14870	1240	9539	3138	54.5	4.2	32.1	10.6
2004	36239	18138	1327	12174	3606	50.1	3.7	33.6	9.9
2005	39451	19613	1426	13311	4016	49.7	3.6	33.7	10.2
2006	40811	21522	1611	12084	3971	52.7	3.9	29.6	9.7
2007	48893	24658	1862	16125	4458	50.4	3.8	33.0	9.1
2008	58002	28044	2153	20584	5203	48.4	3.7	35.5	9.0

资料来源:国家统计局国民经济综合统计司:《新中国六十年统计资料汇编》,中国统计出版社 2009 年版,第 34 页表 1-29。

　　在中国工业化过程中,第二产业的增长对整个经济增长起着主要的支持作用,工业对国民经济的贡献率和拉动率在三次产业中均居首位,国民经济工业化水平显著提高。工业的快速增长引起工业内部结构的迅速变化。改革开放以来,轻重工业比例关系经历了重多轻少、轻重平衡、重

―――――――――

　　[1]　邹东涛主编:《中国经济发展和体制改革报告 No.1:中国改革开放(1978—2008)》,社会科学文献出版社 2008 年版,第 402 页。

多轻少的过程。20世纪90年代末,工业结构重新出现较明显的重工业化趋势,1998年重工业增加值占全部工业的比重已接近60%,2002年以后,重工业在工业增加值中的比重则迅速上升,由2002年的60.94%上升为2008年的70.26%,轻工业则从2002年的39.05%下降为2008年的29.73%。① 轻重工业的比例差距明显拉大,重工业化趋势日益显著。轻重比例关系的回归,反映了中国经济发展的阶段性特征。同时,工业行业结构进一步改善。2000年,位于工业增加值比重前五位的行业分别为电力蒸汽热水生产供应业、石油和天然气开采业、电子及通信设备制造业、化学原料及制品制造业、交通运输设备制造业,而到2005年,位于工业增加值比重前五位的行业则变为电子及通信设备制造业、黑色金属冶炼及压延加工业、电力蒸汽热水生产供应业、化学原料及化学制品制造业、石油和天然气开采业。"十五"和"十一五"期间以电力、煤炭、石油为主的能源工业明显加强,钢铁、纺织、建材等传统的原材料和加工工业有所压缩,以电子及通信设备制造业为主的信息产业迅速成长。信息产业的迅速崛起,不仅打破了传统的行业生产格局,同时也为其他行业和领域提供了先进的技术、装备,促进了国民经济产业结构的优化升级进程。②

　　改革开放以来,第三产业的增长速度整体上高于国内生产总值的增长速度。在第三产业占国民经济比重日趋增大的同时,第三产业内部结构也在发生着变化。

---

① 2002和2008年的数据根据国家统计局发布的年度国民经济和社会发展统计公报中相关数据测算。
② 《"十五"期间产业结构调整成效明显》,国家统计局官网:http://www.stats.gov.cn/ztjc/ztfx/15cj/200603/t20060320_56321.html;《"十一五"时期我国经济结构调整取得重要进展》,中央人民政府门户网站:http://www.gov.cn/gzdt/2011-03/11/content_1822557.htm。

表 2-9　2003—2008 年第三产业增加值构成　　　（单位：%）

	总计	交通运输、仓储及邮政业	批发和零售业	住宿和餐饮业	金融业	房地产业	其他
2003	100	14.1	19.9	5.6	8.9	11.0	40.4
2004	100	14.4	19.3	5.7	8.4	11.1	41.2
2005	100	14.8	18.4	5.7	8.6	11.2	41.3
2006	100	14.7	18.3	5.7	10.0	11.4	39.9
2007	100	14.3	18.2	5.3	12.8	11.8	37.6
2008	100	13.8	19.2	5.4	14.0	10.6	37.0

资料来源：国家统计局编：《中国统计年鉴·2009》，中国统计出版社 2009 年版，第 43 页表 2-7。

从几个大的服务行业来看，批发和零售业、住宿和餐饮业、传统的交通运输及仓储业的比重略有所下降，但幅度不大；房地产业保持相对平衡的比例；金融业增幅较大，增加 5.1 个百分点；归入"其他服务业"的"社会服务业"、"科学研究和综合技术服务业"、"教育和文化艺术及广播电影电视业"、"卫生体育和社会福利"等新兴服务行业在第三产业中的比重略有下滑。从表 2-9 还可以看出，在第三产业中，目前占比重最大的仍然是批发和零售业、住宿和餐饮业和交通运输、仓储及邮政业等传统产业。

3. 就业结构的良性变动

工业化进程反映的基本状况是，第一产业就业人数逐步减少，第二三产业就业人数逐步增加。改革开放以来中国的就业结构总体上是符合这一规律的，第一产业的劳动力占总劳动力的比重不断下降，从 1978 年的 70.5%下降到 2008 年的不足 39.56%；与此同时，第二产业和第三产业的就业人员不断增加，分别从 1978 年的 17.3%和 12.2%提升到 2008 年的 27.24%和 33.20%。表 2-10 显示了 2003—2008 年这六年三次产业就业结构的良性变化，第一产业就业人数下降了近 10 个百分点，第二产业上升了近 6 个百分点，而第三产业则上升了近 4 个百分点。这表明中国工业化进程仍在加速,农村剩余劳动力转移的幅度在加大。

表 2-10 2003—2008 年三次产业就业结构

年份	就业人数（万人）	第一产业		第二产业		第三产业	
		就业数（万人）	占比（%）	就业数（万人）	占比（%）	就业数（万人）	占比（%）
2003	74432	36546	49.09	16077	21.61	21809	29.30
2004	75200	35269	46.90	16920	22.50	23011	30.60
2005	75825	33970	44.80	18084	23.85	23771	31.35
2006	76400	32561	42.62	19225	25.16	24614	32.22
2007	76990	31444	40.84	20629	26.79	24917	32.37
2008	77480	30654	39.56	21109	27.24	25717	33.20

资料来源:国家统计局国民经济综合统计司:《新中国六十年统计资料汇编》,中国统计出版社 2009 年版,第 7 页表 1-4。其中,占比一项由行业就业数和全国就业数之比测算。

三、2009 年以来的产业结构调整

2008 年,由美国次贷危机(subprime crisis)引发的全球经济危机波及中国,中国传统的劳动密集型产业遭受严重打击。这给中国经济带来了极端不利的影响,也给中国产业结构调整升级带来了机遇。危机爆发后,党和政府采取积极措施应对风险,及时调整政策化解不利影响。在全球经济危机中,中国经济一直保持较高的增长数量与质量,这不仅得益于改革开放 30 多年形成的中国道路的历史能量,也受益于党和政府积极的财政金融政策和产业政策。

(一) 宏观环境变化

2007 年 8 月,美国次贷危机全面爆发,并开始席卷欧盟和日本等世界主要金融市场。以次贷危机为肇因的金融危机从局部发展到全球,从

发达国家传导到新兴市场国家,从金融领域扩散到实体经济领域,演变为一场全球经济危机,给世界各国经济发展带来了严重影响。全世界正遭受着自 20 世纪 30 年代以来最严重的经济危机,直到今天,世界经济仍然萎靡不振。

随着中国经济的国际依存度不断提高,这场全球经济危机对中国经济形成了严峻的挑战。多年以来,在国际经济格局和产业分工中,中国等发展中国家大量生产并出口劳动密集型产品,进口高科技产品;欧美发达国家生产并出口科技含量高、附加值高的产品,大量进口并消费劳动密集型产品。在这种情况下,中国的产能是世界性的,比如,2008 年中国就生产了 27.88 亿吨原煤、14 亿吨水泥、206 亿件服装、60 亿双鞋子、5.6 亿部手机、1.37 亿台微机,这些产品不仅我们自己消费,而且更多地供给出口。全球危机爆发以来,欧美国家纷纷改变高负债的消费方式,减少消费,增加储蓄,不断压缩劳动密集型产品的进口需求。同时,危机中新兴的发展中国家,如印度、越南、印度尼西亚、洪都拉斯等利用更低的成本优势,开始向欧美等发达国家出口劳动密集型产品,大有替代中国之势。这样,中国在国内消费增长还不足以弥补出口下降部分的情况下,产能过剩矛盾进一步加剧,许多生产企业减产、停产或倒闭,尤其是对纺织、服装、玩具制造等一般性产品生产企业、出口加工企业等的影响最为严重。

全球经济危机也给中国产业结构进一步调整升级带来了外在压力和动力,逼迫中国调整不合理的产业结构,给产业结构的调整升级带来了新机遇。金融危机前,中国低端高耗的劳动密集型产品有源源不断的国际消费渠道,劳动密集型产业在发达国家持续旺盛需求的刺激下高速发展,也造成了中国经济内需不振、高度依赖出口的局面。因此,尽管中国政府从 20 世纪 90 年代中后期开始就着力把产业结构由传统的适应性调整向战略性调整过渡,但是效果并不十分明显,耗能高、环境污染严重、科技进步不足、企业研发投入不足、制度环境不完善等问题始终没有得到很好的解决。金融危机导致的持续经济危机使国外市场的需求不再像以往那般旺盛,要继续维持经济的快速增长,必须靠扩大内需来拉动,那些传统的劳动密集型产业难以为继,逼迫着地方政府从出口导向的外向型经济结构向提振内需的内向型经济结构调整,逼迫着企业转型升级。"2010年3月,中国26年来首次出现了贸易逆差,出口对经济增长的贡献出现了明显下滑,这说明我国高度依赖外需的出口加工型产业结构亟待调整,一方面,迫切需要调整存量,提高现有产品技术含量、优化产业结构、培育自主品牌,提升产品附加值、摆脱长期的低端锁定地位。另一方面,优化增量,要大力发展战略性新兴产业,抢占新兴领域的竞争优势,打造基于创新的新的比较优势。"①经济危机使中国产业结构存在的问题显得更为突出,使产业转型问题变得更为迫切。

(二) 党和国家政策导引

全球经济危机爆发后,国外进口需求急速下滑,国内经济增长放缓,给中国经济发展造成了严重困难和挑战。党和政府出台了一系列产业政策,以期减轻金融危机对中国经济发展的冲击。

面对金融危机,2008年中央经济工作会议认为,"受国际金融危机快速扩散和蔓延的影响,经济增长下滑过快,已经成为当前和今后一个时期我国经济运行中的突出问题。"为此,会议确立了2009年经济工作总体要求,即"立足扩大内需保持经济平稳较快增长,加快发展方式转变和结构调整提高可持续发展能力,深化改革开放增强经济社会发展活力和动力,加强社会建设加快解决涉及群众利益的难点热点问题,促进经济社会又好又快发展"②。这个要求可以概括为"保增长、扩内需、调结构、惠民生",扩大内需是保增长的根本途径,加快发展方式转变和结构调整是保增长的主攻方向,深化重点领域和关键环节改革、提高对外开放水平是保

---

① 中国电子信息产业发展研究院编著:《中国产业结构调整蓝皮书(2012)》,中央文献出版社2012年版,第15页。
② 《保增长扩内需调结构 推动又好又快发展》,《人民日报》2008年12月11日。

增长的强大动力,改善民生是保增长的出发点和落脚点。这是中央面对
金融危机作出的迅速反应。以后历年的中央经济工作会议都围绕着稳增
长、调结构、促发展的核心问题展开。

2010年10月,党的十七届五中全会通过了制定"十二五"规划的建
议,确立了编制"十二五"规划的指导思想,部署了十二个方面的问题,其
中八个方面是围绕加快转变经济发展方式,调整产业结构,发展现代产业
体系展开的。"建议"指出,"加快转变经济发展方式是我国经济社会领
域的一场深刻变革,必须贯穿经济社会发展全过程和各领域,提高发展的
全面性、协调性、可持续性,坚持在发展中促转变、在转变中谋发展,实现
经济社会又好又快发展。"提出了五个方面的"基本要求":要坚持把经济
结构战略性调整作为加快转变经济发展方式的主攻方向,把科技进步和
创新作为加快转变经济发展方式的重要支撑,把保障和改善民生作为加
快转变经济发展方式的根本出发点和落脚点,把建设资源节约型、环境友
好型社会作为加快转变经济发展方式的重要着力点,把改革开放作为加
快转变经济发展方式的强大动力。①

2012年11月,党的十八大把推进经济结构战略性调整作为加快转
变经济发展方式的主攻方向,要求必须以改善需求结构、优化产业结构、
促进区域协调发展、推进城镇化为重点,着力解决制约经济持续健康发展
的重大结构性问题。

在党中央关于经济社会发展指导思想的指引下,国务院及各部门迅
速出台了一系列的产业政策。近几年是政府出台产业政策最密集的一个
时期。近年来,政府出台的关于产业结构优化升级的政策大致涉及以下
大类:推进企业兼并重组类,促进中小企业发展类,行业准入类,淘汰落后
产能类,产业转移和优化布局类,战略性新兴产业类等六大类。

---

① 《中共中央关于制定国民经济和社会发展第十二个五年规划的建议》,《十七大以
来重要文献选编》中卷,中央文献出版社2011年版,第975、975—976页。

关于推进企业兼并重组的政策。2009年，国家出台了十大重点产业的调整和振兴规划，将推进企业兼并重组作为产业调整和振兴的一项重要措施。企业兼并与重组是产业结构调整的重要形式，目前已经形成了五个层面的推进企业兼并重组的政策体系：一是主要由国务院发布的宏观指导性政策，二是针对国有企业、上市公司等重点企业的推进政策，三是针对涉外企业的并购重组政策，四是针对钢铁、煤炭等重点行业的并购重组政策，五是并购重组相应的一些配套的金融、税收等方面的政策。①《国务院关于促进企业兼并重组的意见》（国发〔2010〕27号，2010年8月28日）阐述了企业兼并重组的意义、主要目标和基本原则、消除企业兼并重组的制度障碍、加强对企业兼并重组的引导和政策扶持、改进对兼并重组的管理和服务、加强对企业兼并重组工作的领导等六方面的意见。这份文件还有一个附件《促进企业兼并重组任务分工表》，分解了20项重点任务，明确的工作任务、牵头单位和参加单位。②

关于促进中小企业发展的政策。为促进中小企业健康持续发展，中央采取打压与扶持相结合的两手政策，一方面，对那些存在产能过剩、资源能源浪费、环境污染、安全隐患突出、布局不合理等问题的各类小企业实施的行政性关闭，淘汰落后产能。同时，出于民生考虑，对被关闭的企业在财产、生活保障等方面对企业所有者和职工进行补偿。2010年9月，为进一步加强关闭小企业专项补助资金的管理，认真做好关闭落后小企业工作，加快推进节能减排、淘汰落后产能，促进产业结构调整和优化升级，财政部、工业和信息化部修改制定了《中央财政关闭小企业补助资金管理办法》，对资金使用和分配、关闭计划及审核、资金申请和审核、监

---

① 中国电子信息产业发展研究院编著：《中国产业结构调整蓝皮书（2012）》，中央文献出版社2012年版，第55页。

② 《国务院关于促进企业兼并重组的意见》，中央人民政府门户网站，http://www.gov.cn/zwgk/2010-09/06/content_1696450.htm。

督管理等程序都做了详细规定。① 另一方面,大力扶持中小企业。由于中小企业在缓解就业压力、推动科技创新、调整和优化经济结构等方面扮演着举足轻重的角色,中央和地方政府一直十分关注中小企业的发展。2009 年 9 月,针对中小企业融资难、担保难问题依然突出,部分扶持政策尚未落实到位,企业负担重,市场需求不足,产能过剩,经济效益大幅下降,亏损加大等现实问题,《国务院关于进一步促进中小企业发展的若干意见》(国发〔2009〕36 号)出台,也称"中小企业 29 条",规范了进一步营造有利于中小企业发展的良好环境,切实缓解中小企业融资困难,加大对中小企业的财税扶持力度,加快中小企业技术进步和结构调整,支持中小企业开拓市场,努力改进对中小企业的服务,提高中小企业经营管理水平,加强对中小企业工作的领导等八个方面 29 项具体工作。② "中小企业 29 条"的贯彻落实,完善了促进中小企业发展的政策体系,为中小企业发展营造了公开公平竞争的市场、法律和财税制度环境。

关于行业准入的政策。为加快产业结构调整,加强资源综合利用和环境保护,防止盲目投资和低水平重复建设,国务院投资主管部门、行业主管部门近些年出台了一系列行业准入政策,强化能源、环保、土地、安全等指标约束,通过提高行业准入起点,促进产业结构升级。2008 年以后,工业与信息化部先后出台了《焦化行业准入条件》(2008),《新能源汽车生产企业及产品准入管理规则》(2009),《农用薄膜行业准入条件》(2009),《专用汽车和挂车生产企业及产品准入管理规则》(2009),《关于电动摩托车生产企业及产品准入管理有关事项的通知》(2010),《低速汽车生产企业及产品准入管理规则》(2010),《商用车生产企业及产品准入管理规则》(2010),《多晶硅行业准入条件》(2010),《印染行业准入条

① 《中央财政关闭小企业补助资金管理办法》,中央人民政府门户网站,http://www.gov.cn/gzdt/2010-09/21/content_1707287.htm。

② 《国务院关于进一步促进中小企业发展的若干意见》,中央人民政府门户网站,http://www.gov.cn/zwgk/2009-09/22/content_1423510.htm。

件》(2010),《水泥生产准入条件》(2010),《稀土行业准入条件(征求意见稿)》(2010),《钢铁行业生产经营规范条件》(2010),《纯碱行业准入条件》(2010),《萤石行业准入标准》(2010),《轮胎产业政策》(2010),《乘用车生产企业及产品准入管理规则》(2011),《磷铵生产准入条件》(2011),《氟化氢行业准入条件》(2011),发展与改革委员会先后出台了《铁合金行业准入条件》(2008),《电解金属行业准入条件》(2008)等。①行业准入政策的颁布与实施,加快了制度化建设的步伐,为工业领域提高技术和管理水平,优化产业结构,转变发展方式,促进行业健康有序发展提供了重要政策约束。这些政策提高了全行业的准入门槛,对确保提高行业技术、节能环保、质量安全水平都起到了积极作用。

关于淘汰落后产能的政策。2008年以后,根据《国务院关于发布实施〈促进产业结构调整暂行规定〉的决定》(国发[2005]40号)对落后产能的界定,②结合现实的具体情况,中央政府部门出台了一系列政策。比如,《国务院关于进一步加强淘汰落后产能工作的通知》(国发[2010]7号),《关于印发淘汰落后产能工作考核实施方案的通知》(工信部联产业[2011]46号),财政部、工业与信息化部、国家能源局《关于印发〈淘汰落后产能中央财政奖励资金管理办法〉的通知》(财建[2011]180号),《部分工业行业淘汰落后生产工业装备和产品指导目录(2010本)》(工产业[2010]第122号公告),《产业结构调整指导目录(2011本)》(发改委令2011第9号)等。③ 这些政策的颁布实施,完善了淘汰落后产能的政策体

---

① 上列政策名录引自中国电子信息产业发展研究院编著:《中国产业结构调整蓝皮书(2012)》,中央文献出版社2012年版,第93—99页。

② 《暂行规定》第十六条规定,按照以下原则确定淘汰类产业指导目录:危及生产和人身安全,不具备安全生产条件;严重污染环境或严重破坏生态环境;产品质量低于国家规定或行业规定的最低标准;严重浪费资源、能源;法律、行政法规规定的其他情形。中央人民政府门户网站,http://www.gov.cn/zwgk/2005-12/21/content_133214.htm。

③ 上列政策名录,引自中国电子信息产业发展研究院编著:《中国产业结构调整蓝皮书(2012)》,中央文献出版社2012年版,第109页。

系,加快了落后产能的退出,基本上抑制了落后产能的扩张,促进了能耗低、物耗少、污染小的先进产能的发展。

关于产业转移和优化布局的政策。为了实现产业的区域协调发展,优化生产力布局,党和政府几十年来一直致力于经济的区域平衡问题。进入改革开放新时期,2000 年 10 月,中央政府发布《国务院关于实施西部大开发若干政策措施的通知》(国发[2000]33 号)实施西部大开发以来,区域经济发展取得了良好成效。2003 年 10 月,国务院又发布《关于实施东北地区等老工业基地振兴战略的若干意见》(国发[2003]11 号),实施老工业基地振兴战略,使改革开放前特别是"一五"时期布点的传统工业基地焕发青春与活力。随后,中央又实施了中部崛起战略,国务院先后于 2006 年 5 月发布《国务院办公厅关于落实中共中央国务院关于促进中部地区崛起若干意见有关政策措施的通知》(国办函[2006]38 号),2009 年10 月发布《关于促进中部地区规划的批复》,2012 年 8 月发布《国务院关于大力实施促进中部地区崛起战略的若干意见》。2010 年 6 月发布《中共中央、国务院关于深入实施西部大开发战略的若干意见》(中发[2010]11 号)充分肯定了中央实施西部大开发战略十年来取得的成就,提出了深入实施西部大开发战略的总体要求和发展目标,部署了十一个方面的宏观政策。随着三大战略的实施,东中西部协同发展的局面正在形成。

关于战略性新兴产业的政策。发展战略性新兴产业是中国政府在2008 年国际金融危机以后提出的一项重要战略举措,也是加快经济发展方式转变、推进产业调整升级的重要途径。党中央、国务院和各地方政府高度重视战略性新兴产业,出台了一系列政策措施,对推动产业结构战略性调整起到重大的推动作用。党的十八大报告指出,"推动战略性新兴产业、先进制造业健康发展,加快传统产业转型升级",着力构建现代产业发展新体系,使经济发展更多依靠现代服务业和战略性新兴产业带动。2010 年 10 月,中央政府发布《国务院关于加快培育和发展战略性新兴产业的决定》(国发[2010]32 号),其主要内容可以概括为"一二三四五六七"。坚持"一个"指导思想:坚持科学发展,把加快培育和发展战略性新兴产业放在推进产业结构升级和经济发展方式转变的突出位置,抢占经济和科技竞争的制高点,推动战略性新兴产业快速健康发展,为促进经济社会可持续发展作出贡献。部署"两个"阶段性目标:战略性新兴产业形成健康发展、协调推进的基本格局,对产业结构升级的推动作用显著增强,增加值占国内生产总值的比重力争 2015 年达到 8% 左右,2020 年达到 15%;再经过 10 年左右的努力,战略性新兴产业的整体创新能力和产业发展达到世界先进水平,为经济社会可持续发展提供强有力的支撑。彰显"三项"重大意义:加快培育和发展战略性新兴产业是全面建设小康社会、实现可持续发展的必然选择,也是推进产业结构升级、加快经济发展方式转变的重大举措,更是构建国际竞争新优势、掌握发展主动权的迫切需要。坚持"四条"基本原则:坚持充分发挥市场的基础性作用与政府引导推动相结合,科技创新与实现产业化相结合,整体推进与重点领域跨越发展相结合,提升国民经济长远竞争力与支撑当前发展相结合。巩固"五项"战略政策支撑:强化科技创新,提升产业核心竞争力;积极培育市场,营造良好市场环境;深化国际合作,提高国际化发展水平;加大财税金融政策扶持力度,引导和鼓励社会投入;推进体制机制创新,加强组织领导。实施"六大"领域自主创新:加强产业关键核心技术和前沿技术研究,强化企业技术创新能力建设,加快落实人才强国战略和知识产权战略,实施重大产业创新发展工程,建设产业创新支撑体系,推进重大科技成果产业化和产业集聚发展。扶持"七个"重点产业:节能环保产业,新一代信息技术产业,生物产业,高端装备制造产业,新能源产业,新材料产业,新能源汽车产业。① 2012 年 7 月,《国务院关于印发"十二五"国家战略性新兴产业发展规划的通知》(国发[2012]28 号)发布,把节能环保产

---

　　① 《国务院关于加快培育和发展战略性新兴产业的决定》,中央人民政府门户网站,http://www.gov.cn/zwgk/2010-10/18/content_1724848.htm。

业、新一代信息技术产业、生物产业、高端装备制造产业、新能源产业、新材料产业和新能源汽车产业等七个产业作为"重点发展方向和主要任务",把重大节能技术与装备产业化工程等 20 项工程作为"重大工程"。①

对于中央政府出台的上述主要的产业政策,工业经济问题专家给予积极的评价:"与以往的产业政策相比,最近连续出台的一系列产业调整振兴规划具有以下几个方面的特点:一是在短时间内集中推出 10 个重点产业的调整振兴规划,推出速度之快,产业覆盖面之广,前所未有。二是此次推出的产业调整振兴规划的作用时间比较特殊,既不同于短期的产业发展计划,也不同于长期的战略性产业发展政策,而是侧重于中期效果的产业发展规划,政策的预期作用期间定位为 3 年。三是产业调整振兴规划包含的内容广泛,动用的政策工具丰富,制定的政策措施具体。四是产业政策尽可能地在消费结构、产品结构、企业规模结构和技术结构的微观层次上起作用。总体来看,国家出台的各种经济刺激政策有助于促进市场信心的恢复,帮助企业解决困难,并使相关行业的企业获得税收等方面的优惠。在国家投资计划的拉动下,基础设施建设的上下游产业将集中获益,建筑以及钢铁、化学、非金属、通用专用设备制造等增长速度下滑较快的重化工业部门有望率先复苏。"②

在上述政策导引下,产业结构调整成效初步显现,技术创新能力逐步增强,基础设施和基础产业进一步强大,国民经济中急需发展的部门得到了良好发展,重点调整和振兴规划的十大产业也取得了重要进展,新兴产业的增长幅度明显超过了工业的平均增速,重大优质能源项目的重要污染物排放量和单位 GDP 能耗一直保持了下降趋势,一批核心技术取得了突破性进展。

---

① 《国务院关于印发"十二五"国家战略性新兴产业发展规划的通知》,中央人民政府门户网站,http://www.gov.cn/gongbao/content/2012/content_2192397.htm。

② 中国社会科学院工业经济研究所:《国际金融危机冲击下中国工业的反应》,《中国工业经济》2009 年第 4 期。

第三节 改革开放时期产业结构
调整的成效与问题

改革开放以来,中国产业结构发生了较大变化,三次产业之间的比例关系有了明显改善,产业结构正向合理化方向变化。第一产业在 GDP 中的比重呈现持续下降趋势,内部结构也逐步改善;第二产业占 GDP 的比重虽波动较大较多,但基本上保持在 40% 至 50% 之间,工业内部结构合理、升级;第三产业在国民经济中的比重不断上升。然而,与发达国家相比,中国产业结构的调整升级还任重道远。

一、成就重大

36 年来,紧紧围绕发展主题和结构调整的主线,在发展中促进结构调整,以结构调整促进经济发展,中国实现了经济增长与结构调整良性互动,三次产业结构不断优化,工业和农业结构明显升级。

（一）三次产业结构不断优化升级,实现了由工农业为主向一、二、三次产业协同发展的转变

改革开放以来,中国坚持巩固和加强第一产业、提高和改造第二产业、积极发展第三产业,促进了三次产业结构不断向优化升级的方向发展。

三次产业占 GDP 的比率发生明显变化。第一产业所占比重明显下降,第二产业所占比重基本持平,第三产业所占比重大幅上升。其中,第一产业所占的比重从 1978 年的 28.2% 下降到 2014 年的 9.2%,下降了19 个百分点;同期第二产业所占比重由 47.9% 下降为 42.6%,下降 5.3

个百分点;同期第三产业所占比重由 23.9% 上升到 48.2%,上升 24.3 个百分点。① 现代经济的结构性特征越来越明显。

三次产业就业结构也发生了明显的变化。伴随着经济结构的大调整,大部分就业人口从事农业的局面有了很大的改观,相当比例的人口转而从事工业和服务业。其中,第一产业就业人数占总就业人数的比重由1978 年的 70.5% 下降到 2013 年的 31.4%,下降了 39.1 个百分点;第二产业就业人口所占比重由 17.3% 上升至 30.1%,上升了 12.8 个百分点;第三产业就业人口所占比重由 12.2% 上升至 38.5%,上升了 26.3 个百分点。②

(二) 农业内部结构明显改善,实现了由以粮为纲的单一结构向农林牧渔业全面发展的转变

农业总产值中,种植业比重明显下降,林、牧、渔业比重显著提高。农业结构调整把提高农产品质量放在突出位置,根据市场需求进一步优化农产品品种结构,大力改善农产品品质,确保农产品质量安全。经过 30 多年特别是近十年的努力,中国农产品品质结构大为改善,由单纯追求数量的增加,逐步向优质高效方向发展,主要农产品良种覆盖率和优质化水平进一步提高。农业生产更加注重生态产品的开发,初步形成了无公害农产品、绿色食品和有机食品"三位一体、整体推进"的发展格局。农业生产布局调整取得重大进展,主要农产品生产向优势产区集中的格局逐

---

① 1978 年数据来自国家统计局国民经济综合统计司:《新中国六十年统计资料汇编》,中国统计出版社 2009 年版,第 10 页表 1-7;2014 年数据来自国家统计局:《中华人民共和国 2014 年国民经济和社会发展统计公报》(2015 年 2 月 26 日),国家统计局官网:http://www.stats.gov.cn/tjsj/zxfb/201502/t20150226_685799.html。

② 1978 年数据根据国家统计局国民经济综合统计司:《新中国六十年统计资料汇编》,中国统计出版社 2009 年版,第 7 页表 1-4 数据测算;2013 年数据来自人力资源和社会保障部:《2013 年度人力资源和社会保障事业发展统计公报》(2014 年 5 月 28 日),人力资源和社会保障部官网:http://www.mohrss.gov.cn/SYrlzyhshbzb/dongtaixinwen/shizhengyaowen/201405/t20140528_131110.htm。

步形成。目前全国已经形成东北的大豆、玉米带,黄淮海地区花生、小麦带,长江流域油菜带,新疆棉花产业带等。农业产业化经营得到快速发展,"公司加农户"、订单农业等经营形式不断发展,涌现出一大批农产品生产和加工的骨干龙头企业和专业乡(镇)、专业村,有效地提高了初级产品的附加值,延长了农业产业链,增加了农民收入,提高了农业的整体效益。

（三）工业经济结构明显升级,基本实现了由技术含量低、劳动密集程度高的结构向知识密集、技术密集的发展格局转变

改革开放以来,国家制定和实施了一系列产业政策和专项规划,鼓励用新技术和先进的适用技术改造传统产业,大力培育发展高新技术产业,同时,加强对工业组织结构调整的引导和促进。工业经济结构调整取得明显成效,工业整体上逐渐变大变强,"中国制造"的国际竞争力和影响力显著提高。

传统工业的改造振兴取得突破性进展。传统产业在国民经济中占据重要地位,传统产业结构的调整改造是整个工业结构优化升级的关键。改革开放以来,通过体制创新、技术引进、自主创新、淘汰落后等方式,有力地推动了传统产业结构调整与升级。

纺织机械行业的自动化技术有较明显的提高,落后棉纺锭和毛纺锭得到大规模压缩,棉纺织设备的大部分机器采用了变频调速、可编程控制器技术,基本实现了纺织产品的机电一体化。能源生产技术明显升级。

电子信息、生物工程、航空航天、医药制造、新能源和新材料等高新技术产业蓬勃发展。高技术产业是国民经济的战略性先导产业,对产业结构调整和经济增长方式转变发挥着重要作用。改革开放以来,尤其是进入 21 世纪以来,为适应全球高新技术产业竞争发展的大局和趋势,中国坚持体制创新与技术创新相结合,着力发展对经济增长有突破性重大带

动作用的高新技术产业,有力地促进了产业结构调整。

一批主业突出、管理水平高、竞争力强的大公司和企业集团迅速成长,企业组织结构进一步优化。20 世纪 90 年代以来,通过实施"抓大放小"的战略,制定出台了一系列促进企业集团发展的政策措施,促使行业集中度进一步提高,形成了一批有带动力影响力的大企业集团,有力地促进了我国工业企业组织结构的完善。①

二、任重道远

改革开放以来,产业结构调整取得了长足的进展,农业结构进一步优化,工业结构调整不断取得成效,第三产业稳定增长,对经济增长的拉动作用有所增强,基础产业和基础设施建设成绩显著,瓶颈制约得到缓解,然而,产业结构不合理的状况并没有根本改善。对当前中国产业结构的现状,可以给出这样一个简单的判断:三次产业的比例关系基本上符合当前中国的经济发展水平和工业化发展阶段,但产业内部结构及其品质却有待提升。

首先,第一产业,特别是农业的内部结构有待优化。主要表现在以下三个方面:一是,农产品品种、品质结构尚不优化,农产品优质率较低。农业结构调整主要局限于品种结构的调整,农产品的优质化、多样化和专用化滞后于市场需求,导致农产品大路货多、名优特新产品少,普通产品多、专用产品少,低档和劣质品多、高档和优品少的困局。二是,产业化水平低。因为农民组织化程度低、土地经营规模小,很难形成规模化经营,导致农业产业中原料产品与加工品比例失调,农产品加工业亟待发展,保鲜、包装、贮运、销售体系发展滞后。从农产品出口来看,初级农产品出口

---

① 国家统计局:《改革开放 30 年报告之三:经济结构在不断优化升级中实现了重大调整》,国家统计局官网:http://www.stats.gov.cn/tjfx/ztfx/jnggkf30n/t20081029_402512864.htm。

占 80%，深加工品仅占 20%，而荷兰初级农产品与深加工产品出口的比例为 1：3。三是农业科技含量不高，技术储备不足，有竞争优势的农产品不多。中国农业的比较利益低，市场竞争力弱，优质高效农业技术很少，而且区域农业结构的科技含量低，农业科技的投资欠缺，农业科技储备匮乏，科技成果推广率低。

其次，第二产业，特别是工业质量不高。主要表现在以下两个方面：一是，产品结构不合理，低端过多，高端过少，普通产品严重过剩，而技术含量和附加值高的产品短缺。中国工业的比较优势主要是依靠廉价劳动力获得的，竞争优势主要体现在加工组装环节，处于全球价值链底端，产品的附加值难以提高。在主要工业品中，有 80% 以上的产品生产能力利用不足或严重不足，同时每年还要花大量外汇进口国内短缺产品。在国际市场上，中国多数工业产品已占有较高份额，但在国际金融危机的冲击影响下，产能严重过剩表现得更为突出。二是，产业研发投入不足，技术创新能力差。目前，中国制造业总量规模占全球的 6%，而研发投入仅占 0.3%，研发投入严重匮乏，产业共性技术研究队伍出现严重萎缩，产业创新能力有进一步削弱的危险，产业升级面临很大困难。产业的技术创新能力差，导致对国外核心技术和关键部件高度依赖，企业无法在品质、创新等差异化竞争中取得优势，只能靠低成本维持收益。

最后，第三产业整体发展滞后且内部结构不合理，传统服务业比重较大，而新兴服务业比重较小。发达国家产业结构高级化最显著的特征就是第三产业的增长，主要表现在第三产业对 GDP 和就业贡献方面的最引人注目的三个 70%：在国内生产总值中，第三产业的增加值占到 70% 左右；在国内全部就业中，第三产业的就业占到 70% 左右；在第三产业增加值中，生产性服务业的比重占到 70% 左右。发达国家的第三产业已经成为其经济增长的主要动力。而在中国，改革开放以来第三产业虽然发展迅速，但到 2013 年底，占 GDP 的比重也仅为 46.1%，吸纳就业仅占 38.5%。同时，发达国家主要以信息、咨询、科技、金融等新兴产业为主，而中国的商业餐饮、交通运输等传统服务业则占40%以上；邮电通信、金融保险等基础性服务业以及信息咨询、科研开发、旅游、新闻出版、广播电视等新兴服务业虽然发展较快，但比重仍然不高，发育仍然不足。

因此，"加快转变发展方式，大力推进经济结构战略性调整"仍然是当今和今后一段时间政府工作的重要方面。党的十八届三中全会和年度经济工作会议以及年度政府工作报告均不断响应这一主题。2014年政府工作报告仍然把"以创新支撑和引领经济结构优化升级"列为"2014年重点工作"之一。一方面要积极有为地"进"，"优先发展生产性服务业，推进服务业综合改革试点和示范建设，促进文化创意和设计服务与相关产业融合发展，加快发展保险、商务、科技等服务业。促进信息化与工业化深度融合，推动企业加快技术创造、提升精准管理水平，完善设备加速折旧等政策，增强传统产业竞争力。设立新兴产业创业创新平台，在新一代移动通信、集成电路、大数据、先进制造、新能源、新材料等方面赶超先进，引领未来产业发展。"另一方面要主动有序地"退"，"坚持通过市场竞争实现优胜劣汰，鼓励企业兼并重组。对产能严重过剩的行业，强化环保、能耗、技术等标准，清理各种优惠政策，消化一批存量，严控新上增量。"①

2014年度中央经济工作会议12月9日至11日在北京举行。会议认为，中国经济正在向形态更高级、分工更复杂、结构更合理的阶段演化，经济发展进入新常态，正从高速增长转向中高速增长，经济发展方式正从规模速度型粗放增长转向质量效率型集约增长，经济结构正从增量扩能为主转向调整存量、做优增量并存的深度调整，经济发展动力正从传统增长点转向新的增长点，"过去供给不足是长期困扰我们的一个主要矛盾，现在传统产业供给能力大幅超出需求，产业结构必须优化升级，企业兼并重

---

① 《政府工作报告》（2014年3月5日），中华人民共和国中央人民政府门户网站，http://www.gov.cn/guowuyuan/2014-03/05/content_2629550.htm。

组、生产相对集中不可避免,新兴产业、服务业、小微企业作用更加凸显,生产小型化、智能化、专业化将成为产业组织新特征。"①认识新常态,适应新常态,引领新常态,是当前和今后一个时期中国经济发展的大逻辑。

2014 年 12 月 15 日,由中国社会科学院工业经济研究所编写的《中国工业发展报告 2014》在京发布,认为中国经济走向新常态的过程,也是中国步入工业化后期的阶段。工业化后期的产业结构转型升级,不仅仅是任务艰巨,更具挑战性的是推进产业转型升级的抓手——产业政策的有效操作空间将相对有限。一方面,工业化后期不同国家产业演进路径具有差异性,这意味着产业政策操作的目标并不十分明朗和单纯;另一方面,需要重新科学甄选产业政策的具体工具和措施,政府原有的许多产业政策工具,如直接补贴,将更多地受限,产业政策更为重要的功能是加强物质性、社会性和制度性基础设施建设。国际经验表明,工业化后期往往是曲折和极富挑战性的,中国必须高度重视产能过剩、产业结构转型升级和新工业革命三大挑战。工业化初中期,中国从一个农业大国转变为工业大国的产业升级主要通过"要素驱动战略"实现,而在工业化后期,中国要实现从工业大国转变为工业强国和服务业大国的产业结构升级,更需要的则是"创新驱动战略"。"要素驱动战略"强调的是通过投资、劳动力、资源、环境等要素的低成本的大量投入来驱动经济增长,而"创新驱动战略"则强调的是通过技术创新和制度创新来实现经济的可持续发展。②

---

① 《中央经济工作会议在北京举行》,新华网,http://news.xinhuanet.com/fortune/2014-12/11/c_1113611795.htm。

② 宗敏:《〈中国工业发展报告 2014〉在京发布》,中国社会科学网,http://www.cssn.cn/zx/bwyc/201412/t20141217_1446167.shtml。

第三章　主体参与模式变革——开辟中国工业化的新道路

　　新中国成立初期，中国选择了重工业优先发展的工业化道路以及与之相适应的计划经济模式。为了支撑重工业优先增长的工业化战略，政府运用计划和行政命令的方式将全社会大量资源集中起来，有计划地集中用于建设城市工业体系。为了保证农业部门为工业部门提供持续的生产、生活原料和资金支持，政府建立起户籍管制和农产品统购统销制度。国营工业企业和城市集体工业企业成为中国工业化的主体，而占全国人口绝大多数的农民和全国幅员最广大的农村地区则以被边缘化的状态进入中国工业化进程。这种制度安排使中国在短期内迅速构建起独立、完整的工业体系和国民经济体系，城市现代经济部门迅速成长，国家综合国力总体快速提升，但是，经济社会发展结构严重失衡，制约着中国工业化和社会现代化进程。

　　改革开放后，乡镇企业的崛起不仅使农村经济和整个国民经济发生了深刻的变化，而且为中国这样一个农业大国，逐步实现农村现代化，促进城镇化，加快国家工业化进程，开辟了一条新道路。乡镇企业为推进中国工业化进程、繁荣农村经济作出了历史性贡献。

　　新中国的农村工业经历了改革开放前后两个时代，从一个配角逐步成长为中国工业化的主力军。

第一节　改革开放前的社队企业

改革开放前,中国政府通过计划经济的手段和农业合作化、人民公社的形式,使农业剩余以较低的交易成本转移到非农业部门中去,支撑起重工业优先增长的工业化战略,农业经济是工业化的配角,有限地成长起来的农村工业则是农业经济的配角。总的来看,改革开放前的社队企业对中国工业化进程的贡献尚不明显。

改革开放前社队企业的发展大致经历了以下四个阶段:

一、农业合作化时期起步

千百年来,中国一直是一个以自给自足的自然经济为主的农业国度,乡村积累了丰厚的手工业和其他副业的基础。新中国成立初期,手工业是供应城乡人民生活资料和生产资料的重要来源,农村生产资料的 90% 以及生活资料的 70% 都靠手工业。为了尽快恢复国民经济,党和政府号召全国人民因地制宜,开展多种多样的生产。到 1952 年,全国工农业总产值共计 827 亿元,其中手工业商品性产值 72.8 亿元,农村自给性产值 80.9 亿元,合计 153.7 亿元,占工农业总产值的 18.6%,农业总产值占 48.7%,现代工业占 32.7%。全国手工业从业人员城市占 36.5%,农村占 63.5%[①]。这既反映了新中国成立初期工业发展水平低下的状况,又说明了农村手工业的雄厚基础。因而,彭南生认为,"改革开放以来乡镇企业的异军突起是近代乡村手工业中的半工业化现象的逻辑延伸。两者虽然时隔 40 余年,时空条件也发生了很大变化,但是,与近代半工业化一

---

① 张毅:《中国乡镇企业历史的必然》,法律出版社 1990 年版,第 163 页。

样,当代农村工业化的基础也是手工业,农民家庭手工业、作坊与工场手工业、工匠手工业构成当代乡镇企业的起点。"①这个结论是颇有见地的。在全国农业手工业社会主义改造时期,全国人大常委会在 1955 年 11 月 9 日第 24 次会议上通过了《农业生产合作社示范章程草案》,其中,第 39、43 条分别指出:"在不妨碍农业生产、不进行商业投机的条件下,农业生产合作社应根据需要和可能,积极地经营副业生产,逐步地发展农业同手工业、运输业、畜牧饲养业、渔业、林业等生产事业相结合的多种经济,以便发挥合作社的潜力,帮助农业和整个农村经济的发展。在不妨碍合作社生产的条件下,农业生产合作社应该鼓励和帮助社员经营宜于经营的家庭副业。""副业规模比较大的合作社,还可以根据需要,设专门负责副业的生产队或生产组。"②这样,农村社办副业(包括社办工业)就有了国家政策的积极支持。随着全国合作化运动的蓬勃开展,到 1956 年,全国手工业基本上实现了合作化。据 1956 年的统计,在农业合作化运动中,农村有 1000 多万兼营商品性手工业的农民和一部分分散在农村的专业手工业者参加了农业合作社,农村工业形成了四股力量:一是农村集镇手工业合作社;二是一些较大或有发展前途的个体手工业作坊并入了农业社;三是开办了一些副业组织和作坊;四是恢复发展了家庭手工业。③这样,农村中的能工巧匠被组织起来,成为社办工厂中不拿工资却拿工分的工人;农村中的工副业逐步以副业组、小工厂的形式纳入集体经济。

二、人民公社化运动中迅速壮大

人民公社化运动开始后,中国乡村工业乘机而发,成长迅速。1958

---

① 彭南生:《半工业化——近代中国乡村手工业的发展与社会变迁》,中华书局 2007 年版,第 448 页。

② 《农业生产合作社示范章程草案》,《建国以来重要文献选编》第 7 册,中央文献出版社 1993 年版,第 376、378 页。

③ 张毅:《中国乡镇企业历史的必然》,法律出版社 1990 年版,第 163 页。

年,中央提出要支援农业"大跃进",积极发展地方工业,实现工农业同时并举。1 月 21 日,毛泽东在南宁会议上的结论中提出问题:"地方工业超过农业要多少时间,五年? 十年? 要做一个计划。"①3 月,成都会议通过的《中共中央关于农业机械化问题的意见》指出,农具的改革包括水利灌溉、田间耕作、农村运输、饲料和农副产品初步加工以及防治病虫害等改革,所用机械除大型的和技术要求较高的外,实行"三个为主"的方针,即农业机器应以小型为主,农业机械的制造一般应以地方为主,实现农业机械化依靠农业合作社自己的力量为主。为适应农业机械的生产和修配,应在县、乡建立农业机械修配站。成都会议通过并由中央政治局会议批准,1958 年 4 月下发了《中共中央关于发展地方工业问题的意见》,对地方工业建设中的主要问题提出规范性指导意见。第一,规定了发展地方工业的基本原则:在集中领导、全面规划、分工协作的条件下,中央工业与地方工业同时并举、大型企业与中小型企业同时并举,"全党办工业,各级办工业,全面规划,加强领导,走群众路线",在干部中提倡"既要学会办社,又要学会办厂"。第二,规定了地方工业的任务:为农业服务(这是基本的),为国家大工业服务,为城乡人民生活服务,为出口服务。各省、自治区应该在大力实现农业跃进规划的同时,争取在五年或者七年的时间内,使地方工业的总产值赶上或者超过农业总产值。第三,规定了地方工业发展的重点:规模小、投资少、建设快、收效大,特别是对于改良农具、制造和修配农业机械、开采有色金属、小煤窑等小型企业,应该积极发展。第四,规定了社队企业的生产领域与方向:农业社办的小型工业,以自产自用为主,如农具的修理,农家肥料的加工制造,小量的农产品加工等。县以下办的工业主要应该面向农村,为本县的农业生产服务。第五,规定了地方工业的用工制度和福利待遇:县营企业的劳动力,除了一部分技术

---

① 《在南宁会议上的结论提纲》,《建国以来毛泽东文稿》第 7 册,中央文献出版社 1992 年版,第 25 页。

工人和管理人员应该是正式职工以外,其余所需的劳动力,应该就地招用临时工。在招用临时工的时候,应由企业、农业社和劳动者本人三方签订合同。为了保证工业生产和农业生产所需的劳动力,每县都要作出全县劳动力的统一规划,并且要使县营企业和农业社建立经常的联系协作制度,使县营企业所需的多数临时工成为相对固定的、分批轮换的有一定技术的临时工人。①

　　人民公社化运动促进了社队工业的发展。党中央和毛泽东从发展农村经济、缩小城乡差别的目标出发,试图把人民公社办成一个集工农商学兵为一体的社会组织形式。毛泽东指出:"我们的方向,应该逐步地、有次序地把'工(工业)、农(农业)、商(交换)、学(文化教育)、兵(民兵,即全民武装)'组成为一个大公社,从而构成我国社会的基本单位。"②每个公社都要有自己的农业、工业、商业、服务业和交通业,有学校、医院、科研机构等。《关于人民公社若干问题的决议》也指出,人民公社是中国社会主义社会结构的工农商学兵相结合的基层单位,同时又是社会主义政权组织的基层单位。1958 年 12 月 7 日,中共中央批转了轻工业部党组《关于人民公社大办工业问题的报告》,指出"人民公社和县联社必须贯彻执行工农商学兵结合和农林牧副渔结合,特别是工农业并举的方针,在切实抓紧农业的同时,还要大力举办工业。人民公社要大力举办:肥料、农药、农具、工具制造、修理,农产品加工和各种满足自身需要的工业,举办确有销路而本社或者附近又有原料的工业。凡属投资较多、规模较大、原料销路等等都非一个公社所能解决的工业,以由县联社举办为好。人民公社办工业,可以先从小土群入手,逐步向半土半洋和小洋群发展。所需主要原料,一般也要就地取材。无论公社或者联社举办的工业,凡是原料、设备需要向外地采购,产品需要向外地销售的,都必须纳入国家(中央、地

---

　　① 《中共中央关于发展地方工业问题的意见》,《建国以来重要文献选编》第 11 册,中央文献出版社 1995 年版,第 223—227 页。
　　② 《毛泽东传(1949—1976)》上卷,中央文献出版社 2003 年版,第 827 页。

方）的统一计划。"①1958 年 12 月 10 日，中共中央下发了八届六中全会通过的《关于人民公社若干问题的决议》（以下简称《决议》），第一，明确指出农村人民公社制度的发展具有更为深远的意义。它为中国人民指出了农村逐步工业化的道路，农业中的集体所有制逐步过渡到全民所有制的道路，公社工业的发展不但将加快国家工业化的进程，而且将在农村中促进全民所有制的实现，缩小城市和乡村的差别。第二，提出国家工业化、公社工业化的任务。"人民公社必须大办工业……应当根据各个人民公社的不同条件，逐步把一个适当数量的劳动力从农业方面转移到工业方面，有计划地发展肥料、农药、农具和农业机械、建筑材料、农产品加工和综合利用、制糖、纺织、造纸以及采矿、冶金、电力等轻重工业生产。"第三，规范社办企业的发展方向。"人民公社的工业生产，必须同农业生产密切结合，首先为发展农业和实现农业机械化、电气化服务，同时为满足社员日常生活需要服务，又要为国家的大工业和社会主义的市场服务。必须充分注意因地制宜、就地取材的原则，不要办那些本地没有原材料、要到很远很远的地方去取原材料的工业，以免增加成本，浪费劳动力。在生产技术方面，应当实行手工业和机器工业相结合、土法生产和洋法生产相结合的原则。凡是原来有基础而又有发展前途的手工业，一定要继续发展，并且逐步进行必要的技术改革。机器工业也必须充分利用土钢铁、土机床和其他各种土原料、土设备、土办法，逐步由土到洋，由小到大，由低到高。"②《决议》系统地规范了社队企业的发展问题，它的贯彻落实对社队企业的发展起到了重要的指导作用。于是，在"大跃进"的大背景下，各地因陋就简、土法上马，建起了一大批农具厂、修配厂、小水泥厂、土化肥厂、土农药厂及其他各类"小、土、群"工业企业。

---

①　《中共中央批转轻工业部党组关于人民公社大办工业问题的报告》，《建国以来重要文献选编》第 11 册，中央文献出版社 1995 年版，第 577 页。

②　《关于人民公社若干问题的决议》，《建国以来重要文献选编》第 11 册，中央文献出版社 1995 年版，第 599、609—610 页。

为了促进社队企业的迅速发展,党中央和国务院对社队企业给予大力支持,对它们实行"两放、三统、一包"优惠政策(两放:下放人员、下放资产;三统:统一政策、统一计划、统一流动资金的管理;一包:包财政任务)。1958年4月下发了《中共中央、国务院关于工业企业下放的几项决定》,指出:"为了加快我国社会主义建设的速度,提早实现工业化,在工业管理体制方面决定作如下改变:国务院各主管工业部门,不论轻工业或者重工业部门,以及部分非工业部门所管理的企业,除开一些主要的、特殊的以及'试验田'性质的企业仍归中央继续管理以外,其余企业,原则上一律下放,归地方管理。"①这些企业一部分下放为县管,一部分下放为社管。同年12月,《中共中央、国务院关于适应人民公社化的形势改进农村财政贸易管理体制的决定》又指出,"把国家在农村的粮食、商业、财政、银行等部门的基层机构,除了为几个公社或者更大范围服务的以外,全部下放给人民公社,业务管理权限也交给人民公社,由公社负责管理经营。"②就这样,很多原属国家办的工业企业,连人带物一齐都转给了社队企业。在中央政策的大力扶持下,社队企业迅速发展起来。

就整体来说,人民公社化运动和大跃进是中国共产党探索经济社会发展道路的一个挫折,但对乡村工业来说,这却是一个难得的发展黄金时期。

三、治理整顿时期遭遇政策困境

无视经济规律和自然规律,过分夸大主观能动性,必然导致国民经济的结构失衡和秩序紊乱。事实证明,"严重违背客观经济规律必须付出

---

① 《中共中央、国务院关于工业企业下放的几项决定》,《建国以来重要文献选编》第11册,中央文献出版社1995年版,第264页。

② 《中共中央、国务院关于适应人民公社化的形势改进农村财政贸易管理体制的决定》,《建国以来重要文献选编》第11册,中央文献出版社1995年版,第667页。

极大的代价。经济结构失衡所导致的损失,远远大于建立起来的无数个完全不符合最基本技术标准的工厂所形成的工业生产能力。"①鉴于国民经济的困难,1960 年冬,中央决定执行对国民经济实行"调整、巩固、充实、提高"的方针。

随着经济整顿,1960 年以后,政府对公社和大队兴办的企业提出了许多限制性的政策,而对生产队和个人手工业、家庭副业则给予政策上的肯定。1960 年 11 月,中共中央发出《关于人民公社当前政策问题的紧急指示信》,明确规定:"社有经济是应该发展的,但是,社有经济必须是依靠自己的经济力量逐步发展起来,绝不能削弱队有经济来发展社有经济,更不允许用一平二调的错误办法来发展社有经济。凡是作为公社派出机关的管理区(生产大队),应该集中全力做好对生产队的检查督促工作,不要直接经营生产企业。已办的生产企业,分别下放给生产队或者上交给公社经营,以减少同生产队争劳力、争生产资料的纠纷,更有利于克服一平二调。"②1960 年 8 月,发出《中共中央关于全党动手,大办农业,大办粮食的指示》,指出为了加强农业生产,中共中央要求"立即从县和人民公社着手,充分发动群众,从各个方面实行精减,该停办的停办,该缓办的缓办,该减人的减人,该调换的调换(以女代男,以弱代强),挤出一切可能挤出的劳动力,加强田间生产的力量。切实整顿县社工业、精减人员,一切县社工业都应当真正做到为农业生产服务。"③按照这个要求,社队企业人员被大量精简。从 1962 年开始,中央政府认为农村不应该搞太多的非农活动,把当时社队工业的业务范围缩小到简单的农业工具加工。中共中央多次就整顿社队企业发出指示,规定公社和生产大队一般地不

①　中国社会科学院工业经济研究所:《中国工业发展报告(2009)——新中国工业 60年》,经济管理出版社 2009 年版,第 3 页。

②　《中共中央关于人民公社当前政策问题的紧急指示信》,《建国以来重要文献选编》第 13 册,中央文献出版社 1996 年版,第 664 页。

③　《中共中央关于全党动手,大办农业,大办粮食的指示》,《建国以来重要文献选编》第 13 册,中央文献出版社 1996 年版,第 518 页。

办企业,不设专业的副业生产队。原来公社、大队把生产队的副业集中起来办的企业,都应该下放给生产队经营。这样,经过治理整顿,不少设备简陋,没有技术,没有什么实际效益,跟风而上的很多社队企业很快就倒闭关张了。"1960 年—1965 年间,社队企业基本呈萎缩状态。而生产队和社员家庭副业则有一定发展。"①

中央的目标是对整个经济治理整顿,调动各方面积极性充实生产,对社办企业不是消灭,而是调整。1961 年 6 月,《农村人民公社工作条例(修正草案)》(也称《人民公社六十条》或《六十条》)第十二条指出:"公社管理委员会根据需要和可能,可以有步骤地举办社办企业。社办企业,除了用国家贷款举办的以外,可以由公社单独投资举办,可以由公社和大队共同投资举办,也可以由几个公社联合投资举办。""社办企业,应该主要为农业生产服务,并且同国家计划适当结合。应该就地取材,不影响国家统购物资的收购。""一切社办企业的举办,都应该量力而行。公社和大队的投资,只能从社办企业的利润和公积金内开支。""一切社办企业的举办,都不能妨碍农业生产。社办企业和其他事业,应该尽先使用城镇的非农业劳动力。占用生产大队的劳动力,一般地不得超过生产大队劳动力总数的百分之二,有的地方可以少一点,有的地方可以稍多一点。""一切社办企业,都应该严格实行经济核算,努力降低生产成本,不断提高产品质量,防止人力和物力的浪费。""凡是社队共同举办和公社联合举办的企业,都必须签订合同,保障双方享受合同规定的权益,按照合同规定共负盈亏。"②

1965 年 9 月,为了缓解当时十分紧张的物资供应状况,《中共中央、国务院关于大力发展农村副业生产的指示》再次认可了社队企业。《指

① 董辅礽主编:《中华人民共和国经济史》下卷,经济科学出版社 1999 年版,第209 页。

② 《农村人民公社工作条例(修正草案)》,《建国以来重要文献选编》第 14 册,中央文献出版社 1997 年版,第389—390 页。

示》指出，"同国民经济其他部门比较，农村副业还是一个薄弱的环节"，"各级党委和政府有必要也有可能进一步贯彻'以农为主，以副养农，综合经营'的方针，在继续大抓粮食和主要经济作物生产的同时，大抓副业生产，大力发展农村副业，以促进整个国民经济的不断高涨。"①指示对发展农村副业作出了比较具体的工作指导。经历了4年产值下降之后，社队企业生产开始复苏。

此外，由于全面经济调整，许多工厂和矿山关闭，大批工人返乡。1962—1963 年，约有 2100 万城镇人口回到农村，这些人中大部分是 20 世纪 50 年代从农村招工到城市和工矿区参加工业和城市建设的，许多人已经成为技术骨干，他们重返农村，为社队企业带来了工业技术和技能，对社队企业的进一步发展是十分有利的。

四、"文化大革命"期间择机发展

"文化大革命"期间，社队企业在特殊的条件下有了一定程度的发展。这种发展与广大农民群众的创造精神有关，也与当时各方面的形势有关。广大农民群众抓住"有利"的时机（笔者把它总结为三个"乘"）把社队企业发展起来，为改革开放后乡镇企业的异军突起奠定了重要的基础。

"文化大革命"期间社队企业"乘乱"发展起来。"文化大革命"爆发后，政治混乱带来城市经济领域的严重破坏。各级党政领导被作为"走资派"或其他革命对象批斗，靠边站。"踢开党委闹革命"使各级党政领导机关被严重冲击，工作难以开展甚至处于瘫痪、半瘫痪状态。工人停产闹革命，使本来就短缺的商品更加短缺。城市国有大中型企业由于"文

---

① 《中共中央、国务院关于大力发展农村副业生产的指示》，《建国以来重要文献选编》第 20 册，中央文献出版社 1998 年版，第 498—499 页。

化大革命"动乱,效益始终不高,不能满足城市和乡村的产品需要,市场出现了很大的缺口。在广大农村,长期执行"左"的农村产业政策,片面实行"以粮为纲",把社员家庭副业当作资本主义尾巴统统割除、"全面扫光",这在客观上为社队企业的发展提供了市场机遇。在城乡出现的这种混乱秩序反而为社队企业的发展造成了一定的空间。

"文化大革命"期间社队企业"乘机"发展起来。"文化大革命"开始后,大批的城镇干部、技术人员、知识分子和工人、知识青年来到农村"劳动锻炼"、"接受贫下中农的再教育",这为文化与技术落后的广大农村地区带来了技术和市场信息,成为沟通城乡市场的重要纽带。《甘肃日报》1968年12月10日发表的一篇报道说,甘肃省会宁县部分长期脱离劳动的城镇居民,在毛主席的无产阶级革命路线指引下,纷纷奔赴农业生产第一线,到农村安家落户,参加农业生产,决心把自己锻炼成为有社会主义觉悟的劳动者。认为这是防修反修的百年大计,是逐步消灭城乡差别的正确途径。《人民日报》拟加编者按转载这个报道。姚文元送审的《人民日报》编者按指出:"甘肃省会宁县城镇的一些长期脱离劳动的居民,包括一批知识青年,纷纷奔赴社会主义农村,在那里安家落户,这是一种值得大力提倡的新风尚。他们说:'我们也有两只手,不在城里吃闲饭!'这话说得很对。""希望广大知识青年和脱离劳动的城镇居民,热烈响应毛主席这个伟大号召,到农业生产的第一线去!"1968年12月22日,《人民日报》加编者按转载这个报道。"编者按"用黑体字引用了毛泽东的一段话:"知识青年到农村去,接受贫下中农的再教育,很有必要。要说服城里干部和其他人,把自己初中、高中、大学毕业的子女,送到乡下去,来一个动员。各地农村的同志应当欢迎他们去。"[①]于是在全国掀起了一个知识青年上山下乡的热潮。同时,1964年和1969年两次三线建设高潮和

---

① 《关于知识青年到农村去的号召》,载《建国以来毛泽东文稿》第12册,中央文献出版社1998年版,第616页。

下放企业运动,使得大批工矿企业或者迁移到边远农村地区或者下放给地方管理,这又增加了农村地区的资金和设备使用权力。随着这些建设和运动的开展及"五七干校"的兴办,城市知识青年上山下乡,一批科学、文化、技术、人才流向农村地区,带来了兴办企业的知识力量和市场信息。到农村去的各类技术人才积极为社队企业联系生产设备、原材料和产品销售渠道,为社队企业的发展做出了重要的贡献。"由于全国处于无政府状态,无人管理、无单位干涉,又有毛泽东'五七'指示允许农民办工业,农民看到市场对商品需求那么多,那么急,而商品又那么缺,没有货源。农民看到这是赚钱的好机会,就抓住这个机遇,将工农业生产一肩挑,既生产人们对农产品的需要,又生产人们对急需工业品的需求,于是利用原有厂房、设备、技术人员和技术工人,利用 20 世纪 60 年代下放农村的技术人员和供销人员,利用文化大革命将城市有问题赶到农村而有专业技术的人员,将他们组织起来,办起了队办工业。"①虽然这个时期出现了中国历史上"城里人被迫务农,农民却渴望做工"的特殊现象,但社队企业却在这个时候快速发展起来。正如费孝通所说,"十年动乱,全国劫难,然而在吴江、在苏南的农村,在一定意义下却可以说因祸得福……大城市里动刀动枪地批派仗,干部、知识青年下放插队这两件使城里人或许到现在还要做噩梦的事情,从另一面来看,却成了农村小型工业兴起的必不可少的条件。"②

"文化大革命"期间社队企业"乘势(示)"发展起来。"文化大革命"前夕和期间,毛泽东、周恩来、邓小平等中央领导人先后表态、指示对农村副业和社队企业发展进行扶持,这为社队企业的发展带来了良好的机遇。

首先,毛泽东的"五七"指示为社队企业的发展提供了机遇。1966 年 5 月 7 日,毛泽东在对总后勤部关于进一步搞好部队农副业生产报告批

---

① 张毅、张颂颂编著:《中国乡镇企业简史》,中国农业出版社 2001 年版,第 43—44 页。

② 费孝通:《行行重行行》,宁夏人民出版社 1992 年版,第 24 页。

语中指出,军队应该是一个大学校,"这个大学校,学政治、学军事、学文化。又能从事农副业生产。又能办一些中小工厂,生产自己需要的若干产品和与国家等价交换的产品。"工人、学生、商业、服务业、党政机关工作人员要学工、学农、学商、学军,"农民以农为主(包括林、牧、副、渔),也要兼学军事、政治、文化,在有条件的时候也要由集体办些小工厂"。① 相对于 20 世纪 60 年代初三年经济困难时,中央提出的公社和生产大队一般地不办企业、不设专业的副业生产队的规定,这是一个突破。

其次,周恩来、毛泽东关于加快农业机械化步伐的指示,为社队企业发展提供了机遇。1966 年 2 月 5 日,中共湖北省委向中央提交了一个关于逐步实现农业机械化设想的文件,认为实现农业机械化会给农业生产带来革命性的飞跃,农业落后于工业的矛盾才能解决,我们要争取在五年、七年、十年内在全省实现农业机械化。19 日,毛泽东对此给中共湖北省委第一书记王任重批示说:"此件看了,觉得很好。请送少奇同志,请他酌定,是否可以发给各省、市、区党委研究。农业机械化的问题,各省、市、区应当在自力更生的基础上做出一个五年、七年、十年的计划,从少数试点,逐步扩大,用二十五年时间,基本上实现农业机械化。至于二十五年以后,那是无止境的,那时提法也不同了,大概是:在过去二十五年的基础上再作一个二十五年的计划吧。目前是抓紧从今年起的十五年。已经过去十年了,这十年我们抓得不大好。"② 3 月 12 日,毛泽东给刘少奇写信指出,"此事以各省、市、区自力更生为主,中央只能在原材料等等方面,对原材料等等不足的地区有所帮助,也要由地方出钱购买,也要中央确有原材料储备可以出售的条件,不能一哄而起,大家伸手。否则推迟时间,几年后再说。为此,原材料(钢铁),工作母机,农业机械,凡国家管

---

① 《对总后勤部关于进一步搞好部队农副业生产报告的批语》,《建国以来毛泽东文稿》第 12 册,中央文献出版社 1998 年版,第 53、54 页。

② 《对湖北省委关于逐步实现农业机械化设想的批语》,《建国以来毛泽东文稿》第 12 册,中央文献出版社 1998 年版,第 12 页。

理,地方制造、超出国家计划远甚者(例如超出一倍以上者),在超过额内,准予留下三成至五成,让地方购买使用。此制不立,地方积极性是调动不起来的。为了农业机械化,多产农林牧副渔等品类,要为地方争一部分机械制造权。所谓一部分机械制造权,就是大超额分成权,小超额不在内。一切统一于中央,卡得死死的,不是好办法。"① "文化大革命"开始后,周恩来在极其困难的处境下,1970年8月以国务院名义召开了北方地区农业会议,会议指出:"农业的根本出路在于机械化。不搞农业机械化,光靠手工劳动,就不可能更快地提高农业劳动生产率,不可能改变六亿农民搞饭吃的局面,也就不可能腾出劳动力加快工业建设。毛主席提出'用二十五年时间,基本上实现农业机械化',已经过去了十五年了。我们要切实抓紧今后十年的工作。"② 为了落实北方地区农业会议精神,1971年9月国务院召开全国农业机械化会议,会议提出到1980年的10年奋斗目标:使全国农、林、牧、渔的主要作业机械化水平达到70%以上。为了实现这一目标,会议要求:(1)要建立完善县、社、队三级修造网,做到大修不出县,中修不出社,小修不出队;(2)要加强社队企业的管理,充分发挥社队企业的作用;(3)每年国家扶持人民公社的资金要重点用于农业机械化;(4)要加快发展地方"五小"工业(指小钢铁、小煤窑、小机械、小水泥、小化肥、小水电、小农药、小机械修造等,实际上不只"五小",而是泛指与农业机械化和农田基本建设、农业生产投入联系紧密的各类小工业),奠定农业机械化的物质基础。③ 国家号召实现农业机械化,但又拿不出较多的资金予以扶持,只能允许农村地区企业自己扩大生产解决,这在客观上对发展农村机械工业起到了政策推助作用。

---

① 《关于农业机械化问题给刘少奇的信》,《建国以来毛泽东文稿》第12册,中央文献出版社1998年版,第19—20页。

② 引自张毅、张颂颂编著:《中国乡镇企业简史》,中国农业出版社2001年版,第45页。

③ 刘国光主编:《中国十个五年计划研究报告》,人民出版社2006年版,第209—210页。

再次,在主持 1975 年全面整顿期间,邓小平提出了城市工业帮助农村发展小型工业的思想。1975 年 8 月 18 日,邓小平主持国务院会议讨论《关于加快工业发展的若干问题》并发表重要谈话,认为这个文件应是工业问题的章程,总的精神是加快速度。他就加快发展工业的几个关键问题发表了有针对性的指导意见,提出:要"确定以农业为基础、为农业服务的思想。工业支援农业,促进农业现代化,是工业的重大任务。工业区、工业城市要带动附近农村,帮助农村发展小型工业,搞好农业生产,并把这一点纳入自己的计划。许多三线的工厂,分散在农村,也应当帮助附近的社队搞好农业生产。一个大厂就可以带动周围一片。这样还有一个好处,附近的社员就会爱护工厂,不去厂里随便拿东西……工业支援农业,农业反过来又支援工业,这是个加强工农联盟的问题。"①《河南日报》1974 年 12 月 15 日登载了本报记者姬业成、杜贵宝和牛玉乾撰写的长达 4500 字的调查报告《光明灿烂的希望——巩县回郭镇公社围绕农业办工业、办好工业促农业的调查》。1974 年 12 月 28 日,中共中央政治局委员、国务院副总理华国锋看到湖南省社队企业局的两份材料后致信中共湖南省委:社队企业有如烂漫的山花,到处开放,取得了可喜的成绩。要加强党的领导,依靠群众,全面规划。这样社队企业就会由无到有,由少到多,由低级到高级不断向前发展。一个社会主义新农村,就会展现在我们面前。1975 年 9 月 5 日,浙江省永康县人民银行干部周长庚致信毛泽东、中共中央,建议改变 1962 年中央关于公社工作"六十条"中社队"一般不办企业"的规定,积极发展农村工业,为农村剩余劳动力寻找出路。毛泽东于 9 月 27 日专门致信邓小平,建议把上述三个文件印发在京各中央同志。② 遵照毛泽东的指示,邓小平将两信一报道作为中共中央 1975 年 9 月 23 日至 10 月 21 日召开的农村工作座谈会会议文件印发。

---

① 《邓小平文选》第二卷,人民出版社 1994 年版,第 28—29 页。
② 《对社队办企业的三份材料的批语》,《建国以来毛泽东文稿》第 13 册,中央文献出版社 1998 年版,第 470 页。

1975 年 10 月 11 日,《人民日报》刊发了《伟大的光明灿烂的希望——河南巩县回郭镇公社围绕农业办工业、办好工业促农业的调查》,介绍了回郭镇公社发展社队企业的经验,并配发了题为《满腔热情地办好社队工业》的评论员文章,认为社队企业是壮大集体经济、加速实现农业机械化、逐步缩小三大差别的"伟大的光明灿烂的希望",因而呼吁"要满腔热情地对待社队企业"。虽然这些努力很快被"反击右倾翻案风"所压倒,但它在推动社队企业发展的后续效应方面的作用却是不可低估的。

当然,上述"有利"的时机只是改革开放前社队企业发展的外部条件,但真正使社队企业发展起来的还取决于广大农民群众的创造精神。由于人民公社体制和城乡分治的户籍管理制度限制了农村人口的自由流动,一些人口密集的省份和地区出现严重的农业劳动力过剩现象,人多地少的矛盾日益严重。同时,广大农民从长期的工农业产品价格剪刀差中看到了发展工业可能带来的巨大利益。这样,农民群众突破千百年来向土地要饭吃的生存模式的冲动就成为社队企业发展的内在动力。

改革开放前,社队企业经过 20 多年的曲折发展,到 1978 年底,全国共有 94.7% 的公社和 78.7% 的大队办起了 152.4 万个社队企业,社队企业总收入 431.4 亿元,占当年人民公社三级经济总收入的 29.7%。[①] 社队企业的发展为发展农业机械化、农田基本建设提供了有力的支持,吸纳了农村的剩余劳动力,增加了农民的收入,初步改善了农村的经济结构,带来了农村社会的变化,并且为改革开放以来农村工业的进一步发展奠定了重要的物质技术基础,积累了丰富的经验教训。

从整体上看,改革开放前的社队企业之所以有强大的生命力,除了上述主客观的因素之外,另一个重要原因就在于它自身的特点:一是辅助性。改革开放前,农村的非农产业是集体兴办的,社队企业是集体的"副

---

① 于驰前、黄海光主编:《当代中国的乡镇企业》,当代中国出版社 1991 年版,第 58 页。

业",即围绕农业办工业,办好工业促农业,工业为农业服务,为农村"主业"作配角,主要强调社队企业在补农、支农方面的作用,所办的产业也都是为农业生产服务、为农民生活服务的;二是补充性。弥补城市大工业留下的市场空隙,为城市大工业作配角;三是适应性。因地制宜"三就地"(就地取材,就地生产,就地销售),适应了农村的生产力状况。

第二节 改革开放之初的社队企业

1979年至1984年,伴随以家庭联产承包责任制为核心的农村生产关系的改革,立足于农村的社队企业也有了快速发展。这时,社队企业不仅是繁荣农村经济的重要措施,而且也是作为城市工业产品与技术扩散的接产单位和城市国营大中型工业的配角出现的。这一时期,社队企业迅速发展,除广大农民群众高涨的热情之外,从政策层面上讲,主要得益于党中央、国务院在政策上的明确指示,也得益于各部门对社队企业的大力支持。

一、党和政府的政策支持

党的十一届三中全会后,中共中央国务院为了加快农村经济发展制定了一系列的方针、政策和措施,加大对社队企业发展的扶持力度。1979年1月11日,中共中央将经过十一届三中全会原则通过的《农村人民公社工作条例(试行草案)》印发各省、市、自治区讨论和试行。《农村人民公社工作条例(试行草案)》第七章对社队企业的发展作了专门的具体规定。关于社队企业发展方针方面,"发展社队企业,必须坚持社会主义方向,主要为农业生产服务,为人民生活服务,也要为大工业、为出口服务";关于经营范围方面,要求"坚持自力更生,充分利用本地资源,因地制宜地举办种植业、养殖业、农副产品加工业、采矿业、建筑业、农机工业、运输业和其他工业";关于企业经营管理方面,要求"建立岗位责任制,实行定额管理,搞好经济核算,努力提高产品质量";关于企业分配方面,要求"劳动报酬,应该和农业同等劳动力相等,一般实行'厂评等级,队记工分,厂队结算,回队分配'"。① 1979年9月,中共十一届四中全会正式通过《中共中央关于加快农业发展若干问题的决定》,指出:"社队企业要有一个大发展,逐步提高社队企业的收入占公社三级经济收入的比重。凡是符合经济合理的原则,宜于农村加工的农副产品,要逐步由社队企业加工。城市工厂要把一部分宜于在农村加工的产品或零部件,有计划地扩散给社队企业经营,支援设备,指导技术。对社队企业的产、供、销要采取各种形式,同各级国民经济计划相衔接,以保障供销渠道能畅通无阻。国家对社队企业,分别不同情况,实行低税或免税政策。"②这是作为中共中央关于"当前发展农业生产力的二十五项政策和措施"之一提出来的。

根据中央精神,1979年7月,国务院下发《国务院关于发展社队企业若干问题的规定(试行草案)》(国发[1979]170号,简称《十八条》)。这是国家关于社队企业发展的第一个法规性文件。《十八条》肯定了社队企业在中国政治和经济中的地位,并在企业发展方针、经营范围、资金来源、所有制、城市工业产品的扩散、加强产供销的计划性、劳动制度、劳动报酬和劳动保护、利润的使用、建立和健全经营管理制度、企业与各方面关系、企业权利和义务、国家对企业扶持政策、要求各级政府都要成立社队企业管理部门等方面都作了明确的规定,③对社队企业的发展起了巨

① 黄道霞、余展、王西玉主编:《建国以来农业合作化史料汇编》,中共党史出版社1992年版,第905—906页。

② 《中共中央关于加快农业发展若干问题的决定》,《三中全会以来重要文献选编》上卷,中央文献出版社2011年版,第167页。

③ 《国务院关于发展社队企业若干问题的规定(试行草案)》,人民网法律法规库,http://www.people.com.cn/item/flfgk/gwyfg/1978/112401197804.html。另见,张毅、张颂颂编著:《中国乡镇企业简史》,中国农业出版社2001年版,第59—61页。

大的促进作用。

在这期间,国家为社队企业制定了一系列优惠政策。第一,价格政策和奖售补贴政策。自销的产品,在物价部门规定的最高价格以内,买卖双方议定价格;国家和有关部门对社队企业某些产品的奖售、补贴和预购办法,要继续实行,保证兑现;凡应交给生产单位的奖售物资和补贴物款,经手部门和其他部门不许截扣。第二,税收优惠政策。国家对社队企业实行低税、免税政策。直接为农业生产服务和为社员生活服务的社队企业,根据各地区的实际情况,经省、市、自治区革委会审查批准,可以列举具体产品和服务项目,免征工商税和所得税;小铁矿、小煤窑、小电站、小水泥,从 1978 年起,免征工商税和所得税三年,今后新办的,从开办起免税三年,其他新办企业在开办初期纳税有困难的,经省、市、自治区革委会确定,可免征工商税和所得税两年至三年;为了促进边境地区和少数民族地区农村经济的发展,从 1979 年起,对这些地方的县、自治县、旗的社队企业,免征所得税五年。经济条件仍很困难的老革命根据地,需要比照以上办法免税的,由各省、市、自治区革委会提出,报国务院审批;灾区社队从事自救性的生产,经省、市、自治区革委会批准,可在一定期限内减征或免征工商税和所得税。社队企业和社队企业管理部门的供销机构和专业公司所得税按现行的 20% 的比例税率征收。第三,资金扶持政策。1979 年5 月,财政部、农业部联合颁发《支援农村人民公社投资使用管理暂行规定》,对国家财政支援人民公社投资款提出了八条原则,强调贷款要用于"扶持经济困难的公社、大队,按照党的方针政策和本地资源条件,发展社队企业","用于社队企业的资金以不少于一半为宜"。① 随后又联合下发了《关于发展社队企业若干问题的规定(试行草案)中有关财政税收几个具体问题如何执行的通知》,对减免税的时间、范围及报批权限等作

① 《财政部、农业部关于颁发〈支援农村人民公社投资使用管理暂行规定〉的通知》,《中国农业机械化财务管理文件汇编》,机械工业出版社 1991 年版,第 96 页。

了具体规定。1979 年 11 月 10 日,中国农业银行颁发《关于发展农村社队企业贷款试行办法》(以下简称《办法》),明确规定社队企业贷款的目的是支持社队企业发展,帮助社队企业坚持社会主义方向,积极生产社会所需要的产品,为农业生产服务,为人民生活服务,也为大工业、为出口服务,增加社队收入,壮大集体经济,更好地为发展农业生产服务。《办法》要求为社队企业提供生产周转贷款和生产设备贷款,并在开户、贷款利率、贷款期限等方面给予优惠照顾,为发展社队企业放宽贷款条件,发放微息和低息贷款,延长设备贷款的还款期限。据统计,从 1978 年到 1983 年上半年,累计发放各种贷款 653 亿元。从 1979 年到 1982 年,国家直接用于社队企业的投资共计 20.5 亿元,再加上地方财政有偿和无偿投资,约为 38 亿元;而对全国社队企业在工商所得税方面则共计减免 75 亿元。① 第四,在物资供应方面,建筑材料工业部和农业部于 1980 年 2 月联合发出通知,规定农村社队建材企业,由社队企业管理部门归口管理。国家和地方用于这方面的资金和物资,也由它管理和分配。自 1981 年起,国家物资总局按农业部提出的分省、市、自治区安排的建议,将用于生产中小农具的物资,分配到各省、市、自治区。在此期间,各级地方政府还拨出部分计划物资,扶持社队企业。此外,在沟通产供销渠道、提供技术设备、培训专业人才方面,各级政府部门和社会各界均给予了积极扶持。

二、曲折发展

充分利用良好的发展空间,社队企业快速发展。到 1979 年,社队企业达到 17.15 万家,工业产值达到 233.7 亿元,1980 年则分别达到 18.66 万个和 280.5 万元。② 到 1983 年,社队企业的总体规模扩大了。企业个

---

① 王韶光:《社队企业开创了农村工业化的新道路》,《财政研究资料》1984 年第 23 期。

② 刘国光主编:《中国十个五年计划研究报告》,人民出版社 2006 年版,第 434 页。

数虽有所减少,但职工人数和总收入都有较大幅度的增加,职工人数 1983 年比 1978 年净增 408.1 万,平均每年增加 81.6 万。社队企业总收入由 1978 年的 431.4 亿元增加到 1983 年的 928.7 亿元,增长了 115.3%,平均每年净增 99.56 亿元,年递增率为 16.6%,高于全国社会总产值年平均递增 8% 的速度,更高于全国工农业总产值年平均递增 7.7% 的速度。社队企业总产值在全国社会总产值中的比重,由 1979 年的 7.1% 提高到 1983 年的 9.1%。这五年,社队企业固定资产(原值)平均每年增长 49.2 亿元,1983 年达 475.6 亿元。社队企业总收入超亿元的县(区),从 1978 年的 59 个增加到 1983 年的 209 个,占全国县(区)总数的 9.4%。①

总的来说,这一时期,社队企业的发展还在起步阶段,在取得巨大成就的同时也存在不少问题。比如,在发展过程中,由于信息不灵、指导不力等多种原因,盲目性也随之暴露,出现"一成众效"、"一哄而起"、低水平重复建设、重复生产的现象,导致社会浪费、产品质量差、经济效益低、环境污染等问题。加上改革开放初期人们认识的差异,各界对社队企业认识也不统一,出现了不少争议:1980 年围绕要不要发展社队企业展开争议;1981 年围绕社队企业与大工业的矛盾,即"三争"(与城市大工业争原料、争能源、争市场)、"三挤"(以小挤大、以新厂挤老厂、以落后挤先进)的争议;1982 年围绕打击经济领域犯罪,有些人认为社队企业是不正之风源头的争议等。理论界、经济界和关心社队企业发展的不少人士各抒己见。既有高度评价,也有非议、指责。

这些问题与争论的出现引起了中央的高度关注。随着 1979 年开始的国民经济调整、改革、整顿、提高,国家对社队企业也进行了调整和整顿。1981 年 5 月 4 日,国务院以国发[1981]77 号文件颁发了《国务院关

---

① 于驰前、黄海光主编:《当代中国的乡镇企业》,当代中国出版社 1991 年版,第 101—102 页。

于社队企业贯彻国民经济调整方针的若干规定》（即《十六条》），肯定了社队企业的成绩，认为"社队企业对于利用和发展地方资源，安排农村剩余劳动力，巩固壮大集体经济，增加社员收入有明显效果；对于逐步改变农村和农业的经济结构，支援农业发展，促进小集镇建设，起了积极作用；对于发展商品生产，活跃市场，扩大出口，增加国家财政收入也作出了贡献。社队企业已成为农村经济的重要组成部分，符合农村经济综合发展的方向"。同时，也指出，"当前社队企业存在的主要问题是：在发展中存在着盲目性，对发挥经济效益和充分利用资源注意不够；在利润使用上生产队和社员直接得到的经济利益偏少；还有不少企业财务管理混乱，不正之风比较严重。"因此，"社队企业必须贯彻中央关于国民经济实行进一步调整的方针，从宏观经济的要求出发，根据社队企业的特点和存在的问题，进行认真的调整和整顿。"①调整的重点是：第一，加强宏观指导，严格控制投资方向和投资总额，克服发展中的盲目性；第二，按照市场需求，大力发展日用消费品的生产和城乡建设所需的建材产品；第三，根据社会需要调整产品结构，使其更适应市场。整顿的重点则以经济效益为中心，大胆改革企业的管理，在原来的经济责任制基础上，逐步推广了多种形式的承包经营责任制，相应改革了企业领导任免制、招工制度和劳动报酬制度等，解决了领导班子、财务管理和经济责任制等问题。

经过调整和整顿，社队企业自身实现了三个"结合"：调整、整顿与技术改造相结合，逐步用比较先进的设备代替耗能高、耗原材料多的旧设备，鼓励职工进行技术革新与创造发明；调整、整顿与改革相结合，把"小而全"的生产改为专业化、社会化协作生产，改"官办"为民办，强化企业的群众基础，健全民主管理制度；调整、整顿与精神文明建设相结合，社队企业还参照农业生产实行的包工到组、联产计酬以及包干到户的"双包"

①　《国务院关于社队企业贯彻国民经济调整方针的若干规定》，中国网，http://www.china.com.cn/law/flfg/txt/2006-08/08/content_7060024.htm。

责任制,根据各自企业的不同生产特点和经营状况,逐步推广了多种形式的承包经营责任制,很好地适应了企业的发展需要。这些措施极大地激发了企业干部职工的热情,为下一阶段社队企业(乡镇企业)的大发展奠定了良好的基础。

三、地位与作用

从国家工业化的整体来看,1979—1984 年间的农村社队企业扮演了双重角色:一方面,它已经成为农村经济发展的重要来源和支柱。到1985 年,乡镇企业总产值已经占农村社会总产值的 44%,占全国社会总产值的 16.8%,①可以说占据了农村经济的半壁江山。另一方面,它又是城市工业的补充。首先,从技术方面来看,社队企业是城市工业产品和技术扩散的接产单位。《国务院关于发展社队企业若干问题的规定(试行草案)》就专门做出规定,要求"城市工业根据生产发展的需要,参照社队可能承担的能力,可以有计划地把部分产品和零部件扩散给社队企业生产"。"有条件的地方,可承担大工业扩散的零部件和部分产品的生产。利用工业边角余料、城乡废旧物资和废渣、废水、废气,根据市场需要和动力供应等条件,发展小化工、小五金、小冶炼、小百货等。"②其次,从农业剩余劳动力转移的方面来看,社队企业对剩余劳动力的吸纳能力是城市工商业所不能及的。"城市工业重点发展的不是劳动力吸纳能力较强的轻工业,而是吸纳能力较弱的重化工业,农业在向城市工业贡献大量资金的情况下却不能以相应的规模转移出去劳动力。而农村工业是以发展劳动密集型企业为主,它的出现和发展为农业剩余劳动力问题的解决提供了良好的契机,消除了农业发展的障碍,使城市工业能够继续得到农业的

---

① 刘国光主编:《中国十个五年计划研究报告》,人民出版社 2006 年版,第 472 页。
② 《国务院关于发展社队企业若干问题的规定(试行草案)》,人民网法律法规库,ht-tp://www.people.com.cn/item/flfgk/gwyfg/1978/112401197804.html。

支持和贡献。"①再次,从工业产业结构来看,社队企业与城市工业形成的互补关系。社队工业一般以轻纺工业为主体,弥补了因城市工业重型化而影响人民生活之不足。

第三节　1984 年以来的乡镇企业

乡镇企业"异军突起",发展成为中国工业化的一支主力军。1984年以来,乡镇企业经过了 30 年的发展,不仅成为农村经济的主要支柱,为推动社会主义新农村建设奠定了坚实的物质基础,而且也创造了城乡工业协同发展的独具中国特色的工业化模式,已经成为中国工业化的一支主力军。30 年来,中国乡镇企业的发展大致经历了以下五个重要阶段:

一、"异军突起"阶段(1984—1988)

"异军突起"是中国改革开放的总设计师邓小平用来形容乡镇企业发展的一个词,也是每每谈起乡镇企业,大家必然要用到的一个词,现在几乎可以认定是比喻乡镇企业发展的专用词汇了。异军突起,源于司马迁《史记·项羽本纪》:"少年欲立婴便为王,异军苍头特起。"意谓,一群年轻人打算拥立陈婴为王,拉起一支队伍,以青巾裹头,以示与其他军队的区别。后来,异军突起意指一支新生力量突然出现,与众不同的新派别、新力量一下子崛起,独树一帜。1987 年 6 月,邓小平会见南斯拉夫共产主义者联盟中央主席团委员,谈到中国的农村经济体制改革时,他十分

①　刘钰、孙肖远:《论邓小平对中国式工业化道路的新开创》,《南京社会科学》1999年第 9 期。

喜悦地说："农村改革中，我们完全没有预料到的最大的收获，就是乡镇企业发展起来了，突然冒出搞多种行业，搞商品经济，搞各种小型企业，异军突起。这不是我们中央的功绩。乡镇企业每年都是百分之二十几的增长率，持续了几年，一直到现在还是这样。乡镇企业的发展，主要是工业，还包括其他行业，解决了占农村剩余劳动力百分之五十的人的出路问题。农民不往城市跑，而是建设大批小型新型乡镇。如果说在这个问题上中央有点功绩的话，就是中央制定的搞活政策是对头的。这个政策取得了这样好的效果，使我们知道我们做了一件非常好的事情。这是我个人没有预料到的，许多同志也没有预料到，是突然冒出这样一个效果。总之，农村改革见效非常快，非常显著。"①1992 年春天，邓小平再次充满信心地谈道："从我们自己这些年的经验来看，经济发展隔几年上一个台阶，是能够办得到的。我们真正干起来是一九八〇年。一九八一、一九八二、一九八三这三年，改革主要在农村进行。一九八四年重点转入城市改革。经济发展比较快的是一九八四年至一九八八年。这五年，首先是农村改革带来许多新的变化，农作物大幅度增产，农民收入大幅度增加，乡镇企业异军突起。"②

正如邓小平所言，正是在 1984—1988 年这五年，中国乡镇企业异军突起。1984 年春天是乡镇企业的春天，中央的两份文件都明确规定了乡镇企业（社队企业）的问题。第一份文件是 1 月 1 日发布的中央 1 号文件——《中共中央关于一九八四年农村工作的通知》，另一份文件是 3 月 1 日发布的中央 4 号文件——《中共中央、国务院转发农牧渔业部和部党组〈关于开创社队企业新局面的报告〉的通知》。中央 1 号文件给予农村的企业以特殊的政治待遇：一是，"雇请工人超过规定人数的企业，有的实行了一些有别于私人企业的制度"，"就在不同程度上具有了合作经济

① 《邓小平文选》第三卷，人民出版社 1993 年版，第 238 页。
② 《邓小平文选》第三卷，人民出版社 1993 年版，第 346 页。

的因素,应当帮助它们继续完善提高,可以不按资本主义的雇工经营看待。"二是,"实行经理承包责任制的社队企业,有的虽然采取招雇工人的形式,"但只要按照文件规定的五项原则管理(比如,企业的所有权属于社队;社队对企业的重大问题有决策权;按规定向社队上交一定的利润;经理在社队授权范围内全权处理企业业务,实行按劳分配、民主管理),"就仍然是合作经济,不能看做私人雇工经营"。① 中央4号文件充分肯定了乡镇企业的地位与作用,认为,乡镇企业"是多种经营的重要组成部分,是农业生产的重要支柱,是广大农民群众走向共同富裕的重要途径,是国家财政收入新的重要来源。""乡镇企业发展,有利于'以工补农',扩大农业基本建设,使农业合作经济组织增强实力,更多更好地向农民提供农业机械和各种服务。乡镇企业发展,还有利于促进专业承包,适当扩大经营规模。""乡镇企业发展,必将促进集镇的发展,加快农村的经济文化中心的建设,有利于实现农民离土不离乡,避免农民涌进城市。""乡镇企业已成为国民经济的一支重要力量,是国营企业的重要补充……乡镇企业的发展速度超过整个国民经济发展的平均速度,显示出它特有的生命力。"中央要求"各级党委和政府对乡镇企业要在发展方向上给予积极引导,按照国家有关政策进行管理,使其健康发展。对乡镇企业要和国营企业一样,一视同仁,给予必要的扶持。"② 为此,突破了对农村工业"三就地"、"两办"(只准社和队办)的限制,鼓励"四办"(乡办、村办、联户办、户办)、"六并举"(农、工、商、建、运、服)。到1984年,社队企业突飞猛进,出现了许多合办、联办等合作形式的联营、自营企业。农村多种形式企业的发展,远远超出了原来"社队企业"的概念和范围,且这时人民公社体制已经解体,社队企业"中的"社"和"队"已不复存在。有鉴于此,中

---

① 《中共中央关于一九八四年农村工作的通知》,《十二大以来重要文献选编》上卷,中央文献出版社2011年版,第364页。

② 《中共中央、国务院转发农牧渔业部和部党组〈关于开创社队企业新局面的报告〉的通知》,《十二大以来重要文献选编》上卷,中央文献出版社2011年版,第375—376页。

央 4 号文件中正式同意将"社队企业"名称改为"乡镇企业",把原来社
(乡)队(村)举办的企业、部分社员联营的合作企业、其他形式的合作工
业和个体企业,统称为"乡镇企业"。国家对乡镇企业采取更加积极的扶
助政策,企业在组织生产、产品销售等方面获得了较大的自主权,乡镇企
业进入了一个全面发展的高峰时期。

　　在中央政策支持和农民群众积极投入这双重动力作用下,从 1984 年
开始到 1988 年,乡镇企业产值每年都以 30%以上的速度高速增长,这是
改革开放后乡镇企业发展的第一个潮涌时期。经过五年的高速增长,乡
镇企业的发展实实在在地迈上了一个新的台阶。"乡镇企业的发展深刻
地改变了农村经济单纯依靠农业发展的格局。1978 年,社队企业总产值
只相当于当年农业总产值的 37%左右。到 1987 年,即乡镇企业发展的第
一个'黄金时期',乡镇企业中二、三产业产值合计增加到 4854 亿元,这
相当于农业总产值的 104%,首次超过了农业总产值。这是中国农村经
济发展史上的一个里程碑,它标志着中国农村经济已经进入了一个新的
历史时期。"①乡镇企业的发展突破了所有制形式和经营行业的限制,
由过去的社办、队办转变为乡办、村办、联户办和户办同时发展,由农副
产品加工为主的产业结构拓展为农业、工业、商业、运输业、建筑业和服
务业同时并举的产业格局。到 1988 年,全国乡镇企业总数达到 1888
万家,从业人数达到 9546 万人,总收入达到 4232 亿元。1984—1988
年间,乡镇企业总数平均每年增长 52.8%,从业人数平均每年增长
20.8%,总收入平均每年增长 58.4%。②乡镇企业总产值占全国社会总
产值的比重达到 24%,占农村社会总产值达到 58%,年末在乡镇企业就
业的劳动力占到农村劳动力总数的 23.8%,1986—1988 年农民净增收入

---

　　① 冯克:《中国特色农村工业化的成功实践——乡镇企业改革发展 30 年成就综
述》,《农民日报》2008 年 12 月 18 日。
　　② 编写组:《改革开放三十年:决定当代中国命运的重大抉择》,中央文献出版社
2008 年版,第 32 页。

中有一半以上来自乡镇企业。① 乡镇企业成就了农村经济的"半壁江山"。

二、整顿提高阶段(1989—1991)

20 世纪 80 年代中后期,中国通货膨胀比较严重,国民经济结构矛盾加剧,社会供求总量失衡,经济秩序比较混乱。同时,乡镇企业前几年的高速增长也带来了一系列问题,比如技术落后、原材料和能源消耗过高、粗放式增长比较突出等。针对经济生活中出现的这些问题,从 1988 年下半年开始,国家开始进行"治理经济环境,整顿经济秩序"工作,经济开始紧缩,乡镇企业也开始调整。

1989 年 11 月 9 日,十三届五中全会通过了《中共中央关于进一步治理整顿和深化改革的决定》,肯定了乡镇企业的地位与作用,认为"十一届三中全会以来我国乡镇企业的发展,为支援农业、解决就业、繁荣经济、增加收入和出口创汇作出了重要贡献,已经成为农村经济的重要支柱和国民经济的重要组成部分";也指出了乡镇企业发展中存在的问题,"在乡镇企业的发展过程中,也存在着产品质量差,管理水平落后,经济效益低,同国营大中型骨干企业争原料、争能源等问题,必须有计划、有步骤地调整、整顿、改造和提高";提出了"按照调整、整顿、改造、提高的方针,积极引导乡镇企业健康发展"的要求,"乡镇企业的发展,一要立足于农副产品和当地原材料的加工,但不同大工业争原料和能源;二要发挥劳动密集和传统工艺的优势,积极发展出口创汇产品;三要为大工业配套和服务。应当在大力加强农业的前提下,鼓励和引导乡镇企业沿着上述方向继续发展。""各地区要认真整顿乡镇企业,按照国家产业政策引导效益

---

① 李国祥:《中国农村经济 55 年:为总体小康奠定基础》,国务院发展研究中心信息网,http://www.drcnet.com.cn/。

好的企业积极发展,下决心关停并转消耗高、质量差、污染严重以及与大企业争原料、争能源而效益又很差的乡镇企业。通过调整和整顿,促进乡镇企业改进结构,改进经营管理和经营作风,提高技术,提高效益。"①

从1989年起,国家对乡镇企业在税收、信贷方面的支持和优惠措施减少,明确提出"乡镇企业发展所需资金,应主要靠农民集资筹措",压缩基本建设规模,关、停、并、转了一批经济效益差、浪费能源原材料、污染严重的企业。由于经济紧缩,从1989年起,乡镇企业投资减少,增长速度放慢。1989至1990年,许多乡镇企业处于停产半停产状态,乡镇企业经济效益下降,企业数和职工总数连续两年减少,这种状态一直持续到1991年初。

三年治理整顿期间,乡镇企业发展速度减缓。但是,通过治理整顿,乡镇企业苦练内功,调整结构,渡过了难关,迎来了又一个快速发展的时期。1991年,乡镇企业率先摆脱困难局面,逐渐进入新的增长时期。在经济紧缩期间,乡镇企业以其顽强的生命力抓住机遇,一部分乡镇企业将生产经营转向国际市场,确立了外向型经济发展战略,大力发展外向型经济,成为推动中国对外经济贸易发展的重要力量。"1989年乡镇企业出口贸易总额为268亿元,1991年增至670亿元,仅两年间,它占全国出口总额的比重大幅度上升,由15.2%提高到29.7%。"②表3-1显示了1984年至1991年间中国乡镇企业发展的轨迹。

表3-1　1984—1991年乡镇企业发展基本状况

年份	乡镇企业数(万个)	从业人数(万人)	总产值(亿元)	纯利润(亿元)
1984	606.52	5208.11	1709.89	128.7
1985	1222.45	6979.03	2728.39	171.3

---

① 《中共中央关于进一步治理整顿和深化改革的决定(摘要)》,《十三大以来重要文献选编》中卷,中央文献出版社2011年版,第133—134页。

② 李仲生:《中国乡镇企业发展与影响因素》,《经济与管理研究》2003年第3期。

年份	乡镇企业数(万个)	从业人数(万人)	总产值(亿元)	纯利润(亿元)
1986	1515.30	7937.14	3540.87	161.0
1987	1750.24	8805.18	4764.26	187.8
1988	1888.16	9545.45	6495.66	259.2
1989	1868.63	9366.78	7428.38	240.1
1990	1850.40	9264.75	8461.64	232.7
1991	1908.88	9609.11	11621.69	284.7

资料来源:根据《中国统计年鉴(1993)》表 9-54、9-55、9-56、9-57 数据编制,中国统计出版社
1993 年版,第 395—396 页。

三、超常发展阶段(1992—1996)

1992 年是乡镇企业发展的又一个春天,1992 至 1996 年是乡镇企业第二个快速发展期。1992 年邓小平南方谈话和国务院国发[1992]19 号文件,1993 年国发[1993]10 号文件都充分肯定了乡镇企业的重要作用,为乡镇企业快速发展创造了空前良好的外部环境。1992 年 3 月 18 日,《国务院批转农业部〈关于促进乡镇企业持续健康发展报告〉的通知》(国发[1992]19 号)指出,"发展乡镇企业,是建设有中国特色社会主义的重要组成部分,是繁荣农村经济、增加农民收入、促进农业现代化建设和发展国民经济的必由之路。实践证明,乡镇企业的蓬勃发展,不仅对于解决农村富余劳动力就业、发展农业生产、提高农民生活水平,使亿万农民走上共同富裕的道路,而且对于增加出口创汇和国家税收,实现国家工业化,建设农村集镇,逐步缩小城乡差别,巩固工农联盟和基层政权,促进我国政治、经济和社会的稳定与发展,都具有重要的意义。各级人民政府和有关部门要把发展乡镇企业作为一项战略任务,切实加强领导,坚持不懈地抓下去。要继续坚持'积极扶持,合理规划,正确引导,加强管理'的方针,认真贯彻落实党和国家对乡镇企业的一系列政策和法规,按照国民经

济和社会发展规划、产业政策,指导乡镇企业调整结构,提高效益。要采取有力的扶持措施,帮助贫困地区和民族地区发展乡镇企业,认真解决乡镇企业在发展过程中的困难和问题,促进乡镇企业持续健康发展,为实现我国现代化建设第二步战略目标作出更大的贡献。"①1993 年 2 月 14 日,国务院发布《国务院关于加快发展中西部地区乡镇企业的决定》(国发[1993]10 号)指出,"十一届三中全会以来,我国乡镇企业异军突起,为农村发展和国民经济增长作出了重大贡献,成为我国社会主义市场经济中生机勃勃的力量","必须把加快发展乡镇企业作为中西部地区整个经济工作的一个战略重点,提到各级政府重要工作日程上来。改变过去抓工业就是抓国有工业,抓农村经济就是抓农业的传统观念,正确认识乡镇企业与国有企业和农业相互促进、协调发展的关系。要求省、自治区在坚持以农业为基础的前提下,一手抓国有大中型企业,一手抓乡镇企业;地、县要一手抓农业,一手抓乡镇企业。"②"决定"提出要把加快乡镇企业发展作为中西部地区经济工作的重点,并在产业政策、信贷政策等方面给予扶持。随后,中央政府又连续发文充分肯定了乡镇企业的作用,为其发展创造了良好的条件。

同时,随着治理整顿工作的结束,政府对乡镇企业发展的限制性金融、财政政策逐渐放开,特别是党的十四大在历史上第一次明确提出了建立社会主义市场经济体制的目标模式,经济体制开始从传统的计划经济向市场经济转变,乡镇企业有了更宽松的发展环境。乡镇企业也强化了管理,经济效益恢复提高,总量迅速增长。1992 年完成总产值 17975 亿元,比上年增长 54.7%,1993 年则又比上年增长 75.5%。1994 比 1992 年总产值增长 1.4 倍,纯利润增长 1.3 倍;每百元固定资产实现利润提高了

① 《国务院批转农业部〈关于促进乡镇企业持续健康发展报告〉的通知》,《十三大以来重要文献选编》下卷,中央文献出版社 2011 年版,第 457—458 页。

② 《国务院关于加快发展中西部地区乡镇企业的决定》,《十四大以来重要文献选编》上卷,中央文献出版社 2011 年版,第 76、77 页。

48.6%,每百元资金实现利润提高了25%,每百元营业收入占用的流动资金降低了16.8%,人均创利税提高了1倍多。[①] 1996年,乡镇企业总数达2336.3万家,是1991年的1.2倍;吸纳劳动力达1.3508亿人,是1991年的1.4倍;在乡镇企业就业的劳动力已经占到农村劳动力总数的29.8%,比1991年上升了7.8个百分点;完成增加值17659.3亿元,是1991年的5.9倍。[②] 1992年至1996年,乡镇企业规模和主要经济指标都实现了快速增长(表3-2),数据表明,全国乡镇企业的实力与内涵都实现了质的飞跃。这是乡镇企业发展过程中出现的第二个高潮时期,乡镇企业已经成为中国农村经济的主导力量。

表3-2　全国乡镇企业1992—1996年发展情况

	企业总数(万家)	职工总数(万人)	固定资产(亿元)	营业收入(亿元)	增加值(亿元)	流动资金(亿元)	利润总额(亿元)	税金总额(亿元)
1992	2092	10625	4084	13434	4485	5390	1079	605
1996	2336	13508	16050	68343	17659	16989	4351	2366
增长%	11.66	27.13	293	408.73	293.73	215.19	303.24	291.07

资料来源:据《中国乡镇企业年鉴(1997)》,农业出版社1997年版,第6-9页数据编制。

四、分化重组、调整创新阶段(1997—2002)

1996年以后,乡镇企业进入了分化重组、稳步发展的新时期。这个时期乡镇企业经过改制和优胜劣汰,开始趋于平缓发展。一方面是外部

---

①　国家统计局:《新中国50年系列分析报告之六:乡镇企业异军突起》(1999.9.18),国家统计局官网,http://www.stats.gov.cn/ztjc/ztfx/xzg50nxlfxbg/200206/t20020605_35964.html。

②　《中国统计年鉴(1997)》,中国统计出版社1997年版,第399、400页。另见,李国祥:《中国农村经济55年:为总体小康奠定基础》,中国网,http://www.china.com.cn/chinese/2004/Sep/668937.htm。

的市场环境和法律鼓励乡镇企业向高端发展；另一方面内部的管理与技术、品种质量与经济效益的约束鼓励乡镇企业强化内功。从市场环境来看，自1996年以后，中国经济告别了短缺时代，开始进入买方市场，乡镇企业必须尽快适应市场环境的变化，消除短缺时代的经营理念与经营战略。从法律环境来看，1996年10月29日，第八届全国人民代表大会常务委员会第二十二次会议通过了《中华人民共和国乡镇企业法》，并于1997年1月1日起正式施行。这标志着乡镇企业进入了依法经营、依法治理的新阶段。

环境的变化是一个优胜劣汰的过程。1997年以后，乡镇企业开始进入结构调整和体制创新的新阶段。1997年3月11日，中共中央、国务院批转了农业部《关于我国乡镇企业情况和今后改革与发展意见的报告》，明确指出乡镇企业改革和发展要"以市场需求为导向，以改革开放为动力，以提高质量效益为中心，发挥优势，优化结构，合理布局，不断完善机制，依靠科技进步，强化企业管理，增强整体素质，推动乡镇企业再上一个新台阶"。"要切实转移到依靠科技进步和提高劳动者素质的轨道上来，提高规模经济效益、技术进步效益、科学管理效益和结构优化效益，走一条投入少、产出多、质量好、效益高的发展路子"。乡镇企业要不断深化企业改革，大力推进科技进步，加强经营管理，优化产业产品结构，优化乡镇企业组织结构，加强产业集聚，注重区域合作，重视资源和环境保护。①此后，各级政府针对乡镇企业长期存在的产权不清、体制不顺问题，通过改革产权制度，完善了乡镇企业的经营机制；针对乡镇企业存在的技术落后、产品质量差、成本高和经济效益低的问题，政府督促乡镇企业加强科技和人才队伍建设，提高自身素质；针对乡镇企业在发展中突出存在的规模偏小、竞争能力比较弱、经营管理水平比较低，以及一些企

---

① 《中共中央、国务院关于转发农业部〈关于我国乡镇企业情况和今后改革与发展意见的报告〉的通知》，《十四大以来重要文献选编》下卷，中央文献出版社2011年版，第437—442页。

业破坏资源和污染环境严重等问题,政府和企业都加大整合与挖潜的力度,使生产经营上台阶。经过整改,乡镇企业进入一个良好的发展阶段,增长方式由外延扩张型开始向内涵提高型转变;个体私营企业迅猛发展,乡镇企业的产权主体呈现出多元化趋势;乡镇企业融入现代工业体系的进程加快。那些不能尽快适应外部环境变化和转换较慢的企业则逐步被淘汰出局。

经过整改以后,乡镇企业的整体素质有所提高。1996年到2002年,乡镇企业数量由2336.3万家减少到2132万家,但乡镇企业的增加值却由17659.3亿元增加到32385.8亿元,出口交货值由6007.88亿元增加到11563.42亿元。[①] 1997—2002年,从业人员从13050万人增加到13288万人,仅仅增长0.18%,但各项经济指标却明显增长,增加值从20740亿元增加到32386亿元,增长56%;利润总额从4662亿元增加到7558亿元,增长62%;上交税金从1475亿元增加到2694亿元,增长82.6%。[②]

这一时期乡镇企业虽然发展较快,但存在的问题也是不容忽视的。乡镇企业虽然发展迅猛,但还存在着高投入低产出、行业布局和区域布局无序、企业负担沉重等一些困难和问题,阻碍了乡镇企业的健康快速发展。这些问题主要表现在以下四个方面[③]:(1)乡镇企业在发展中受外部环境影响太大,难以经得起大风浪,保持良好的速度与效益关系,经济效益起伏较大。(2)结构布局不合理、经营管理粗放现象依然严重。乡镇企业与国有企业的产业、产品同构现象十分突出,不仅不能与国有企业形成互补关系,而且往往形成竞争;乡镇企业的"小而全",地区行

---

① 李国祥:《中国农村经济55年:为总体小康奠定基础》,中国网,http://www.china.com.cn/chinese/2004/Sep/668937.htm。

② 甘士明:《中国乡镇企业30年》,中国农业出版社2008年版,第14页。

③ 国家统计局:《新中国50年系列分析报告之六:乡镇企业异军突起》(1999.9.18),国家统计局官网,http://www.stats.gov.cn/ztjc/ztfx/xzg50nxlfxbg/200206/t20020605_35964.html。

业结构趋同,大量重复建设造成资源浪费。随着中国市场经济体制的建立和国有企业改革进程的加快,乡镇企业低成本和灵活的经营机制优势已逐步消失,而技术和装备水平低、职工素质差、管理不科学等问题愈加暴露出来,严重影响了乡镇企业的发展。(3)吸收劳动力能力开始下降。乡镇企业的发展为解决中国农村剩余劳动力就业发挥了巨大作用,而1995年以后,乡镇企业吸收劳动力就业的数量明显下降。乡镇企业吸收劳动力能力的持续下降,不利于农村剩余劳动力的转移和农民收入水平的提高。(4)乡镇企业负担过重,发展后劲不足。长期以来,乡镇企业担负着支撑地方财政和补农支农的任务,对乡镇企业"取"与"予"的关系一直没有处理好。过重的负担使企业获利能力下降,难以休养生息和开展技术革新提高产品竞争力,严重影响了乡镇企业生产后劲和综合能力的提高。

五、转型发展阶段(2003—2013)

2003年以来,乡镇企业的发展环境出现了一些新的变化。一是,乡镇企业发展中存在的重要问题表明乡镇企业转型发展已经刻不容缓;二是,十六大提出要在本世纪头20年建成全面小康社会,要达成此目标,走中国特色新型工业化道路和加快"三农"进步是重要途径,乡镇企业是重要方面军;三是,科学发展观的提出与落实,要求乡镇企业加快结构调整,提高增长质量。

为此,党中央和国务院不失时机地从政策和方向上加以积极指导,鼓励乡镇企业转型发展。2003年1月16日,中共中央、国务院发布《关于做好农业和农村工作的意见》,一方面肯定了乡镇企业的重要作用,指出"乡镇企业为推进我国工业化进程、繁荣农村经济作出了历史性贡献,今后对扩大农民就业、增加农民收入仍将发挥重要作用";另一方面又为乡镇企业的进一步繁荣发展指明了方向,要求各级党委和政府"要适应新阶段农村经济发展和市场供求关系的变化,引导乡镇企业加快结构调整、体制创新和技术进步,走新型工业化道路。要加快乡镇企业技术改造步伐,继续实施'星火计划',加大对规模以上乡镇企业的技改支持力度,引导企业广泛采用先进技术、设备和工艺,促进产品更新换代和产业结构优化升级。……乡镇企业要根据农业结构战略性调整和发展农业产业化经营的需要,突出发展农产品加工业和储藏、保鲜、运销业。在提高技术水平和保护环境的前提下,积极发展劳动密集型产业。"①在鼓励积极发展乡村集体企业、增强集体经济实力的同时,为农村个体、私营等非公有制企业创造更有利的发展环境;积极鼓励发展农村中小型企业,为拓宽农民就业渠道、促进县域经济发展而努力;鼓励乡镇企业根据农业结构战略性调整和发展农业产业化经营的需要,突出发展农产品加工业和储藏、保鲜、运销业,在提高技术水平和保护环境的前提下,积极发展劳动密集型产业。这些产业政策对刺激乡镇企业进一步快速发展起到了重大的推动作用。同时,从 2004 年到 2015 年,中共中央、国务院连续12 个一号文件专门规划和部署"三农"问题,其中 2004、2005、2006、2008、2009、2010 年六个一号文件都涉及乡镇企业的发展问题,特别是2004 年一号文件《中共中央、国务院关于促进农民增加收入若干政策的意见》专门把"推进乡镇企业改革和调整"视为拓宽农民增收、加快小城镇建设的主渠道,要求"要适应市场需求变化、产业结构升级和增长方式转变的要求,调整乡镇企业发展战略和发展模式,加快技术进步,加快体制和机制创新,重点发展农产品加工业、服务业和劳动密集型企业。加大对规模以上乡镇企业技术改造的支持力度,促进产品更新换代和产业优化升级。引导农村集体企业改制成股份制和股份合作制等混合所有制企业,鼓励有条件的乡镇企业建立现代企业制度。农

①　《中共中央、国务院关于做好农业和农村工作的意见》,《十六大以来重要文献选编》上卷,中央文献出版社 2011 年版,第 134 页。

村中小企业对增加农民就业作用明显,只要符合安全生产标准和环境保护要求,有利于资源的合理利用,都应当允许其存在和发展。有关部门要根据乡镇企业发展的新形势新情况,加强调查研究,尽快制定促进乡镇企业改革和发展的指导性意见"。①

在上述政策指导下,乡镇企业迎来了第三个快速发展时期(特别是2003—2007 年间)。"十五"期间,乡镇企业结构调整进一步深化。这主要表现在:第一,市场主体结构发生良性变化。个体、私营企业和混合型企业增速较快,集体经济的份额进一步下降,全国乡镇企业初步形成了以个体、私营企业和混合型企业为主体,多种所有制经济共同发展的所有制格局。第二,产业结构改善。一是农产品加工业长足发展,农产品加工业在乡镇企业经济总量中的比重到 2005 年达到 13.6%,成为中国乡镇企业发展一个新的增长点,已经成为农业产业化经营的龙头,并且呈现出由数量型向数量质量并重发展,由单纯的生产型向生产、加工、销售一体化发展的新局面。二是产业集群发展较快,对于市场经济条件下发展规模化生产、产业化经营,培育发展产销基地和小城镇经济载体,降低企业生产成本,促进资源循环利用,提升区域竞争力都将起到积极的作用。"十五"期间,乡镇企业主要经济指标平稳快速增长,促进农村经济社会和谐发展的作用更加突出。这主要表现在:第一,经济总量继续加大。乡镇企业增加值达到 50534 亿元,年平均增长 11.51%,超过计划目标 8.2%,占GDP 总量的 27.7%;乡镇企业资产总额达 124516 亿元,比"九五"末增长0.77 倍,年均增长 12.12%;其中,固定资产达到 67357 亿元,比"九五"末增长了 1.37 倍,年均增长 16.78%,乡镇企业资产总额的增长呈现良性的上升趋势。第二,经济运行质量进一步提高。"十五"末,全国乡镇企业实现营业收入 215204 亿元,"十五"期间年平均增长 11.62%;实现利润

---

① 《中共中央、国务院关于促进农民增加收入若干政策的意见》,《十六大以来重要文献选编》上卷,中央文献出版社 2011 年版,第 675 页。

总额 12581 亿元,"十五"期间年平均增长 11.66%;上交税金 5181 亿元, "十五"期间年平均增长 15.62%。① 乡镇企业在增强自身实力的同时,对社会贡献也进一步加大,乡镇企业在扩大农村劳动力就业、增加农民收入、促进区域经济协调发展等方面,带动广大农民接受现代工业的洗礼,提高了农民素质,促进了农村精神文明建设和社会和谐发展,推动一部分地区率先实现了工业化、城市化,成为建设社会主义新农村的典范。

"十一五"期间,得益于优越的国家政策和全国宏观经济形势,乡镇企业又有了进一步发展。第一,经济总量和经济增长质量双提升。2010年,全国乡镇企业完成增加值 112232 亿元,同比增长 12.64%,增加值为 2005 年的 2.22 倍,"十一五"期间年均增长 12.9%。占 GDP 比重由"十五"末的 27.32%提高到"十一五"末的 28.20%。2010 年,乡镇企业实现营业收入 444420 亿元,同比增长 12.16%;实现利润总额 27187 亿元,同比增长 11.83%,"十一五"期间年均增长 12.5%;上缴税金 11328 亿元,同比增长 11.63%,"十一五"期间年均增长 13.2%;支付劳动者报酬 20477 亿元,同比增长 12.04%。第二,结构调整成效显著,二三产业发展较快。面对国际金融危机的严重冲击,东部沿海发达地区主动调整产业结构,对传统的劳动密集型企业进行改造升级。工业产值占总产值的 62.05%,建筑业占总产值的 4.1%(根据《中国乡镇企业及农产品加工业年鉴(2011)》第 137 页表格数据测算)。第三产业持续快速发展,休闲农业成为农村经济发展的一大亮点。全年全国乡镇企业中第三产业实现增加值 26323 亿元,同比增长 13.73%,占全部乡镇企业增加值的比重由上年同期的 22.82%上升到 23.45%。休闲农业作为新型农业产业形态和新型消费业态,近年来发展势头强劲,全国范围内初步形成了农家乐、休闲农庄和休闲农业园等形式多样、功能多元、特色各异的模式和类型,农

---

① 农业部乡镇企业局:《十五期间全国乡镇企业经济运行情况分析》,农业部官网,http://www.moa.gov.cn/zwllm/nytj/tjxx/200803/t20080304_1028784.htm。

业的多功能性得到极大拓展,为建设现代农业、促进农民创业增收提供了新途径。第三,区域结构逐步改善,园区经济快速发展。区域发展更加协调,西部大开发、振兴东北老工业基地、中部崛起、东部率先发展等重大战略的实施,加快了相应地区的经济发展,东部、中部、西部和东北地区乡镇企业增长速度分别为 11.98%、13.66%、13.33% 和 13.63%。乡镇企业产业集聚水平不断提高,乡镇企业园区达到 9854 个;入区企业数达到110.8 万个,占乡镇企业(不含个体工商户)总数的 17.97%;园区内企业实现产值达 13.28 万亿元,占乡镇企业总产值的比重由上年的 25.48% 提高到 28.58%。①

在"十二五"开局的前两年,全国乡镇企业面对全球经济危机的不利环境,设法克服困难,加快转变经济发展方式,稳中求进,企业转型升级取得新进展,发展质量进一步提升,继续保持总量持续增长、结构逐步优化、区域协调发展、投资不断改善、出口止落回升、农民创业就业增收成效显著的良好态势,为"十二五"开好局、起好步奠定了坚实的基础。2011 年,全国乡镇企业主要经济指标呈现"高开低走再抬头"趋势,工业产销衔接良好,农产品加工业快速发展;第三产业比重提高,休闲农业再上台阶;转型升级步伐加快,经济结构持续优化;社会带动作用突出,贡献进一步增强。2012年,全国乡镇企业发展经历了"低开低走转稳"的发展态势,工业经济总体稳中有进,创新型企业进步较快,农产品加工行业发展较快,促进农民就业增收作用明显;第三产业发展态势良好,休闲农业发展再上台阶;出口贸易总体缓慢增长,中西部和东北地区增长较快。② 乡镇企业已经成为发展农村经济,推动农村工业化,建设社会主义新农村的重要力量。

---

① 《中国乡镇企业及农产品加工业年鉴(2011)》,中国农业出版社 2011 年版,第23—25 页;《农业部:"十一五"期间乡镇企业实现又好又快发展》,人民网,http://nc.people.com.cn/GB/13545140.html。

② 《中国乡镇企业及农产品加工业年鉴(2012)》,中国农业出版社 2012 年版,第3—4 页;《2012 年全国乡镇企业发展平稳向好结构进一步优化》,农业部官网:http://www.moa.gov.cn/zwllm/jcyj/zh/201301/t20130125_3208632.htm。

第四节　乡镇企业在工业化进程中的
地位与作用

乡镇企业这个和家庭联产承包责任制并称为改革开放以来中国农民两大创造的新生事物,不仅大大改变了中国农村的面貌,而且在国民经济发展和中国工业化进程中的地位和作用日益显著。

一、带动经济增长,成为国民经济重要组成部分

经过几十年的发展,乡镇企业已经发展成为国民经济的重要支柱,在增强综合国力方面具有不可替代的作用。① 在发展过程中,乡镇企业主要经济指标的增长速度大大快于农村相应指标和全国相应指标的增长速度。经过第一个快速发展时期,到 1991 年,乡镇企业总产值达到11611.8 亿元,增长了 22.5 倍,每年平均递增 27.5%;农村社会总产值达到 19004.09 亿元,增长了 8.33 倍,年平均递增 19%;全国社会总产值达到 43803 亿元,年平均递增 15%;乡镇企业总产值在农村社会总产值和全国社会总产值中的比重提高到 61.1%和 26.5%(1978 年分别为 24.2%和7.2%)。② 经过第二个快速发展时期,到 1998 年时,乡镇企业实现增加值达到 22186.4561 亿元,占国内生产总值(79396 亿元)的比重达27.9%;上交国家税金达 1582.9793 亿元,占国家财政收入总额(9876 亿

---

① 就对国家财政收入的贡献而言,乡镇企业与国有企业的贡献是不同的。乡镇企业对国家财政收入是单向的,它只上缴税金,而国家财政对乡镇企业几乎不进行直接投资;国有企业对国家财政收入是双向的,它上缴税金之后,国家财政还要拿出巨额资金进行投资。从这个角度讲,乡镇企业对国家财政的贡献是净贡献,意义更大。

② 唐忠、孔祥智主编:《中国乡镇企业经济学教程》,中国人民大学出版社 2000 年版,第 59 页。

元)的 16%；从业人员 12536.5458 万人，占全国从业人员 69957 万人的 17.9%。[①] 进入新世纪以来，经过第三次快速发展时期，到 2010 年，全国乡镇企业个数达到 2742.46 万家，从业人员年末数达到 15892.56 万人，占全国就业人数的 20.9%；总产值 464675.66 亿元，增加值达到 112231.5254 亿元，占国内生产总值的 28%；营业收入达到 444420.2267 亿元，利润总额达到 27187.2881 亿元，上缴税金达到 11327.9849 亿元，占全国税收总额的 15.5%，支付劳动者报酬 20476.6208 亿元。[②] 据现有统计数据，到 2012 年底，全国乡镇企业的发展规模和主要经济指标都达到空前水平：从业人员年末数达到 16400 万人，占全国就业人数的 21.4%；总产值达 616660 亿元；营业收入达到 610515 亿元，利润总额达到 36815 亿元，上缴税金达到 15810 亿元，占全国税收总额的 15.7%，支付劳动者报酬 28827 亿元。[③]

二、改善产业结构，推进农村工业化

改革开放 36 年来，乡镇企业由小变大，由弱变强，逐渐赢得农村经济发展的主导地位。20 世纪 80 年代初，中国农村基本上是单一的农业经济，二三产业所占比重很小。经过几年的快速发展，到 1987 年，乡镇企业产值占农村社会总产值的比重首次超过了农业总产值，达 52.4%，已支撑起农村经济的半壁江山，成为推动农村经济增长的主要力量。这是中

---

① 《中国乡镇企业年鉴（1999）》，中国农业出版社 1999 年版，第 111 页；《中国统计年鉴（1999）》，中国统计出版社 1999 年版，第 20 页。

② 主要经济指标数据来自《中国乡镇企业及农产品加工业年鉴（2011）》，中国农业出版社 2011 年版，第 137—138 页表格；增加值、就业、税收占比三项根据《中国统计年鉴（2011）》，中国统计出版社 2011 年版，第 44、109、277 页表格数据测算。

③ 《2012 年全国乡镇企业发展平稳向好结构进一步优化》，农业部官网：http://www.moa.gov.cn/zwllm/jcyj/zh/201301/t20130125_3208632.htm；《2012 年国民经济和社会发展统计公报》，国家统计局官网：http://www.stats.gov.cn/tjgb/ndtjgb/qgndtjgb/t20130221_402874525.htm。

国农村经济发展史上的一个里程碑,它标志着中国农村经济已经进入了一个新的历史时期。此后,乡镇企业持续增长,比重逐年提高,在农村经济中的主导地位日益巩固。到 2007 年,乡镇企业增加值已占农村社会增加值的 68.68%,成为支撑农村经济最坚实的支柱。从 2010 年主要经济指标来看,在营业收入、利润总额、上缴税金和支付劳动者报酬等方面,乡镇企业的贡献已经远远超越传统的农业经济,在农村经济中发展处于主导地位(表 3-3)。

表 3-3　2010 年乡镇企业主要经济指标(万元)

行业	营业收入	利润总额	上缴税金	劳动者报酬
农林牧渔业	42039713	2791277	685342	2173429
工业	2804929601	152067220	73830956	103672747
建筑业	180328774	9953533	5015264	11995106
交通运输仓储业	68892313	5121016	2029452	4229412
批发零售业	272138226	13263529	5749008	9106814
住宿及餐饮业	73476626	4994116	2255013	4546759
居民服务、其他服务业和娱乐业	50414352	3563911	1696075	3053869
其他	55480839	4488714	1934952	28292591

资料来源:《中国乡镇企业及农产品加工业年鉴(2011)》,中国农业出版社 2011 年版,第 138 页。

　　乡镇企业在自身获得发展的同时还大力支援了农业生产。从 1978 年到 2007 年的 30 年间,乡镇企业用于支农、补农、建农的资金达 4012 亿元,大大增强了农业技术装备。[①] 如今,乡镇集体工业企业已经成为农业生产投资的重要经济来源之一,对改善农业生产条件,增加农业发展的后

---

　　① 冯克:《中国特色农村工业化的成功实践——乡镇企业改革发展 30 年成就综述》,《农民日报》2008 年 12 月 18 日。

劲,保持农业生产稳定持续发展起到了积极的促进作用。继家庭联产承包责任制解决温饱之后,乡镇企业成为实现农村小康生活的另一把金钥匙。

三、改善就业结构,提高农村居民经济收入

乡镇企业的迅速发展,吸纳了大量的农村剩余劳动力就业。从1958—1978年,全国农村社队企业平均每年吸收130万人。但由于当时社队企业发展缓慢,1978年,全国社队企业职工也只有2827万人,只占当年农村劳动力的9.23%。进入20世纪80年代,乡镇企业异军突起,其吸纳农村富余劳动力的能力大大增强,乡镇企业职工人数迅速增加。到1998年,乡镇企业从业人员12537万人,比1978年的2827万人增加3.4倍。到2007年,乡镇企业从业人员达15090万人,占农村劳动力总数的29.13%,极大地缓解了中国的就业压力,优化了农村劳动力结构,同时为农业适度规模经营、提高劳动生产率创造了条件。目前,乡镇企业仍然是中国吸纳农村劳动力的主渠道,到2011年末,乡镇企业就业人数达到1.62亿人,吸纳新增就业人数294万人,吸纳城镇下岗失业人员742.6万人。[①]

乡镇企业在拓展了农村劳动力就业门路的同时也大大增加了农民收入。乡镇企业的发展为广大农民带来了越来越多的经济收入,成为农民致富和实现小康生活的主要经济来源。改革开放以前,在发展农村经济过程中由于片面强调"以粮为纲",忽视发展多种经营,农民从事社队企业生产经营的人数不多,而且工资水平也比较低,因而农民从社队企业获

---

① 1998年数据来自国家统计局:《新中国50年系列分析报告之六:乡镇企业异军突起》,国家统计局官网:http://www.stats.gov.cn/tjfx/ztfx/xzgwsnxlfxbg/t20020605_21423.htm;2007年数据来自冯克:《中国特色农村工业化的成功实践——乡镇企业改革发展30年成就综述》,《农民日报》2008年12月18日;2011年数据来自《中国乡镇企业及农产品加工业年鉴(2012)》,中国农业出版社2012年版,第4页。

得的收入比较少。1998 年,全国农民人均从乡镇企业获得的收入已达700 多元;农民收入的增加有 1/3 是通过乡镇企业职工工资收入增加实现的。到 2007 年,乡镇企业支付职工工资达 13700 亿元,农民人均从乡镇企业获得收入 1420 元,占农民人均纯收入的 34.8%,大大加快了农民致富奔小康的进程。2011 年,全国乡镇企业共计支付劳动者报酬26270.6 亿元,同比增长 11.87%,农村居民人均从乡镇企业获得工资性收入达到 2471 元左右,比上年增加 385 元左右,乡镇企业成为农民就业增收的重要渠道。①

四、促进城镇化,支持农业现代化

作为一种改革开放以后中国农村迅速成长起来的新生事物,乡镇企业产生了巨大的辐射效应,在促进农村城镇化、支持农业现代化等方面,均表现出了强大的社会带动作用。

乡镇企业的发展开辟了一条适合中国国情的城镇化道路,快速推进了农村的城镇化进程。乡镇企业以"离土不离乡"的形式,把近两亿的农民固定在城镇,有效减轻了大中城市的压力,初步找到了适合中国国情的农村城镇化道路。

从理论上说,首先,乡镇企业的发展为农业人口向非农产业转移提供了广阔的空间。乡镇企业的发展既可以加快农村城镇化建设的步伐,又能够减轻由于大量农村剩余劳动力涌向城市而对大中城市造成的就业压力。同时,农村剩余劳动力从土地转移到乡镇企业后,留在农村地区的人

---

① 1998 年数据来自国家统计局:《新中国 50 年系列分析报告之六:乡镇企业异军突起》,国家统计局官网:http://www.stats.gov.cn/tjfx/ztfx/xzgwsnxlfxbg/t20020605_21423.htm; 2007 年数据来自冯克:《中国特色农村工业化的成功实践——乡镇企业改革发展 30 年成就综述》,《农民日报》2008 年 12 月 18 日;2011 年数据来自《中国乡镇企业及农产品加工业年鉴(2012)》,中国农业出版社 2012 年版,第 4 页。

口就有更大的发展空间,可以缓解农村人口压力过大和土地承载力不足之间的矛盾;其次,乡镇企业的发展加速了农村工业化进程,为农村城镇化建设积累了资金,奠定了物质基础。乡镇企业的发展,增加了农民的收入,促进了城镇市场的繁荣,增强了乡镇政府的经济实力,拓宽了城镇化建设的资金来源渠道,为农村城镇化建设提供了坚实的物质基础。

从实践上讲,改革开放以来,乡镇企业的发展确实给农村带来了历史性的巨变,它不仅改变了过去单一的农业产值结构,使农村经济结构趋于合理,改变了中国二元经济结构,打破了农村、农业、农民三位一体的以自然经济为基础的社会形态,也改变了农村第二三产业的就业状况,加速了中国农村城镇化的进程。在乡镇企业发展的带动下,一大批小城镇迅速崛起。乡镇企业在发展过程中,主要通过两种形式推动小城镇的发展:一是乡镇企业在依托原有乡镇集中发展起来后,农村富余劳动力由农业转向工业,并出现了为工业生产和职工生活服务的第三产业,于是大量的农民转化为城镇居民,并不断聚居,形成了小城镇;二是在很多地方,出现了许多同一行业的乡镇企业,于是开始出现产业集聚区和专业市场,它们的发展又带动了人口的集中和第三产业的发展,从而推动小城镇建设。实践证明,乡镇企业发达的地方,小城镇发展也较快。2002 年,党的十六大提出"走中国特色城镇化道路"的发展战略:"农村富余劳动力向非农产业和城镇转移,是工业化和现代化的必然趋势。要逐步提高城镇化水平,坚持大中小城市和小城镇协调发展,走中国特色的城镇化道路。"并且特别提出乡镇企业在城镇化建设中的作用,"发展小城镇要以现有的县城和有条件的建制镇为基础,科学规划,合理布局,同发展乡镇企业和农村服务业结合起来。消除不利于城镇化发展的体制和政策障碍,引导农村劳动力合理有序流动。"①此后,乡镇企业发展和小城镇建设都进入了新

---

① 江泽民:《全面建设小康社会,开创中国特色社会主义事业新局面》,《人民日报》2002 年 11 月 18 日。

的快速增长期。到 2007 年末,全国共有建制镇 19249 个、乡 15120 个。据对 16711 个建制镇和 14168 个乡的统计,村镇户籍总人口 9.3 亿,其中建制镇建成区 1.311 亿人,占村镇总人口的 14.1%;乡建成区人口 0.336 亿人,占村镇总人口的 3.6%。① 在乡镇企业带动下新建的城镇是分布广泛的乡村中心,已经发展成为以农业服务、商贸旅游、工矿开发等多种产业为依托的、各具特色的新型小城镇。与农村工业化的发展相伴生的小城镇发展打破了城乡分割的体制,推动了中国城镇化发展。到 2011 年底,乡镇企业就业人数达到 1.62 亿人,吸纳新增就业人数 294 万人,吸纳城镇下岗失业人员 742.6 万人。同时,随着乡镇企业和城镇化双重发展,农民返乡创业大量涌现,为统筹城乡发展、稳定农村社会、促进农民就业增收做出了积极贡献。2011 年全国共有 123 万打工者利用在外工作学到的技术、积累的经验和资金回乡创业。② 目前,中国已经初步形成以大城市为中心、中小城市为骨干、小城镇为基础的多层次的城镇体系,全国建制镇容纳了近两亿农村居民,正在实现由农民转向城镇居民的历史性跨越,有力地促进了中国农村城镇化的进程。

乡镇企业的发展促进了农业现代化进程。乡镇企业作为一个土生土长的新生事物,扎根中国农村,与中国农业、农村、农民有着密不可分的关系,它一开始就是以为农业服务、为农业配套的经济形式出现的,在它的快速发展过程中又不断推动着中国农业现代化进程。这种推动作用主要表现在以下三个方面:

第一,加大支农投入。乡镇企业作为广大农村集体经济的重要部分,在成长初期依靠农业积累发展起来,在它成为农村主要经济支柱以后,又积极以工补农,对农业进行反哺。农业现代化是一项耗资巨大的事业,而

① 住房和城乡建设部:《2007 年城市、县城和村镇建设统计公报》(2008 年 6 月 24 日),http://www.cin.gov.cn/hytj/dtyxx/zfhcxjsbxx/200809/t20080925_177110.htm。

② 《中国乡镇企业及农产品加工业年鉴(2012)》,中国农业出版社 2012 年版,第 4 页。

中国农业的比较效益很低,有些地区的农业不仅难以扩大再生产,而且连简单的再生产都无法维持。乡镇企业不仅改变了中国农村单一农业的产业结构,而且反哺农业,发展农业,以工补农,以工建农,用自身积累的一部分利润,购买现代化农业机械,加强农田基本建设和农业社会化服务体系建设,为促进农业的适度规模经营和农业的现代化创造了条件,成为支援农业、稳定农业、促进农业发展的重要力量。经过第一轮快速发展,乡镇企业有了相对丰厚的积累之后,就开始对农业实施反哺。据农业部乡镇企业局统计,仅"七五"期间乡村集体企业累计支援农村各项事业建设资金就高达 524 亿元,占同期乡村集体企业税后利润的 40%;在此期间乡村集体企业各项以工补农、以工建农资金累计达 343 亿元,相当于同期国家预算内农、林、水利、气象基本建设投资总额的 140%。同时,那些以农用工业为主的乡镇企业还直接生产了农机、化肥、农药、农膜等生产资料,如 1989 年就生产化肥 170 多万吨,配合饲料 1700 万吨,铁木竹塑制农具74500 万件,还有大量农药、农膜等,有力地支援了农业生产的发展。① 到2011 年,乡镇企业继续为保民生、保稳定作出重要贡献,全国乡镇企业支农建农及补助农村社会性支出达 401.01 亿元,比上年增加 5.56 亿元,② 在一些乡镇企业发达的省市区,乡镇企业建农补农资金已经超过国家对农业的投入,成为农业和农村社会事业发展的重要经济推动力量。

第二,带动农村产业振兴,延伸了农业产业链条。乡镇企业的发展,大大促进了农业生产的产业化。随着农村改革的深化,传统计划经济体制下的农产品生产、收购、加工、销售分割的局面逐步改变;市场经济发展也要求农业生产更好地面向市场,把产、购、加、销联结起来。许多地方发展乡镇企业就是利用当地农副产品资源优势,重视发展农产品加工业,壮大龙头加工企业,带动了农产品原料基地建设和营销网络建设,大力发展

---

① 黄佩民:《乡镇企业发展与农业现代化》,《管理世界》1994 年第 1 期。
② 《中国乡镇企业及农产品加工业年鉴(2012)》,中国农业出版社 2012 年版,第4 页。

农副产品加工业和储藏、保鲜、运销业。有的地方根据自然资源和社会经济条件,实行逆向开发,先建立加工企业,带动发展种养业的生产基地,形成了新的支柱产业。这些实行种植养殖加工一体化、产供销一条龙的农业产业化的做法,延长了农业生产的产业链,在农户与市场之间架起桥梁,推进了农业产业化经营,带动农业的企业化、集约化和产业化,减少了农业的自然风险和市场风险,能较好地引进推广先进实用技术,并使农民从农副产品加工增值中得到好处,提高了农业的比较效益,促进了农产品的增值增效增利,支持了农业的发展。

第三,积极培养农业、农村发展的人才。与传统的自给自足的自然经济和计划经济时代的产品经济生产方式相比,乡镇企业是一种先进的生产方式,它不仅带来了乡村的经济变革,而且也带来了农民的变革,为农业现代化培养了大批合格人才。乡镇企业的发展打破了城乡和地域间的界限,改变了农村社会传统生活方式的运行轨迹,促进了人们的交往和联系,开阔了人们的视野,把先进的思想观念带入农村,打破了原有的狭隘封闭观念和意识,为农民创造了各种发展自我、实现自我、提高自我的环境和机会,把现代科技观念,信息观念、市场观念导入千家万户,增强农民自我组织、自我服务、自我管理、自我教育的能力。乡镇企业把工业文明注入农村,提高了职工的科学文化、技术技能和经营管理水平,造就了一代农工结合的新型农民,涌现出一大批农民企业家。

五、乡镇企业开辟了中国工业化新道路

如果从中国工业化进程的角度来审视乡镇企业,我们会发现,乡镇企业的发展促进了中国农村工业化的进程,开辟了一条具有中国特色的工业化道路。乡镇企业植根于中国乡村,因地制宜、因时制宜,在夹缝中成长起来,后来异军突起,实现了由农村经济的配角,到农村经济的主角、城市工业的配角,再到中国工业化的主角的角色转变,闯出了一条新路。乡

镇企业的发展使广大农民直接卷入了社会主义工业化的潮流,成为中国工业化的一支重要的力量,突破了城市搞工业、农村搞农业的经济发展二元模式,探索出了一条城市工业与农村工业相互依托、相互融合、相互促进的有中国特色的工业化道路,加快了中国工业化的进程,并且在世界工业化的历史上创造了一个新模式、新道路。1998 年 4 月,江泽民在江苏考察时充分肯定了乡镇企业的地位与作用。他指出,"乡镇企业是我国亿万农民的一个伟大创造,也是党领导改革开放所取得的一项巨大成就。改革开放二十年来,我国乡镇企业异军突起,迅猛发展,已经成为农村经济的主体力量和国民经济的重要组成部分。乡镇企业的发展,对促进国民经济增长和支持农业发展,对增加农民收入和吸纳农村富余劳动力,对壮大农村集体经济实力和支持农村社会事业,都发挥了不可替代的重要作用。""在我们这样一个农村人口占大多数的国家搞现代化,发展乡镇企业是一个重大战略,是一项长期的根本方针。""我国正处在加快向工业化社会过渡的阶段,农村人口这么多,完全靠国家投资、靠城市吸纳来完成国家工业化是不现实的,必须走发展乡镇企业这条路,这是有中国特色的工业化道路。"①

时至今日,我们完全可以说,乡镇企业正支撑着中国工业增长的半边天下,已经成为中国工业化的主角之一,成为"推进国家工业化的重要一翼",②开辟了"中国工业化的第二条道路"。③ 从企业类型结构看,乡镇工业主要是中小企业,与国有大中型企业一起形成了中国大中小结合的较为合理的工业企业结构。从产业结构看,乡镇工业以农副产品加工、资源开发、劳动密集型、轻型加工企业为主,城郊乡镇工业相当一部分是为

---

① 《江泽民文选》第二卷,人民出版社 2006 年版,第 115、116 页。
② 邓锦雷:《论乡镇企业在中国工业化进程中的作用》,《乡镇企业研究》2000 年第 6 期。
③ 王振:《中国工业化的第二条道路——乡镇企业发展的计量与实证研究》,上海社会科学院出版社 1999 年版。

国有大工业加工配套的,与国有企业形成了互为市场、相互依存、相互补充的关系。

　　乡镇企业在中国的崛起是中国社会主义初级阶段的产物,它符合中国的国情又改变着中国的国情,它在改革开放中发展,又有力地推动着改革开放的深化,是中国工业化独具特色的重要组成部分。这种农民自发形成的、自下而上的工业化动力,在国民经济增长中发挥了巨大作用,成为几十年来中国经济高速增长的重要原因之一。只有社会主义市场经济的条件下,毛泽东曾经提出的依靠"小、土、群"来迅速推进工业化的设想,才得以实现。"只是在改革开放以后,中国长期追求的由政府自上而下、人民自下而上双重推动的工业化,才真正成为现实。"①这种自下而上的乡镇企业,是社会主义市场经济的产物,是改革开放的产物。实践证明,这是一条成功之路。

第五节　乡镇企业发展现状与展望

　　在中国工业化进程中,乡镇企业扮演了并且继续扮演着重要角色,成为中国特色工业化的一个颇具特色的亮点。同改革开放初期相比,今天的乡镇企业已经远远不能等量齐观了,无论量还是质都发生了重大的变化。然而,国际国内经济技术形势的发展又促使乡镇企业必须谋势而动,迎接新一轮的发展挑战。

一、乡镇企业发展现状

　　经过几十年来的快速发展,乡镇企业已经在多方面发生了重要变化。

---

　　①　武力:《中国现代化过程中的工业化与市场化——西欧现代化与中国现代化的比较研究》,《教学与研究》2002年第9期。

主要表现在以下四个方面：

第一，进行体制机制创新，实现了由单一集体所有制向多种所有制的转变。乡镇企业已经不是过去意义上的乡镇企业，也不是完全意义上集体所有制的形式。乡村集体企业通过产权制度改革，股份有限公司、有限责任公司成为大中型乡镇企业（包括私有企业）的主要组织形式，已经突破了《乡镇企业法》中规定的"乡镇企业"的范畴，现在全国95%以上的乡镇企业改制成为股份制、股份合作制和个体私营企业。

第二，产业和技术由东部地区向中西部地区转移，实现了由本地区产业和技术辐射向中西部地区产业和技术辐射的转变。适应经济梯度发展的规律，东部地区乡镇企业的触角正逐步向中西部地区延伸。在实现产业升级以后，东部地区的乡镇企业东西部合作和振兴东北老工业基地建设，大部分工业产业向西部转移。经过十年的产业转移，东部与中西部地区的产业差距在缩小。

第三，强化企业的社会功能，实现了由单一企业发展向村企互动、探索社会主义新农村建设模式的转变。现在，东部发达地区已经开始实现村企互动，每一个企业联系一个村，通过企业经济的传导、技术的传导、工业文明的传导以及对相关的工业事业的支持，新农村建设也开始逐步发生变化。东部地区有一些管理模式，既是一个乡镇企业的股份制企业，又是一个村委会，两牌子一套人马，通过企业来带动新农村的发展。这个是否能成为探索中国特色社会主义新农村建设的一种发展模式，现在还在试验之中。

第四，拓展发展空间，实现了由单一的地区和国内性企业向全国性和国际性企业的转变。乡镇企业以其在机制、产业结构、资源等方面的优势，扩大与国外的合资合作，许多地方和企业利用国外资源、国际市场和国际资本进行产业结构的调整和技术管理水平的提升，沿海很多乡镇企业已朝着外向化、规模化、集约化方向发展。乡镇企业外向型经济起步于20世纪80年代初，在短短几年的时间内，局面迅速打开。到1990年，出口创汇的乡镇企业已达到5.6万家；出口产品外贸收购总额达到485亿元,比1985年增长10倍,占全国出口产品收购总额的1/4。到1995年,全国乡镇企业出口创汇企业发展到12万家,出口交货值增加到5395亿元,比1990年增长10.7倍,平均每年增长43.5%。进入"九五"以后,外向型经济开始平稳发展。1998年中国乡镇企业出口产品交货值为6854亿元,比1995年增长27%,占全国出口的34.8%。① 进入新世纪以后,为切实落实党中央、国务院关于外向型经济发展的方针政策,农业部和对外贸易经济合作部于2002年1月22日共同制定并下发了《关于进一步促进乡镇企业外向型经济发展的意见》,鼓励并引导乡镇企业在更大范围和更深程度上参与国际经济合作与竞争。到2005年,全国乡镇企业出口企业达到15.4万个,全年完成出口交货值20662亿元;2006年,全国乡镇企业的出口企业达15.8家,完成出口交货值25416亿元;2007年,全国乡镇企业的出口企业达15.7万家,完成出口产品交货值31242亿元;2008年,全国乡镇企业完成出口交货值34900亿元。② 到2011年,全国乡镇企业出口产品交货值呈"平开稳走缓降"态势,15.3万家有出口实绩的乡镇企业完成出口产品交货值43734亿元。③ 到2012年,受国际经济危机影响,在出口拉动效应明显减弱的情况下,仍然完成了52428亿元的出口产品交货值,比上年增长8.75%。④

二、乡镇企业继续发展的动力

乡镇企业在发展经济、服务社会的成长历程中,在中国工业化大舞台

① 国家统计局:《新中国50年系列分析报告之六:乡镇企业异军突起》(1999.9.18),国家统计局官网:http://www.stats.gov.cn/ztjc/ztfx/xzg50nxlfxbg/200206/t20020605_35964.html。

② 数据来自国家农业部农产品加工局(乡镇企业局)发布的年度全国乡镇企业经济运行情况分析报告。

③ 《中国乡镇企业及农产品加工业年鉴(2012)》,中国农业出版社2012年版,第4页。

④ 《2012年全国乡镇企业发展平稳向好,结构进一步优化》,农业部官网:http://www.moa.gov.cn/zwllm/jcyj/zh/201301/t20130125_3208632.htm。

上扮演了一个重要角色。当前,国际经济依然危机重重,阴影不散,国内工业化已经进入一个新阶段,产业结构调整升级,市场化改革加快加深,资源环境约束趋紧。在这样背景下,乡镇企业必须随势而动,再一次实现突破性跃升,方能生存并发展,继续担当中国工业化的重要角色。然而,"乡镇企业自身素质仍有待提高。自主创新能力不强,技术装备水平相对落后;产品结构不合理,科技含量和附加值不高,市场竞争力较弱;企业机制不完善,法人治理结构不健全,内部管理不规范等问题比较突出。"[①]这是影响乡镇企业进一步发展的重要因素。为此,乡镇企业的发展必须要有以下两方面的能力做保障:一是练好"内功",乡镇企业必须提升自身的创新能力;二是强化保障,地方政府必须提升服务企业发展的能力。

(一) 乡镇企业必须提升自身的创新能力

创新是事物发展必不可少的动力,乡镇企业自然也不例外。乡镇企业的创新能力应该是多方面的,但就目前乡镇企业发展的实际来看,核心在于技术创新、管理创新和产业结构提升这三个方面。

1. 乡镇企业必须提升技术创新的能力

近年来,确有不少乡镇企业加快技术进步,实现了由单一的劳动密集型产业向高新技术产业的转变,市场竞争的加剧也逐步淘汰了那些落后的技术和企业,更多的乡镇企业越来越重视技术创新、设备更新、科技投入。然而,总体来说,自主研发能力相对偏低,这使得乡镇企业经常处于附加值不高,市场竞争能力不强的不利位置。相关研究成果表明,在过去几十年发展的每一阶段,技术进步对乡镇企业产出增长的绝对贡献变化不大,虽相对贡献率呈小幅增长趋势,但并非是拉动乡镇企业产出增长的主要动力,资本投入依旧是乡镇企业经济发展的主要力量。从乡镇企业

---

① 《全国乡镇企业发展"十二五"规划》,《中国乡镇企业及农产品加工业年鉴(2011)》,中国农业出版社 2011 年版,第 5 页。

员工构成来看,农村剩余劳动力是乡镇企业用工的主要来源,而这些劳动力文化水平较低。截至"十五"末,乡镇企业从业人员中大专以上学历人员仅占乡镇企业从业人员总数的4.3%,具有中高级技术职称的人员仅占乡镇企业全部就业人员的2.3%。① 人员素质低下导致了企业在创新意识方面存在不足,无论是制度创新、产品创新,还是管理创新等方面都远远落后于其他类型企业。近些年珠三角、长三角等地出现民工荒,表面原因是民工工资待遇偏低,深层原因则是乡镇企业技术创新能力差,产业竞争力不强,大部分企业处于产业链条低端,缺乏竞争力,产品科技含量较低,以低附加值为主,利润空间小,无力提高民工工资和待遇。

当然,由于自身和外部的因素作用,乡镇企业技术创新的难度较大。有学者认为,乡镇企业技术创新存在着五大障碍:技术创新观念和意识淡薄,创新主体地位不明确,技术创新的主动性不够;技术创新人才缺乏,自主创新能力差,消化、吸收新技术的能力不足;技术创新资金不足,创新经费投入分布不合理,乡镇企业技术创新的资金支持与投入体系尚未建立;技术创新组织和管理落后,缺乏有效的内部激励机制,不能调动技术人员的创新积极性;缺乏技术创新的社会支撑,现有的中介机构和支撑体系在企业技术创新中所起的作用不大。② 尽管如此,技术创新势在必行,政府要建立有效的激励乡镇企业技术创新活动的措施,建立专门用于支持乡镇企业技术创新的风险基金;社会要创设联系乡镇企业与研究机构的第三方机构;乡镇企业要不断克服困难,努力提高自身的技术创新能力。

提升技术创新能力是大势所趋,是乡镇企业生存与发展的需要,也是国家发展规划的要求。全国乡镇企业发展"十二五"规划专门把"推动科技进步,促进乡镇企业增长方式转变"作为工作重点提出来,指出,"支持

---

① 农业部乡镇企业局:《十五期间全国乡镇企业经济运行情况分析》,农业部官网:http://www.moa.gov.cn/sjzz/qiyeju/tongji/201006/t20100606_1536221.htm。

② Mei Qi-jun, *Technological Environment and Innovation of Town-ship Enterprises*, Asian Agricultural Research, 2009.1(3):49—52.

乡镇企业加大研发投入,开发先进适用的技术、工艺和设备,研制适销对路的新产品,提高产品质量。引导乡镇企业增加科技投入,用高新技术和先进适用技术改造传统产业,推进信息化与工业化的融合,缩小与国内外先进水平的差距;依托乡镇骨干企业、科研院所、大专院校组建技术创新研发中心,加强产学研结合,注重原始创新、集成创新和消化吸收再创新,增强企业技术创新和自主研发能力,形成企业的核心技术和自主知识产权。"[①]

2. 乡镇企业必须提升管理创新的能力

从整体上看,一些规模大、效益好的乡镇企业采用了现代化的管理方式,而大部分乡镇企业还停留在家族式管理、经验型管理的阶段。这些管理方式简单易行,有其自身的优点,但随着企业技术进步和规模扩张,这些传统的管理方式将难以为继。为此,乡镇企业必须强化内部管理,注重引进和借鉴国内外先进的管理经验,广泛运用现代化的管理手段和方法,提高劳动生产率,降低生产成本,要实施品牌战略,加快建立和完善质量管理体系,推进国际管理体系认证。政府要引导乡镇企业推进战略管理,找准市场定位,明确发展方向,提高企业长远发展能力。

乡镇企业由于发展水平不同,管理方法也有差异,管理创新主要应集中在以下三个方面:一是不断更新管理观念。用旧的观念和方式管理企业,只会使企业越来越落后,所以要在遵循市场发展规律的前提下,学会新的管理理念。企业的高层管理者对企业的发展起着至关重要的作用,必须明确自己的责任和义务,不断地、及时地了解和掌握新的管理理念和管理方法,并与企业自身的实际情况相结合,制定出适合自己企业的管理模式、机制和方法。二是加强企业组织创新。新的有效的组织会给企业注入新的活力,推进企业创新思想和政策的落实。落后的乡镇企业多采

---

① 《全国乡镇企业发展"十二五"规划》,《中国乡镇企业及农产品加工业年鉴(2011)》,中国农业出版社 2011 年版,第 6 页。

用集权制,组织结构多用直线制或直线职能制,协调性和应变能力较差,在经济全球化的今天,这样的组织结构很容易倒塌。所以,必须建立一个新的适合企业发展的组织体系,以提高企业的竞争力。三是加强企业管理制度创新。管理制度创新是把观念创新、技术创新和组织创新活动制度化、规范化,同时又引导观念创新、技术创新和组织创新的过程。它是企业管理创新的最高层次,是管理创新实现的根本保证。企业管理制度创新的目的是建立一种更优的制度安排,调整企业中所有者、经营者、劳动者的权力和利益关系,使企业具有更高的活动效率。

3. 乡镇企业必须调整和提升产业结构

进入 21 世纪以来,发达地区的乡镇企业进行了产业结构的调整和创新,许多不符合国家产业政策的产业也在调整创新中得到了比较好的优化升级,但从全国的整体来看,产业结构失衡的现象依然严重,第一、二、三产业的比例还不够协调,第三产业发展明显滞后,区域发展差距仍然较大。因此,推进结构调整,促进乡镇企业产业结构优化升级任务十分繁重。

从当前的实际情况来看,乡镇企业产业结构的调整升级,应当主抓以下三个行业:一是积极发展农产品加工业。加快发展农产品产后储藏、保鲜、烘干等产地初加工,切实解决农产品产后损失严重、品质降低、产品增值低等问题,促进提质增效;稳步发展精深加工,引导在农产品优势产区建设农产品加工基地,形成产业集群,促进加工增值,带动县域经济发展和农民增收。二是大力发展休闲农业等农村服务业。依托资源优势,突出特色,拓展农业功能,发展休闲农业;加强基础设施建设,推进休闲农业相关服务业发展;加快制定行业标准,强化监督管理,引导休闲农业规范发展;积极开展休闲农业示范县和示范点创建活动。同时,立足农村市场,积极发展物流业及生产、生活性等各类服务业。三是努力发展战略性新兴产业。后国际经济危机时期,全国、全球产业结构面临重大调整,传统产业空间趋于萎缩,新兴产业成为各国各地走向新一轮经济繁荣的重要突破口。当前,全球经济与竞争格局正在发生深刻变革,科技领域孕育着新的突破,各国战略性新兴产业发展方兴未艾。谁准备早、行动快,谁就能赢得先机、掌握主动。有条件的乡镇企业要立足现有基础,突出优势,因地制宜,瞄准科技前沿,突出特色,积极涉足新兴产业,发展节能环保、新一代信息技术、生物、高端装备制造、新能源、新材料、新能源汽车等战略性新兴产业,鼓励和扶持发展相关配套产业。

(二) 地方政府必须提升服务乡镇企业发展的能力

随着社会主义市场经济体制的完善和乡镇企业所有权改革,地方政府与乡镇企业的关系逐步发生变化,地方政府原先执行的领导者、参与者的职能不复存在,服务者、指导者的职能凸显。当前,地方政府应当把工作重点放在改进投资环境和招商引资方面,政府职能转向以信息提供、政策指导、技术服务、关系协调、环境优化为主要内容的公共服务,通过提供良好的公共环境来吸引投资,拉动增长。具体来说,当前地方政府对乡镇企业的服务主要集中在以下三个方面:

1. 改善乡镇企业生存发展的宏观环境

乡镇企业生存和发展的外部环境是法制、政策、体制、舆论、投资和市场环境等一系列环境要素的复合体,是多种因素共同作用的结果。外部环境的创设与优化,政府责无旁贷。

政府要为乡镇企业健康发展创造平等的竞争环境。在社会主义市场经济条件下,政府对乡镇企业的支持要从以前那种提供优惠政策来刺激经济的发展,逐步转移到主要通过建立公平竞争的市场环境、政策环境上来。当前,政府应重点解决以下三个问题:第一,协同商业银行着力解决企业抵押难、资产评估难、抵押贷款手续繁多等问题,拓宽乡镇企业的融资渠道,建立乡镇企业担保基金;第二,在信贷、税收、财政政策上对乡镇企业进行扶持,加大财政支持力度,要依法设立乡镇企业发展基金,重点支持乡镇企业的挖潜、改造、技术推广和人员培训;第三,要制定和完善促进人才向乡镇企业流动的政策,在档案管理、职称评定、子女就业(学)、工资住房等方面与其他各类企业平等对待。

政府要切实减轻乡镇企业负担。几十年来,税外负担过重一直是严重制约乡镇企业改革与发展的老大难问题。近年来,各地积极探索从制度、管理上防止加重乡镇企业负担的方法和途径,如不少地方实行了重点企业挂牌保护制度、职能部门承诺制度、收费标准和收费项目公示制度、"两证一卡一票"制度、①举报查处制度、收支两条线制度、政绩考核和行风评议制度、对乡镇企业承担的乡村社会负担实行总量控制等一系列制度、方法,收到了较好的效果。但在乡镇企业减负方面尚有许多工作要做。

政府要规范乡镇企业行为,进一步提高乡镇企业素质。一要规范乡镇企业的生产经营行为,对有些乡镇企业滥占耕地、浪费资源、污染环境、生产假冒伪劣产品、缺乏劳动安全保障等行为,要依法纠正和处理;二要规范乡镇企业履行法定义务,无论是乡村集体企业,还是改制后的企业、个体私营企业,都应承担支农义务,对承担支农义务的乡镇企业均应享受所得税减免10%的政策。

政府要守法,要依法行政。"社会主义市场经济本质上是法治经济。使市场在资源配置中起决定性作用和更好发挥政府作用,必须以保护产权、维护契约、统一市场、平等交换、公平竞争、有效监管为基本导向,完善社会主义市场经济法律制度。""国家保护企业以法人财产权依法自主经营、自负盈亏,企业有权拒绝任何组织和个人无法律依据的要求。"②要理顺乡镇企业管理机构,消除多头管理与缺乏协调的问题。乡镇企业行政

---

① "两证一卡一票"制度,是指对企业实施收费、罚款等行政行为时,除向行政相对人出示执法证表明身份外,必须同时出示物价、财政部门颁发的《收费许可证》、《罚没许可证》和《收费明白卡》,使用省财政部门监制的统一票据。

② 《中共中央关于全面推进依法治国重大问题的决定》,《人民日报》2014年10月29日。

管理部门是《乡镇企业法》的执法主体,加强乡镇企业执法主体的建设,主要是加强机构和队伍建设,以利依法行政。乡镇企业行政管理部门应依法加强对各类乡镇企业的综合管理、登记备案和服务指导,建立健全乡镇企业服务体系。工商行政管理部门的职责是依法加强对所有企业的注册登记、违法经营查处等行政管理,维护市场秩序。有关部门要按照各自的职责依法加强对乡镇企业的宏观管理。

2. 引导乡镇企业产业发展

从乡镇企业的发展历程可以看出,开始时基本上处于自发状态,村村点火,户户冒烟,产业格局分散,发展到今天,乡镇企业无论质还是量,都发生了翻天覆地的变化,政府应当适时加以引导,实现产业集聚。企业向园区集中,向工业小区和小城镇集中布局,向专业化集中,不仅能提高产业的竞争力,扩大区域产业经营规模,而且能带动农村服务业的兴起。地方政府应当结合国家主体功能区建设,科学规划,促进乡镇企业向有条件的小城镇、县城及园区聚集,积极整合和规范发展各类产业集群。发挥大企业的辐射带动作用,形成大中小企业协作配套的发展格局。支持并通过乡镇企业核心产业、重点产业的发展,延长产业链条,带动相关配套产业的发展。加大产业集群和基础设施建设力度,构建产业集群发展的支持体系。

同时,政府要积极推进乡镇企业产业转移与承接。按照推进西部大开发、促进中部崛起、振兴东北地区等老工业基地、东部率先发展等重大战略的要求,中央政府要有计划地推动区域结构调整,加快推进全国区域间产业转移。东部地区注重发展战略性新兴产业,中部地区重点发展先进制造业,西部地区注重对传统产业的承接和改造提升,引导和鼓励东部地区企业通过投资建厂、参股入股、收购兼并、技术转让等形式到中西部发展。中西部地区要改善投资环境,加强基础设施建设,引导本地企业加强与引进产业的协作配套。继续推进乡镇企业东西合作,举办经贸洽谈活动,不断创新乡镇企业东西合作思路,逐步建立乡镇企业区域间互相交流、互惠互利、协调发展的新机制。地方政府要充分利用国家产业政策，结合各地的实际情况，利用有利资源，做好乡镇企业产业转移与承接，发展优势产业，转变增长方式，优化产业结构，合理规划乡镇企业的发展。

3. 建立与完善乡镇企业服务体系

乡镇企业的进一步发展，目前还面临着技术、资金、土地、用工、公共服务等方面的制约。政府应针对这些瓶颈问题，建设和优化服务平台和发展载体，打造乡镇企业又好又快发展的服务体系。

第一，加强乡镇企业技术创新服务体系建设。要发挥高校、科研院所的科研优势，围绕关键核心技术的研发和系统集成，建设一批高水平的工程（技术）研究中心、工程（重点）实验室、企业技术中心，组建一批产、学、研、用紧密结合的产业技术创新战略联盟，加快建立以企业为主体、市场为导向、产学研相结合的乡镇企业技术创新体系。加大整合资源，鼓励组建行业性或区域性的乡镇企业技术服务机构，集中力量开展技术研发、转化、推广，促进科技成果向现实生产力转化。建设乡镇企业技术转移和交易服务平台，促进技术对接、诊断、咨询，鼓励和支持乡镇企业专业技术人员申请发明专利和技术入股。鼓励乡镇企业产业集群或园区建设技术服务平台。

第二，加强乡镇企业融资服务体系建设。推进与金融机构战略合作，建立银企合作、对接平台，支持举办面向乡镇企业的银企合作、对接活动，建设乡镇企业项目库，开展证券融资培训。引导乡镇企业通过上市、集合发债等多种直接融资方式，拓宽融资渠道。完善乡镇企业信用担保制度，加快发展政策性和商业性信用中介服务机构，逐步建立乡镇企业信用证制度、评级发布制度和失信惩戒制度，开展对企业信用评级、集中授信，为乡镇企业提供评级授信、资产评估、贷款担保、贷款支持"一条龙"服务。推进建立乡镇企业信用档案试点工作，建立和完善乡镇企业信用档案数据库。

第三，加强乡镇企业培训服务体系建设。发挥乡镇企业在职工培训中的主体作用,依托各级乡镇企业培训机构,充分利用各种社会培训资源,采取多种方式加强培训服务,为乡镇企业发展提供智力支持。实施乡镇企业"蓝色证书"培训工程,加强试点、示范,鼓励"蓝色证书"培训与乡镇企业各类培训紧密结合;开展农民工岗前培训,促进农民创业、就业,开展在职培训,提高乡镇企业素质和管理水平。积极推进乡镇企业职业技能开发,加快乡镇企业职业技能培训与鉴定体系建设,逐步建立乡镇企业产业集群、园区职业技能培训与鉴定的服务平台,推动职业技能鉴定向企业延伸,促进职业技能鉴定的行业合作,围绕农产品加工、休闲农业等农村二三产业的重点行业,积极开展农业行业特有工种职业技能培训与鉴定工作。

第四,加强乡镇企业信息服务体系建设。加强乡镇企业统计信息直报系统建设,维护系统安全,完善乡镇企业统计信息数据库,保证乡镇企业统计数据、信息的安全性、及时性、准确性;加强乡镇企业运行监测,及时收集、分析、发布有关信息。充分利用电子商务、网上交易平台,引导乡镇企业积极发展物联网,促进企业开拓市场,降低交易成本。加强乡镇企业经贸促销平台建设,支持举办全国性、区域性经贸活动,引导乡镇企业采取多种方式建立市场营销网络。建立健全乡镇企业对外经济技术合作项目库。

第五,加强乡镇企业创业辅导和企业家培训体系建设。在优势农产品产业带、休闲农业集聚区、农村劳动力输出大省,以返乡农民工、农村能人等为对象,围绕发展农村二三产业,加强农民创业辅导。积极培育创业主体,打造创业基地,加强规划和建设,完善基地服务功能,为农民和返乡农民工创业提供场所、共享设施和公共服务,将创业基地建成培育农民工创业、吸纳农村富余劳动力、承接产业区域转移的发展平台。积极发展信息服务、市场开拓、人才培训、管理咨询和法律咨询等各种创业辅导机构,建立农民创业项目库,开展示范性创业培训,提高创业者的创业能力和水平。要引导和鼓励乡镇企业家脱颖而出,要对农民企业家、科技示范户、进城返乡人才等进行创业和经营管理方面的培训指导,营造良好的创业氛围,促进企业家的生成和成长。

第六,要加强乡镇企业的行业协会建设。乡镇企业的行业协会处于快速成长阶段。行业协会能够在公共平台建设、组织共性技术和关键技术攻关、整合资源、加强行业自律以及推进品牌建设等方面发挥重要作用,这有利于乡镇企业的技术升级进步和规范发展。

第四章　改革开放以来
中国工业化的新成就

改革开放以来,工业化进程速度明显加快,取得了重大成就,已经整体步入工业化后期阶段,中国的基本经济国情已从一个农业经济大国转变为名副其实的工业经济大国。经济发展整体水平得到了极大提升,社会发展进入一个新的历史起点:开始从以解决温饱问题为主要目标的生存型社会向以促进人的全面发展为主要目标的发展型社会转变。

第一节　工业经济实现跨越式发展

改革开放 36 年来,中国工业综合实力不断增强,经济实力空前增强,工业结构发生深刻变化,工业基础显著加强,技术水平稳步提高,门类逐渐齐全。工业经济为中国国民经济发展、综合国力的提升和人民生活质量的改善做出了重大贡献。

一、工业经济快速发展,工业基础增强

改革开放 36 年来,中国工业化加速发展,在国民经济中的地位和作用不断增强。

(一) 工业规模快速增大

1978 年,中国工业基础比较薄弱,工业增加值仅有 1607 亿元。经过 36 年的改革开放,工业经济迅猛发展。1992 年工业增加值突破 1 万亿元 大关,此后每两三年就迈上一个万亿元台阶,2000 年突破 4 万亿元。 2007 年工业增加值突破 10 万亿元,达到 107367 亿元,比 1978 增长 23 倍 (按可比价计算),年均增长 11.6%。[1] 2014 年,全年工业增加值达到 22.7991 万亿元。[2]

(二) 工业在国民经济中继续保持优势的主导地位

现代工业在国民经济中有着愈来愈重要的地位和作用。工业是制造 现代生产手段的唯一部门,向国民经济提供能源、原材料和其他生产资 料,并不断提供新能源、新材料和新装备,生产出满足人们日益增长的物 质文化生活需要的各类消费品。现代工业是国民经济的主导,它的发展 推动着农业、建筑业、交通运输业、服务业以及其他产业的发展,决定了整 个国民经济和国防、科技现代化的水平和发展速度,促进市场经济的发展 和高度化。工业在国民经济的发展中起着不可替代的主导作用,推动着 中国经济在世界上的位次不断前移,为农业、交通运输等各行业发展和人 民生活质量的改善提供了重要的技术装备和支持。"与其他部门相比, 工业成为改革和开放最前沿、最大胆、最彻底的领域,工业自身也成长为 中国经济各部门中国际竞争力最强的部门。"[3]2008 年工业实现增加值

---

① 国家统计局:《工业经济在调整优化中实现了跨越式发展——改革开放 30 年我国 经济社会发展成就系列报告之九》(2008 年 11 月 6 日)。国家统计局官网,http://www. stats.gov.cn/tjfx/ztfx/jnggkf30n/t20081106_402514956.htm。

② 国家统计局:《中华人民共和国 2014 年国民经济和社会发展统计公报》(2015 年 2 月 26 日),国家统计局官网,http://www.stats.gov.cn/tjsj/zxfb/201502/t20150226_685799.html。

③ 中国社会科学院工业经济研究所:《中国工业发展报告(2009)——新中国工业 60 年》,经济管理出版社 2009 年版,第 9 页。

12.9万亿元人民币,工业增加值占GDP的比重达到43%,对GDP增长的贡献率达到42.8%,对国家税收的贡献达到50%。① 2014年工业实现增加值22.7991万亿元人民币,工业增加值占GDP的比重达到35.8%,对GDP增长的贡献率达到25.6%。②

（三）工业生产能力极大增强

当今世界,国家之间的竞争是综合国力的竞争,而一个国家工业生产水平是综合国力的重要组成部分。在能源、冶金、化工、建材、机械设备、电子通讯设备制造和交通运输设备制造及各种消费品等工业主要领域,已形成了庞大的生产能力,不少行业甚至出现了严重的产能过剩。主要工业产品产量位居世界前列,目前我国工业产品产量居世界第一位的达220多种,主要产品产量位次不断前移。中国已初步确立了"制造业大国"的地位,并为实现向"制造业强国"的转变奠定了坚实的基础。

二、工业结构调整和优化升级效果显著

经过36年的改革与调整,中国工业的产业结构、企业组织结构和区域结构等都发生了历史性的变化。

（一）工业产业内部结构得到调整升级

经过30多年的努力,尤其是近几年来,工业产业内部结构发生了

① 《李毅中介绍改革开放30年中国工业发展六大成就》(2009年3月22日),人民网经济专题,http://finance.people.com.cn/GB/8215/148999/9006162.html。
② 根据国家统计局:《中华人民共和国2014年国民经济和社会发展统计公报》(2015年2月26日,国家统计局官网,http://www.stats.gov.cn/tjsj/zxfb/201502/t20150226_685799.html)测算。

明显变化,能源原材料工业产能大幅提高,供需紧张状况明显缓解,制约中国经济发展的主要瓶颈已经突破,为中国国民经济持续稳定快速发展提供了有力支撑。有色金属、非金属矿物制品、化工及机械制造业也得到较快发展,能源工业产能大增。装备制造业发展势头良好,装备水平快速提升,促进了中国产业结构的升级,成套技术装备的国产化有力地推动了传统行业技术升级。淘汰落后生产能力取得成效,产品结构有所改善。

（二）企业组织结构不断优化,企业集团发展壮大

自 20 世纪 90 年代国家实施"抓大放小"战略以来,企业组织结构发生了很大变化。21 世纪以来,企业联合重组步伐加快,一批跨行业、跨地区、跨所有制的大企业集团先后发展壮大起来,成长起了以进入世界五百强企业为代表的一批世界级工业企业,各具特色的骨干企业和龙头企业在各行各业发挥了重要作用。同时,国家采取了"放小"、"扶小"政策,通过改组、联合、兼并、租赁、承包经营和股份合作制、出售等形式,加快了放开搞活小企业的步伐,小企业在社会经济中的活力、地位不断增强。数量庞大、广泛吸纳就业的中小企业和民营企业充满了活力,民营工业企业成为中国经济最大的增长板块。

2009 年 7 月 8 日,《财富》中文网与《财富》英文网同步发布 2009 年《财富》世界 500 强排行榜。中国上榜的公司创纪录的达到 43 家,其中中国石化首次进入《财富》世界 500 强的第九名。43 家上榜企业中有 23 家是工业企业或以工业为主的企业,其中 19 家是大陆企业:中国石油化工集团公司,中国石油天然气集团公司,国家电网公司,中国中化集团公司,中国南方电网有限责任公司,宝钢集团有限公司,中国建筑工程总公司,中国海洋石油总公司,中国交通建设股份有限公司,上海汽车工业(集团)总公司,中国中钢集团公司,河北钢铁集团,中国冶金科工集团公司,中国第一汽车集团公司,中国华能集团公司,中国航空工业集团公司,

中国南方工业集团公司,江苏沙钢集团,中国铝业公司。① 江苏沙钢集团是大陆上榜世界500强的唯一一家民营企业。

2014年7月7日,《财富》2014年世界500强企业排行榜发布。重要信息如下:中国(两岸三地)上榜公司数量创纪录地达到100家(比5年前增加1.3倍,含台企5家),中国石油化工集团公司取代了埃克森美孚,在榜上排名第三,打破了该公司与沃尔玛和壳牌三足鼎立的历史;中国民营企业排名均有上升,华为投资控股有限公司排名由2013年的第315位上升至285位;有7家中国公司首次跻身世界500强,包括来自金融业的国家开发银行(排名第122位)和中国农业发展银行(第491位),工程与建筑业的太平洋建设集团(第166位)、中国能源建设集团有限公司(第465位)、中国通用技术(集团)控股有限责任公司(第469位)、金属行业的渤海钢铁集团(第327位),还有能源行业的中国华信能源有限公司(第349位);上年排名466位的百联集团和499位的国泰人寿保险股份有限公司两家落榜。②

(三) 区域结构得到有效调整,从东部地区优先发展逐步转向东中西部地区协调发展

区域发展不平衡是中国面临的突出性结构问题,随着改革开放以后梯度发展战略的实施,这个问题愈显突出,缩小区域差距也就成为近十多年来国家宏观政策和产业政策的主要任务之一。进入21世纪以来,国家先后推出西部大开发、振兴东北地区等老工业基地、促进中部崛起、鼓励东部地区率先发展的发展战略,增加对中西部地区的政策支持和资金投入,同时鼓励东部地区到中西部投资,中西部地区发展步伐加快,开始出

---

① 《2009年世界500强排行榜》,(2009年7月8日),《财富》中文网,http://www.fortunechina.com/fortune500/c/2009-07/08/content_21391.htm;《2009年世界500强中国上榜公司》,(2009年7月8日),《财富》中文网,http://www.fortunechina.com/fortune500/c/2009-07/08/content_21390.htm。

② 《2014年财富世界500强排行榜》(2014年7月7日),《财富》中文网,http://www.fortunechina.com/fortune500/c/2014-07/07/content_212535.htm。

现中西部发展速度快于东部的势头。2007年之前,东部经济增长最快,中部次之,西部最慢。2007年以来,由于东部地区土地、劳动力工资等生产要素价格上涨,兼之国家对中西部地区投入的加大,推动了投资向中西部地区的转移,工业区域结构调整的成效逐步显现出来,工业空间分布的均衡性和协调性不断增强。主要表现在:

1. 中西部地区工业增长加快,与东部地区的差距不断缩小,全国工业区域结构均衡性增强

第一,从各区域工业发展速度来看,中西部地区工业增长领先全国,成为拉动国内工业较快增长的重要驱动力。工业增长速度的变化是区域经济增长速度变化的主要因素。从2002年开始,东部地区工业总产值占全国的比重就开始下降,2010年已从最高点的73.22%下降到66.47%,下降6.75个百分点;相反,中部和西部地区占全国工业总产值的比重分别从2002年的15.48%和11.29%提高到2010年的20.52%和13.01%,提高5.04个百分点和1.72个百分点。[①] 从最近五年各区域工业增速情况来看,中西部地区最快,其次是东北地区,东部地区工业增速相对较慢,出现中西部地区工业增长领先全国的增长格局。中西部地区工业增长成为拉动国内工业快速增长的重要驱动力。第二,从各区域工业经济实力来看,中西部地区工业总产值和增加值占全国的比重逐年上升,中西部地区工业发展与东部地区的差距不断缩小。从东部、东北、中部和西部这四大板块的工业增加值占全国的份额比例变化可以看出,"十五"期间内陆省份与东部工业发展的差距还在拉大,东部地区工业增加值占全国份额从2000年的57.8%增加到2004年的最高值60.5%,但进入"十一五"以来,特别是国际金融危机爆发以后,中西部工业增加值所占份额大幅上升,与东部的差距逐渐缩小。东部工业增加值占全国份额由最高时2004

① 陈佳贵、黄群慧、吕铁、李晓华等:《中国工业化进程报告(1995—2010)》,社会科学文献出版社2012年版,第30页。

年的60.5%下降至2011年的51.8%,减少8.7个百分点;同期,中部和西部则分别由16.9%和13.5%增至21%和18.3%,分别上升4.1和4.8个百分点。[①] 而东北地区由于面临着老工业基地调整转型,同期工业增加值占比有所下降。

2. 各板块产业结构调整升级步伐加快,工业区域结构协调性增强

"十一五"以来,随着各地区产业结构调整步伐的加快,产业结构总体上趋于不断优化。在国家政策引导下,各地区先进制造业、战略性新兴产业、高新技术产业等发展较快,成为各区域工业结构优化升级的重要推动力,使工业区域结构协调性增强。从主导产业来看,各板块都有自己的产业优势,东部地区主要以技术密集型和资本密集型产业为主,中西部地区主要以劳动密集型产业为主,东北地区劳动密集型和技术密集型产业有所提升。

3. 区域间产业转移加快,新的区域产业分工合作格局形成

中国是一个地域辽阔、产业发展区域极不均衡的国家,广阔的地理空间为经济梯度发展提供了纵深。当一些劳动密集型产业由于成本上涨在东部地区丧失了竞争力之后,开始向内陆地区大规模转移,从而在总体上保持了中国劳动密集型产业的国际竞争力,也为中国工业和制造业赢得了更长的发展时间。进入21世纪以来,东部地区产业加快向中西部地区转移,转移的规模不断扩大,产业层次也在不断提高,这对于促进工业区域结构优化升级起到了重要的推动作用。表4-1显示了四大区域在21世纪初产业格局的变动,它表明,东部地区的四类产业都已经向中西部和东北地区转移;中西部地区在承接劳动密集型产业和资源性产业的同时,资本密集型产业和技术密集型产业正在成为新的区域经济增长点;东北老工业基地则不断推进产业转型升级,传统的能源产业、重化工资本密集型产业在全国所占份额不断下降,劳动密集型产业和技术密集型产业则有所提升。

---

① 石碧华:《中国工业经济区域结构的现状与优化对策》,《西部论坛》2014年第2期。

表 4-1 2003—2010 年四大板块不同类型产业的份额变化(%)

产业类型	年份	东部	中部	西部	东北
资源开采业	2010	30.1	27.9	29.6	12.4
	2003	32.2	22.6	23.0	22.3
	2010—2003	-2.1	5.4	6.6	-9.9
劳动密集型产业	2010	62.6	17.9	11.8	7.8
	2003	73.0	12.4	10.1	4.6
	2010—2003	-10.4	5.5	1.7	3.2
资本密集型产业	2010	60.7	17.4	13.0	9.0
	2003	64.9	14.4	11.0	9.7
	2010—2003	-4.2	3.0	2.0	-0.7
技术密集型产业	2010	77.9	10.3	6.9	4.9
	2003	83.2	6.5	6.3	4.1
	2010—2003	-5.3	3.8	0.6	0.8

资料来源:陈耀、陈钰:《中国工业区域结构的调整与优化》,《贵州财经学院学报》2012 年第 4 期。

三、工业综合实力增强,国际竞争力提升

工业化的快速推进奠定了中国产业国际竞争力的基础。改革开放以来,特别是 20 世纪 90 年代以来,"中国制造"、"中国价格"以其特有的优势不断地改变着世界工业竞争力的整体格局,强有力的工业增长支撑了中国经济实力和国家形象,使中国获得了 200 年来所不曾有过的国际尊重。"中国工业化的巨大成就,根本性地改变了中国的国际地位和整个世界的国家关系格局。"①按世界银行的数据,2005 年中国人均 GDP 为 1731 美元,处于中下等收入国家水平(低于中等收入国家平均水平),2010 年增加到 4428 美元,②已经超过中等收入国家平均水平。数据表

---

① 中国社会科学院工业经济研究所:《中国工业发展报告(2009)——新中国工业 60 年》,经济管理出版社 2009 年版,第 15 页。

② 陈佳贵、黄群慧、吕铁、李晓华等:《中国工业化进程报告(1995—2010)》,社会科学文献出版社 2012 年版,第 6 页。

明,中国已经跻身中等收入国家行列。

(一) 中国三次产业的增加值均跃居世界前列

中国农业增加值自 1995 年超过美国后一直居世界第一位,并且占世界的比重不断提高。根据世界银行的数据,2005 年中国的农业增加值达到 1453 亿美元,占世界的 12.04%;2010 年增加到 5988 亿美元,占世界的 23.38%。中国的第二产业(包括工业和建筑业)增加值 2005年为 10690 亿美元,居世界第三位;2007 年达到 16540 亿美元且超过日本;2010 年达到 27710 亿美元,超过美国,居世界第一位。其中,中国制造业增加值 2005 年为 7337 亿美元,居美国、日本之后,占世界的9.78%,2010 年达到 17568 亿美元,占世界的 17.58%,居世界第二位。但是据美国研究机构 HIS 测算,2010 年世界制造业总产出达到 10 万亿美元,其中中国占世界制造业产出的 19.8%,略高于美国的 19.4%(联合国统计署也证实了 HIS 的计算),打破了美国 1895—2009 年对该位置的垄断。与第一、第二产业相比,中国服务业的世界排名提升较大。2005 年,中国的服务业增加值为 9143 亿美元,居世界第七位,2009 年达到 21675 亿美元,居世界第三位,服务业增加值占世界的比重也从 3.22% 提高到 5.94%。①

(二) 同世界其他国家相比,中国 GDP 增速显著,占世界总量的比重不断提升

中国经济的高速增长使中国的国际地位不断提高。根据世界银行的数据,按 2000 年不变价美元计算,2005—2010 年中国的 GDP 年均增长11.20%,远远高于世界平均水平的 2.24%、高收入国家的 1%、中等收入

---

① 陈佳贵、黄群慧、吕铁、李晓华等:《中国工业化进程报告(1995—2010)》,社会科学文献出版社 2012 年版,第 8 页。

国家的 6.58% 和低收入国家的 5.79%。2005 年，按现价美元衡量的中国 GDP 占世界的 4.94%，居世界第五位，2010 年这一比重提高到 9.37%，[①] 中国已经成为世界第二大经济体，请参见表 4-2。

表 4-2 2005 年和 2010 年世界主要国家 GDP 比较（亿美元）

排名	区域	2005	区域	2010
	世界	456597	世界	632570
1	美国	125797	美国	145867
2	日本	45522	中国	59266
3	德国	27663	日本	54588
4	英国	22805	德国	32805
5	中国	22569	法国	25600
6	法国	21366	英国	22617
7	意大利	17863	巴西	20879
8	加拿大	11338	意大利	20610
9	西班牙	11302	印度	17271
10	巴西	8822	加拿大	15770
11	墨西哥	8489	俄罗斯	14798
12	韩国	8449	西班牙	14074
13	印度	8340	澳大利亚	11316
14	俄罗斯	7640	墨西哥	10359
15	澳大利亚	6965	韩国	10145

资料来源：陈佳贵、黄群慧、吕铁、李晓华等：《中国工业化进程报告（1995—2010）》，社会科学文献出版社 2012 年版，第 6 页。

第二节 工业化水平明显提高

改革开放 36 年来，中国工业实现了跨越式发展，建立了相对完善的

---

① 陈佳贵、黄群慧、吕铁、李晓华等：《中国工业化进程报告（1995—2010）》，社会科学文献出版社 2012 年版，第 5—6 页。

产业体系,成为全球制造业大国,工业化已进入加速发展的新阶段。

中国工业化到底达到了什么样的水平和高度? 中国离实现工业化还有多远? 这是学术界近十几年来研究的一个热点。由于全国工业化发展水平相对差异较大,又由于研究人员对诸如人均收入、GDP 结构、工业结构、城市化水平、就业结构等判断指标的选择和具体计算方法上的差异,迄今为止还没有形成较为统一的判断,然而,根据上述标准,大多数学者认为,到 20 世纪末期、21 世纪初期,中国工业化的进程总体上已经进入工业化中期阶段。中国工业化水平明显提高,实现了由工业化初期阶段向工业化中后期阶段的历史性跨越。

魏礼群认为,"我国的工业化任务还没有完成,总体上看,现在还处于工业化中期阶段。突出表现在:农业现代化和农村城镇化水平较低,农业劳动力和农村人口在全社会劳动力和总人口中分别占了 50% 和 62%左右;产业结构层次低,竞争力不强,工业特别是制造业的技术水平还不高,服务业的比重和水平同已经实现工业化的发达国家相比还有相当大的差距。"①

中国社会科学院工业经济研究所郭克莎、吕政、张其仔等认为,人均收入水平的变动决定着需求结构的变动,它是工业化阶段演进的基本动因,因而人均收入水平反映的工业化阶段是一个较为客观的指标。同时,三次产业结构和工业内部结构的变动受到一个国家经济发展战略、结构导向机制(市场或计划)以及宏观产业政策的影响,其所反映的工业化阶段往往包含了一定的主观因素,特别是由于中国产业结构偏差(工业比重过高),产业结构水平难以直接作为判断工业化阶段的依据。因此,如果以人均收入水平指标为主要依据,以产业结构水平和工业结构高度两个指标为辅助依据,来判断中国的工业化进程,那么,在三个阶段的划分中,中国目前大概处于工业化中期阶段的上半期;在四个阶段的划分中,

---

① 魏礼群:《走好新型工业化道路》,《经济日报》2002 年 12 月 30 日。

中国目前大概处于工业化的第二个阶段。①

　　中国社会科学院工业经济研究所陈佳贵等基于人均 GDP、三次产业产值比、工业结构指标、城市化率和三次产业就业比例等五项指标,运用加权合成法,对中国全国及其各个区域的工业化水平进行综合评价,认为,到 2000 年,中国的工业化水平综合指数达到了 26,这表明"九五"期间,中国处于工业化初期的后半阶段。到"十五"期末的 2005 年,工业化水平综合指数达到 50,中国刚刚进入工业化中期的后半阶段。从不同经济区域看,东部进入工业化后期的前半阶段,东北地区进入工业化中期前半阶段,而中部和西部还处于工业化初期的后半阶段。长江三角洲地区和珠江三角洲地区都已经进入工业化后期的后半阶段,领先于全国水平整个一个时期,环渤海地区也进入工业化的后期阶段。②

　　"十一五"时期,中国经济虽然经受了国际金融危机冲击,但由于宏微观政策得当,国民经济仍保持持续较快增长,产业结构得到优化,节能减排全面推进,中国工业化进程继续推进,基本上走完了工业化中期阶段。据陈佳贵课题组判断,到"十一五"末,中国的工业化已进入工业化后期阶段。

　　他们首先选择人均 GDP、一二三产业增加值比(产业结构)、制造业增加值占总商品增加值比重(工业结构)、人口城镇化率(空间结构)、一二三产业就业人数比(就业结构)等 5 项指标来衡量全国及地区工业化进程,确立工业化不同阶段各指标的标志值;然后,采用阶段阈值法计算出 5 项工业化基本指标的得分;继而,利用加权合成法得到反映地区工业化水平和进程的综合指数;最后,通过地区工业化综合指数的计算,来判断各个地区所处的工业化阶段。如表 4-3 所示。

────────────

① 郭克莎:《中国工业化的进程、问题与出路》,《中国社会科学》2000 年第 3 期;吕政、郭克莎、张其仔:《论我国传统工业化道路的经验与教训》,《中国工业经济》2003 年第 1 期;吕政、郭克莎、张其仔:《为什么要走新型工业化道路》,《经济日报》2003 年 2 月 19 日。

② 陈佳贵、黄群慧、钟宏武、王延中等:《中国工业化进程报告——1995—2005 年中国省域工业化水平评价与研究》,中国社会科学出版社 2007 年版,第 43 页。

表4-3　2010年中国各地区工业化阶段的比较（汇率—平价法）

阶段	区域	全国	四大经济板块	七大经济区	31省市区（不含港台澳）
后工业化阶段（五）					北京、上海
工业化后期（四）	后半阶段			长三角（89）	广东（84）、江苏（87）、浙江（87）、天津（95）
	前半阶段	全国（66）	东部（82）东北（71）	珠三角（81）环渤海（77）东北三省（71）	吉林（66）、内蒙古（67）、重庆（69）、山东（75）、福建（79）、辽宁（81）
工业化中期（三）	后半阶段		中部（58）西部（50）	中部六省（58）大西南（51）	黑龙江（50）、四川（51）、陕西（54）、安徽（55）、河南（56）、湖南（57）、江西（57）、宁夏（58）、青海（58）、河北（62）、湖北（63）
	前半阶段			大西北（49）	贵州（34）、云南（41）、甘肃（43）、山西（47）、广西（49）
工业化初期（二）	后半阶段				西藏（27）、新疆（32）、海南（32）
	前半阶段				
前工业化阶段（一）					

资料来源:陈佳贵、黄群慧、吕铁、李晓华等:《中国工业化进程报告（1995—2010）》,社会科学文献出版社2012年版,第46页。

说明:"一"表示前工业化阶段（综合指数值为0）,"二"表示工业化初期（综合指数值大于0,小于33）,"三"表示工业化中期（综合指数值为大于等于33,小于66）,"四"表示工业化后期（综合指数值为大于等于66,小于100）,"五"表示后工业化阶段（综合指数值为100）。前半阶段表示综合指数值未超过该阶段的中间值,后半阶段表示综合指数值超过该阶段中间值。

　　从全国整体看,1995年,中国工业化水平综合指数仅为12,表明中国处于工业化初期的前半阶段;2000年,中国工业化水平综合指数提高到18,表明中国进入工业化初期的后半阶段;2005年,中国工业化水平综合指数提高到 41,进入工业化中期的前半阶段。"十一五"期间,中国工业化的速度加快,2010 年工业化水平综合指数相比 2005 年提高了 25,年均增长 5.0,是 1995 年以来工业化综合指数提高最快的时期。2010 年,中国工业化水平综合指数达到 66,表明中国刚刚进入工业化后期的前半阶段。

从四大板块看,2010 年东部和东北的工业化水平综合指数分别为 82 和 71,处于工业化后期的前半阶段,其中东部即将进入工业化后期的后半阶段;而中部和西部的工业化水平综合指数分别为 58 和 50,尚处于工业化中期的后半阶段。

从七大区域看,长三角已经进入工业化后期的后半阶段,领先于全国其他地区;珠三角、环渤海和东北三省处于工业化后期的前半阶段;中部六省和大西南处于工业化中期的后半阶段;大西北的工业化水平最低,处于工业化中期的前半阶段。

从省级区域看,到 2010 年,北京、上海两个直辖市处于后工业化阶段,天津、江苏、浙江、广东处于工业化后期的后半阶段,这几个省市是全国经济最发达的地区,工业化水平也处于全国前列。辽宁、福建、山东、重庆、内蒙古和吉林处于工业化后期的前半阶段,与全国的工业化平均水平相当。处于工业化中期的地区数量最多,其中湖北、河北、青海、宁夏、江西、湖南、河南、安徽、陕西、四川、黑龙江处于工业化中期的后半阶段,而广西、山西、甘肃、云南、贵州处于工业化中期的前半阶段。海南、西藏、新疆等三个边疆省区的工业化水平最低,仍然处于工业化初期的后半阶段。

到 2010 年,总体上看,中国工业化总体水平不低,但区域发展严重不均衡。全国有两个省级区域进入后工业化阶段,其经济总量占全国的 7.16%、人口占全国的 3.20%、土地面积占全国的 0.26%,也就是说全国已经有 3.20% 的人口实现了工业化;有广东等 10 个省级区域进入工业化后期阶段,其经济总量占全国的 51.49%、人口占全国的 38.10%、土地面积占全国的 23.68%,这意味着全国大约有 38% 的人口已经步入工业化后期;有黑龙江等 16 个省级区域处于工业化中期阶段,其经济总量占全国的 39.52%、人口占全国的

56.19%、土地面积占全国的45.53%,全国大体上有56%的人口处于工业化中期;西藏、新疆、海南3个省级区域仍处于工业化初期阶段,其经济总量占全国的1.83%、人口占全国的2.51%、土地面积占全国的30.53%。由此可见,尽管中国各地区的工业化水平存在很大差距,但大部分人口(97.49%)已经生活在工业化的后期和中期阶段的区域里。[①]

2014年12月15日,由中国社会科学院工业经济研究所编写的《中国工业发展报告2014》在京发布。报告指出,2013年,中国工业发展取得了举世瞩目的伟大成就,工业增加值达到249684亿元,200多种主要工业产品产量居世界第一,进出口贸易总额达到4.16万亿美元,跃居全球第一,中国经济结构发生了一个具有历史意义的重大变化,第三次产业比例首次超过了第二产业比例。报告认为,中国经济走向新常态,步入工业化后期阶段。[②]

第三节　工业化促进人民生活
水平提高与社会变迁

随着中国工业化水平不断提高,经济快速增长,综合国力全面提升,人民生活水平逐步提高,中国社会发展出现了新的局面,正由温饱型社会向小康型社会、生存型社会向发展型社会过渡。

一、人民生活总体上达到小康水平

提高人民生活水平是改革开放和发展经济的根本目的。在经济发展

---

① 陈佳贵、黄群慧、吕铁、李晓华等:《中国工业化进程报告(1995—2010)》,社会科学文献出版社2012年版,第45—47页。

② 宗敏:《〈中国工业发展报告2014〉在京发布》,中国社会科学网,http://www.cssn.cn/zx/bwyc/201412/t20141217_1446167.shtml。

的基础上,使全国人民过上小康生活,并逐步向更高的水平前进,这是中国共产党领导全国人民进行工业化的阶段性目标之一。

从提出实现小康目标到现在,根据中国经济社会发展水平的变化,先后三次制定过小康社会标准。

(一) 小康标准初级版——整体小康(1991)

20 世纪 90 年代开始,学术界和理论界对小康社会建设的目标做了大量细致的定量研究,形成了一些操作性较强的建设标准。1991 年国家统计局与计划、财政、卫生、教育等 12 个部门的研究人员组成了课题组,按照党中央、国务院提出的小康社会的内涵共同制定出了《全国人民小康生活水平的基本标准》、《全国农村小康生活水平的基本标准》和《全国城镇小康生活水平的基本标准》三套小康标准。在《全国人民小康生活水平的基本标准》中确定了 16 个基本监测指标和小康临界值(表4-4)。

表 4-4　全国人民生活小康水平的基本标准

指标类型		指标名称	单位	指标临界值	
				小康值	权数
一、经济水平		1. 人均国内生产总值	元	2500	14
二、物质生活					48
	收入	2. 人均收入水平			16
		(1)城镇人均可支配收入	元	2400	6
		(2)农民人均纯入	元	1200	10
	居住	3. 人均居住水平			12
		(1)城镇人均使用面积	平方米	12	5
		(2)农村人均钢筋砖木结构住房面积	平方米	15	7
	营养	4. 人均蛋白质摄入量	克	75	6
	交通	5. 城乡交通状况			8
		(1)城市每万人拥有铺路面积	平方米	8	3
		(2)农村通公路的行政村比重	%	85	5
	消费结构	6. 恩格尔系数	%	50	6

续表

指标类型		指标名称	指标临界值		
			单位	小康值	权数
三、人口素质					14
	文化	7. 成人识字率	%	85	6
	健康	8. 人均预期寿命	岁	70	4
		9. 婴儿死亡率	‰	31	4
四、精神生活					10
		10. 教育娱乐支出比重	%	11	5
		11. 电视机普及率	%	100	5
五、生活环境					14
		12. 森林覆盖率	%	15	7
		13. 农村初级卫生保健基本合格县比重	%	100	7
总计		共16项分指标			100

说明:表中价值量指标均按 1990 年价格计算。此标准为原国家计划委员会与国家统计局联合提出并征求 12 个部委意见后,于 1995 年 1 月修改完成。

资料来源:朱剑红:《全面小康什么样——访国家统计局副局长贺铿》,《人民日报》2002 年 11 月 18 日。

用综合评分方法对这 16 个指标进行测算,1990 年全国小康实现程度为 48%,2000 年为 96%。截至 2000 年,尚有三个指标没有达到小康标准,即农民人均纯收入为 1066 元,实现 85%;人均蛋白质日摄入量为 75 克,实现 90%;农村初级卫生保健基本合格县比重实现 80%。分地区来看,东部基本实现,中部实现 78%,西部实现 56%。根据这个测算结果,中国政府向全世界宣布人民生活总体上达到了小康水平,然后在这个基础上全面建设小康社会。

（二）小康标准升级版——全面小康社会(2003)

2002 年,党的十六大报告认为,中国城乡居民收入稳步增长;城乡市场繁荣,商品供应充裕,居民生活质量提高,衣食住用行都有较大改善;社会保障体系建设成效明显;"八七"扶贫攻坚计划基本完成。并由此得出"人民生活总体上实现了由温饱到小康的历史性跨越"和"人民生活总体上达到小康水平"的基本判断。然而,这种"总体小康"还是低水平的、不全面的、发展很不平衡的小康。从整体上说,生产力和科技、教育还比较落后,实现工业化和现代化还有很长的路要走;城乡二元经济结构还没有改变,地区差距扩大的趋势尚未扭转,贫困人口还为数不少;人口总量继续增加,老龄人口比重上升,就业和社会保障压力增大;生态环境、自然资源和经济社会发展的矛盾日益突出;我们仍然面临发达国家在经济科技等方面占优势的压力;经济体制和其他方面的管理体制还不完善;民主法制建设和思想道德建设等方面还存在一些不容忽视的问题。为此,21世纪头20年,要集中力量全面建设更高水平的小康社会,使经济更加发展、民主更加健全、科教更加进步、文化更加繁荣、社会更加和谐、人民生活更加殷实。

　　全面建设小康社会的目标是:在经济与社会建设方面,"在优化结构和提高效益的基础上,国内生产总值到二〇二〇年力争比二〇〇〇年翻两番,综合国力和国际竞争力明显增强。基本实现工业化,建成完善的社会主义市场经济体制和更具活力、更加开放的经济体系。城镇人口的比重较大幅度提高,工农差别、城乡差别和地区差别扩大的趋势逐步扭转。社会保障体系比较健全,社会就业比较充分,家庭财产普遍增加,人民过上更加富足的生活。"在社会主义民主政治建设方面,"社会主义民主更加完善,社会主义法制更加完备,依法治国基本方略得到全面落实,人民的政治、经济和文化权益得到切实尊重和保障。基层民主更加健全,社会秩序良好,人民安居乐业"。在科学文化建设方面,"全民族的思想道德素质、科学文化素质和健康素质明显提高,形成比较完善的现代国民教育体系、科技和文化创新体系、全民健身和医疗卫生体系。人民享有接受良好教育的机会,基本普及高中阶段教育,消除文盲。形成全民学习、终身学习的学习型社会,促进人的全面发展"。在社会发展方式方面,"可持续发展能力不断增强,生态环境得到改善,资源利用效率显著提高,促进人与自然的和谐,推动整个社会走上生产发展、生活富裕、生态良好的文明发展道路"。①

这是党的十六大关于全面小康社会建设的目标,它虽然涉及政治、经济、文化和社会建设四个方面的内容,勾画了中国未来发展的蓝图,但由于这是一个宏观目标,因而定性描述多于定量设计。

2003 年初,国家统计局统计科学研究所开始研究制定全面建设小康社会统计监测指标体系,把它作为全面建设小康社会的一项重要的基础工作来做。课题组根据十六大报告提出的"六个更加"以及表示可持续发展的资源环境因素选择了经济发展、社会和谐、生活质量、民主法制、科教文卫、资源环境等六大部分,共 25 项指标,构成了全面小康社会统计监测指标体系的总体框架,在对全面建设小康社会的进程实行监测或量化时,不仅提高反映人民生活水平的统计指标的临界值,而且要全面反映精神文明和政治文明的发展进程。2007 和 2008 先后两次分别公布了《2006 年中国全面建设小康社会进程统计监测报告》和《2007 年中国全面建设小康社会进程统计监测报告》。

在 2007 年的统计监测报告中,课题组认为,2000 年以来,中国全面建设小康社会进程逐年加快,实现程度从 59.3% 稳步提升到 2007 年的 72.9%。按照这种发展趋势,到 2020 年中国完全可以实现全面建设小康社会的奋斗目标。这一结论源于对以下五项指标的综合考察:第一,经济保持较快发展。2007 年经济发展实现程度为 65.5%,比 2000 年提高 15.2 个百分点。城镇化进程不断加快,城镇人口比重从 2000 年的 36.2% 上升至 2007 年的 44.9%;城镇调查失业率基本稳定,一直处在 5%—6% 之间。经济发展总体趋势较好。第二,社会和谐程度逐步改善。2007 年社会和谐实现程度为 71.3%,比 2000 年提高 13.8 个百分点,总的来说,社会和谐程度逐步改善。第三,城乡居民生活质量明显提高。

---

① 江泽民:《全面建设小康社会,开创中国特色社会主义事业新局面》,《人民日报》2002 年 11 月 18 日。

2007 年生活质量实现程度为 78.3%,比 2000 年提高 20.0 个百分点。经济的快速发展,推动了居民收入的大幅增长,居民的生活质量也有了明显的改善。2000—2007 年,城镇居民人均可支配收入由 6280 元增加到 13786 元,按可比价格计算,年均增长 10.1%;农村居民人均可支配收入由 2201 元增加到 3886 元,按可比价格计算,年均增长 6.1%;城乡居民家庭恩格尔系数呈较大幅度的下降,与 2000 年相比,2007 年城镇居民恩格尔系数下降 3.1 个百分点,农村下降 6.0 个百分点;城乡居民住房面积大幅提升,城镇居民人均居住面积由 2000 年的 17.6 平方米提高到 2007 年的 22.6 平方米,农村居民人均住房使用面积(砖混结构)由 2000 年的 19.8 平方米提高到 2007 年的 27.3 平方米;5 岁以下儿童死亡率逐年下降,从 2000 年的 39.7‰下降到 2007 年的 18.1‰;平均预期寿命也有所增长。第四,文化教育事业蓬勃发展。2007 年文化教育实现程度为 67.3%,比 2000 年提高 11.8 个百分点。民主法制也逐步得到健全。总体来看,进入 21 世纪,中国文化教育事业得到了蓬勃发展。近年来,随着中国民主进程的推进,民主法制正在逐步得到健全。第五,资源环境受到重视。2007 年资源环境实现程度为 72.0%,比 2000 年提高 6.4 个百分点。[①]

（三）　最新标准——全面小康社会修订版(2008)

2007 年,党的十七大对全面小康社会建设提出了新要求、做出新部署,课题组对指标体系做了重要修订。2008 年 6 月,国家统计局正式印发了《全面建设小康社会统计监测方案》(国统字[2008]77 号),方案中的指标体系由经济发展、社会和谐、生活质量、民主法制、文化教育、资源环境 6 个方面 23 项指标组成。据此标准,2011 年 12 月 19 日,国家统计

[①]　国家统计局:《2007 年中国全面建设小康社会进程统计监测报告》(2008 年 12 月 18 日),国家统计局官网:http://www.stats.gov.cn/tjsj/zxfb/200812/t20081218_12533.html。

局发布了《中国全面建设小康社会进程统计监测报告（2011）》，认为中国全面建设小康社会进展顺利，2010年实现程度达到80.1%，全面建设小康社会的六大方面：经济发展、社会和谐、生活质量、民主法制、文化教育、资源环境的实现程度都有较大的提高（见表4-5）。

表4-5 2000—2010年中国全面建设小康社会及在六大方面的实现程度

（单位:%）

	2000	2001	2002	2003	2004	2005	2006	2007	2008	2009	2010
总体指标	59.6	60.7	61.8	63.0	64.8	67.2	69.9	72.8	74.7	77.5	80.1
经济发展	50.3	52.2	54.4	56.3	58.2	60.6	63.4	66.6	69.1	73.1	76.1
社会和谐	57.5	59.6	57.1	56.3	59.9	62.8	67.6	72.1	76.0	77.7	82.5
生活质量	58.3	60.7	62.9	65.5	67.7	71.5	75.0	78.4	80.0	83.7	86.4
民主法制	84.8	82.6	82.5	82.4	83.7	85.6	88.4	89.9	91.1	93.1	93.6
文化教育	58.3	59.1	60.9	61.8	62.2	63.0	64.1	65.3	64.6	66.1	68.0
资源环境	65.4	64.6	66.3	67.2	67.7	69.5	70.6	72.6	75.2	76.8	78.2

资料来源:国家统计局:《中国全面建设小康社会进程统计监测报告（2011）》，国家统计局官网，http://www.stats.gov.cn/ztjc/ztfx/fxbg/201112/t20111219_16151.html。

现附上《全面建设小康社会统计监测方案》中"全面建设小康社会统计监测指标体系"，供读者对照。

表4-6 全面建设小康社会统计监测指标体系

监测指标	单位	权重（%）	标准值（2020年）
一、经济发展		29	
1.人均GDP	元	12	≥31400
2.R&D经费支出占GDP比重	%	4	≥2.5
3.第三产业增加值占GDP比重	%	4	≥50
4.城镇人口比重	%	5	≥60
5.失业率（城镇）	%	4	≤6
二、社会和谐		15	

续表

监测指标	单位	权重（%）	标准值（2020年）
6. 基尼系数	—	2	≤0.4
7. 城乡居民收入比	以农为1	2	≤2.80
8. 地区经济发展差异系数	%	2	≤60
9. 基本社会保险覆盖率	%	6	≥90
10. 高中阶段毕业生性别差异系数	%	3	=100
三、生活质量		19	
11. 居民人均可支配收入	元	6	≥15000
12. 恩格尔系数	%	3	≤40
13. 人均住房使用面积	平方米	5	≥27
14. 5岁以下儿童死亡率	‰	2	≤12
15. 平均预期寿命	岁	3	≥75
四、民主法制		11	
16. 公民自身民主权利满意度	%	5	≥90
17. 社会安全指数	%	6	≥100
五、文化教育		14	
18. 文化产业增加值占GDP比重	%	6	≥5
19. 居民文教娱乐服务支出占家庭消费支出比重	%	2	≥16
20. 平均受教育年限	年	6	≥10.5
六、资源环境		12	
21. 单位GDP能耗	吨标准煤/万元	4	≤0.84
22. 耕地面积指数	%	2	≥94
23. 环境质量指数	%	6	=100

资料来源：国家统计局统计科学研究所课题组：《2008年中国全面建设小康社会取得新进步》（2009年12月21日），国家统计局官网，http://www.stats.gov.cn/ztjc/ztfx/fxbg/200912/t20091221_16131.html。

说明：①人均国内生产总值、居民人均可支配收入、单位GDP能耗按2000年不变价计算。②因目前城镇调查失业率统计数据还没有对外公开使用，可暂用城镇登记失业率代替。农村居民人均可支配收入暂用农村居民人均纯收入代替。③社会安全包括社会治安、交通安全、生活安全和生产安全四个方面。

（四）全面小康标准认识的不断提高

2002 年,党的十六大部署了"全面建设小康社会"的战略任务。2007 年,十七大在全面建设小康社会的实践基础上做出了一系列细化,中国走向全面小康社会的历程一步步清晰可见。同时,全面小康的内涵不断丰富,从经济发展扩展到社会、生态、文化、民主政治"五位一体"的全面建设,体现统筹兼顾的科学发展理念。2012 年,十八大做出了"全面建成小康社会"的新部署。第一,经济社会发展目标。转变经济发展方式取得重大进展,在发展平衡性、协调性、可持续性明显增强的基础上,实现国内生产总值和城乡居民人均收入比 2010 年翻一番,科技进步对经济增长的贡献率大幅上升,进入创新型国家行列,工业化基本实现,信息化水平大幅提升,城镇化质量明显提高,农业现代化和社会主义新农村建设成效显著,区域协调发展机制基本形成。第二,人民生活提升目标。基本公共服务均等化总体实现,全民受教育程度和创新人才培养水平明显提高,进入人才强国和人力资源强国行列,教育现代化基本实现,就业更加充分,收入分配差距缩小,中等收入群体持续扩大,扶贫对象大幅减少,社会保障全民覆盖,人人享有基本医疗卫生服务,住房保障体系基本形成,社会和谐稳定。第三,民主法治建设目标。民主制度更加完善,民主形式更加丰富,人民积极性、主动性、创造性进一步发挥,依法治国基本方略全面落实,法治政府基本建成,司法公信力不断提高,人权得到切实尊重和保障。第四,文化建设目标。社会主义核心价值体系深入人心,公民文明素质和社会文明程度明显提高,文化产品更加丰富,公共文化服务体系基本建成,文化产业成为国民经济支柱性产业,中华文化走出去迈出更大步伐,社会主义文化强国建设基础更加坚实。第五,资源环境建设目标。主体功能区布局基本形成,资源循环利用体系初步建立,单位国内生产总值能源消耗和二氧化碳排放大幅下降,主要污染物排放总量显著减少,森林覆盖率提高,生态系统稳定性增强,人居环境明显改善。在这些指标中,最大亮点在于,一是全面小康社会从"建设"到"建成",这是新目标,也是承诺;二是提出两个"翻一番"的目标。

从十六大提出"2020 年国内生产总值力争比 2000 年翻两番",十七大提出"2020 年人均国内生产总值比 2000 年翻两番",十八大提出"两个翻番":国内生产总值和城乡居民人均收入比 2010 年翻一番。随着经济社会不断进步和形势的发展变化,全面建设小康社会的奋斗目标也在不断发展与完善,目标更高、标准更严,这表明党对小康社会建设的认识在不断深化。

二、中国社会开始由生存型向发展型转变

工业化的快速进展带来中国社会整体变迁。36 年的改革开放使中国的经济、社会与人民生活都发生了天翻地覆的变化,其中最大的变化就是中国开始从生存型社会步入发展型社会的新阶段。生存型社会的主要发展目标是解决温饱问题;发展型社会的主要目标是解决人的全面发展问题。发展型社会在消费结构、经济结构和社会结构等方面都与生存社会表现出了很大的不同。

表 4-7　生存型社会与发展型社会的结构特征

	消费结构特征	经济结构特征	社会结构特征
生存型社会	经济发展水平不高,以温饱为特征的衣食住行等基本物质需求是整个消费需求的主体	农业在国民经济中的比例比较高,工业、服务业的比例较低,经济发展对人力资本的要求程度低	多数社会成员从事农业,社会贫困发生率较高,社会分化不明显
发展型社会	经济发展水平逐步提高,以人的全面发展为特征的消费需求多样化,基本物质需求比例明显降低	农业比例较小,工业、服务业在国民经济中占主导地位,经济发展对人力资本的需求程度较高	多数社会成员从事工业和服务业,由于市场和分工的拓展,社会群体开始分化

资料来源:中国(海南)改革发展研究院课题组:《我国社会发展阶段的历史性变化——改革开放
30 年的历史贡献与未来使命》,中国改革论坛,http://www.chinareform.org.cn/
cirdbbs/dispbbs.asp? boardid=2&id=188999。

中国已开始步入发展型社会新阶段。生存型社会向发展型社会过渡,不会随着经济总量的增长和财富占有量提高而自发实现,经济总量的增长不是判断生存型社会向发展型社会过渡的唯一标志。生存型社会向发展型社会的转变是经济发展水平、经济结构、消费结构、社会结构、制度结构等多个因素共同作用的结果。

根据生存型社会和发展型社会的主要特征,结合判断指标的代表性、指标的可测性、指标数据的可获得性等因素,把经济发展水平(人均GDP)、消费结构、产业结构、就业结构、城镇化率五个指标作为判断生存型社会向发展型社会转型的参考性指标。按照这些指标,中国在21世纪初(2000—2003年)开始由生存型社会向发展型社会过渡。[①]

表4-8 判断生存型社会与发展型社会的基础性标志

判断标准	判断指标	指标参考值	中国首次达到参考值的时间	2013年指标实际值
经济发展水平	人均GDP	超过1000美元	1100美元(2002年)	6764美元
消费结构	恩格尔系数	低于50%	39.4%(城镇,2000年) 49.1%(农村,2000年)	35%(城镇) 37.7%(农村)
产业结构	一、二、三次产业比重	第一产业比不超过15%;第三产业比不低于40%	14.1%(第一产业,2001年) 45.2%(第二产业,2001年) 40.7%(第三产业,2001年)	10%(第一产业) 43.9%(第二产业) 46.1%(第三产业)
就业结构	第一产业就业比重	低于50%	50%(2000年)	31.4%

---

① 中国(海南)改革发展研究院课题组:《我国社会发展阶段的历史性变化——改革开放30年的历史贡献与未来使命》,中国改革论坛: http://www.chinareform.org.cn/cirdbbs/dispbbs.asp? boardid=2&id=188999。邹东涛主编:《中国经济发展和体制改革报告No.2——中国道路与中国模式(1949—2009)》,社会科学文献出版社2009年版,第52—53页。

续表

判断标准	判断指标	指标参考值	中国首次达到参考值的时间	2013 年指标实际值
城镇化	城镇化率	不低于40%	40.53%（2003 年）	53.7%

资料来源：中国（海南）改革发展研究院课题组：《我国社会发展阶段的历史性变化——改革开放30 年的历史贡献与未来使命》，中国改革论坛，http://www. chinareform. org. cn/cirdbbs/dispbbs.asp? boardid = 2&id = 188999。

说明："中国首次达到参考值的时间"数据来源于《中国统计年鉴（2010）》；"2013 年指标实际值"数据主要源于国家统计局：《2013 年国民经济和社会发展统计公报》（2014 年 2 月 24日），其中人均美元一项根据统计数据和外汇牌价测算，第一产业就业比重一项来源于人力资源和社会保障部：《2013 年度人力资源和社会保障事业发展统计公报》（2014 年 5 月28 日），人力资源和社会保障部官网，http://www. mohrss. gov. cn/SYrlzyhshbzb/dongtaixinwen/shizhengyaowen/201405/t20140528_131110.htm。

　　随着发展型社会的到来，中国改革面临着三大矛盾和三大任务。中国进入社会发展的新阶段，社会矛盾变化呈现突出的三个阶段性特征：(1)经济持续快速增长与资源环境的矛盾越来越突出；(2)全社会公共需求全面快速增长与基本公共产品短缺的矛盾凸显并且越来越突出；(3)经济发展、社会进步同公共治理建设滞后的矛盾越来越突出。中国的改革站在新的历史起点上，深化改革面临三大任务：(1)以市场化改革实现可持续发展；(2)以基本公共服务均等化推进社会和谐建设；(3)以有效的公共治理促进政治文明。①

---

① 迟福林：《中国下一步改革有三大主要任务》，《上海证券报》2008 年 9 月 5 日。

第五章 改革开放以来中国工业化的新经验

改革开放 36 年来,是国际形势发生风云变幻的重要时期,也是中国共产党领导工业化建设取得突破性进展的重要时期。在这样一个特殊的历史时期,中国工业化进程表现出许多新特点,也积累了丰富的新经验。

第一节 中国工业化进程必须正确处理政治变革与经济变革的关系

政治变革与经济变革是社会发展过程中两个基本要素,是中国工业化进程中相互关联却又不能互相替代的一对矛盾。以经济变革谋求生产力发展和国家富强,以政治变革谋求社会进步,为经济变革创造条件,这是贯穿近代以来中国 170 多年历史进程中相互依赖的双重主题,也是历代志士仁人艰苦奋斗救中国的基本追求。历史上,先辈们对政治变革与经济变革的关系处理失当,试图以经济变革替代政治变革或以政治变革替代经济变革,延迟了中国现代化的顺利启动、影响了中国现代化绩效的提升。进入 21 世纪之后,正确处理政治变革与经济变革的关系,事关中国工业化进程的持续健康发展。

一、经济变革与政治变革：中国工业化进程中两个基本方面

鸦片战争以后，古老的中国被迫卷入世界工业化进程。中国的工业化进程自此开始，历经晚清、民国和新中国三个世代，现在仍在进行中，社会主义初级阶段："是由农业人口占很大比重、主要依靠手工劳动的农业国，逐步转变为非农业人口占多数、包含现代农业和现代服务业的工业化国家的历史阶段。"①从社会变迁的角度来考察，近代以来的 170 年中国历史进程有两种社会运动贯穿其中：一个是政治变革，一个是经济变革。

政治变革是马克思主义理论的主要内容之一。"阶级对立社会的政治实践，最终必然走向被统治阶级反抗统治阶级的政治革命。无产阶级政治革命代表了人类历史上革命实践的最高形态，它催生了代表人类社会崭新高度的社会主义制度。"②这里谈及的"政治革命"是从一般意义上理解的，然而，由于中国工业化进程时间长、跨度大，为了语汇与概念的统一之便，本书用了"政治变革"，它有两层意义：在新中国成立以前，政治变革是指反帝反封建，争取民族独立和人民自由权利的新旧民主主义革命，其直接目标就是推翻民族压迫和旧的阶级统治，为经济与社会的发展创造前提条件；在新中国成立以后，政治变革既有消灭剥削阶级、改造生产资料私有制的社会革命的内容，又有变革各种社会关系的社会改革的内容，前者是指社会主义革命，后者是指社会主义改革，改革是中国的第二次革命。政治变革的核心是变革生产关系，建立和完善新的社会秩序，为解放生产力、发展生产力、全面实现社会现代化创造条件。

经济变革是政治变革的目的，政治过程的归宿在于社会生产力的发

① 江泽民：《高举邓小平理论伟大旗帜，把建设有中国特色社会主义事业全面推向二十一世纪》，《十五大以来重要文献选编》上卷，中央文献出版社 2011 年版，第 13 页。

② 陈怀平：《政治实践的理性自觉》，《政治学研究》2011 年第 2 期。

展,不存在为政治而政治的政治活动。通过政治变革,打破旧的生产关系,建立新的生产关系,并在此基础上大力发展生产力,这是历史唯物主义的基本原理。新中国成立以来,中国共产党领导的社会主义现代化进程,从根本上说就是在新的社会制度条件下,通过快速发展生产力,实现社会主义工业化,为全体人民的共同富裕创造物质条件的过程。经济变革的核心是在新的政治秩序下快速发展社会生产力。

政治变革和经济变革辩证地统一于中国工业化进程之中。在考察近代以来全部中国历史时,我们不仅要看到打破旧的社会秩序、建立新秩序的政治变革的紧迫性,而且也要注意到以发展生产力、实现社会现代化为核心的经济变革的现实性。历史发展遵循辩证法,学术研究当然也要坚持辩证法,我们应当全面理解政治变革和经济变革在中国工业化进程中的辩证关系。

二、近代,不能正确处理二者关系延缓工业化的启动

鸦片战争以后,特别是洋务运动以后,中国逐渐形成了一个以西方文化进化坐标和社会改造为蓝本的救国理念,依样画葫芦,亦步亦趋,以追赶世界发展步伐。历代先贤以为这样就可以像西方国家那样实现国家的富强。但是,他们的强国梦却一次次遭到重创,距离世界现代化迅速发展的潮流越来越远。"百年的变革始终在抄袭外国和回归传统之间摇摆,时断时续,杂乱无章,不论在理论上和实践上都没有找到有中国特色的发展模式。"①从历史研究的角度来看,近代中国的工业化运动之所以出现摇摆与断续,其根本原因在于,工业化运动的推动者对中国面临的任务到底是什么并不很清楚,对怎么来完成这些任务更不清楚。他们没有从根本上弄清楚中国落后的真正原因,不懂得工业化的启动是需要一定前提

---

① 罗荣渠:《现代化新论》,北京大学出版社 1997 年版,第 337 页。

条件的,因而也找不到治本的良方。他们希望在不改变帝国主义统治的前提下,在封建制度的庇佑下引进一点西方的技术,便可达成"自强求富"的目的,结果,他们的努力都毫无例外地成为镜花水月。

在近代中国,各种政治思潮、政治派别的历史地位和历史命运,归根结底都是由其能否推进和完成民族独立与国家富强这两大历史任务来决定的。农民阶级和封建地主阶级都不是先进生产力的代表,这决定了他们不可能引导中国社会走上现代的发展道路。因此,无论晚清政府还是北洋政府都不可能成为推动中国工业化的动力。致力于振兴民族产业的民族资产阶级没有从根本上认识到资本帝国主义入侵中国的危害,反倒希望在帝国主义、封建主义和官僚资本主义的夹缝中求得生存并实现工业富国的理想。中国民族资本在 20 世纪初回收利权运动中和第一次世界大战结束前后,曾形成两个短时的经济增长高潮,发展较快,但到了 20 世纪 30 年代,由于西方世界的全面经济危机和法西斯主义的兴起,中国政府在法西斯主义思潮影响下,反对私人资本主义的统制经济理论成为官方学说,并曾试图以德国模式为蓝本建立国防经济体制。这时,中国民族资产阶级完全屈从于新的官僚政治结构。这样,"中国资产阶级的成长陷入了历史悖谬:在国民党政权未巩固之前,有限的多元化趋势促进了资产阶级力量较快增长;而国民党政权巩固并强化国家官僚机器之后,资产阶级的发展反而受到抑制。这样,中国资本主义的发展就面临这样的两难处境:或是由于得不到国家的强大支持,因自身软弱无力而难以发展;或者投靠军事化的国家机器,而成为官僚资本主义的附属物与牺牲品"。① 他们不明白,在半殖民地半封建社会,在取得完全的民族独立之前,中国至多只能出现资本帝国主义允许的、或者封建统治能够容纳的某种程度的所谓的"工业化",不可能出现中国人独立自主的工业化。"在

① 初新才:《1911—1949 年中国现代化进程延误的原因》,《山东师范大学学报》1995年第 5 期。

中国近代史上讲对外开放,就要区别在殖民地半殖民地身份上的对外开放和独立自主的对外开放。同样,讲现代化,也不能不区别帝国主义所允许范围内的现代化和独立自主的现代化。"①中国的官僚资产阶级和官僚资本对外依赖外国资本,对内排挤民族资本。它的存在改变了中国资本主义发展的正常道路,使中国资本主义出现了畸形的发展:一方面是民族资本日渐衰败,另一方面是外国资本和官僚资本大行其道。从世界工业化进程的普遍经验来看,后起国家在工业化启动阶段,政府对发展战略的选择、支持和推动起着决定性作用,但南京国民政府显然没有尽到它应尽的责任,没有履行它应当履行的职能。历史表明,中国的资产阶级既不能像英美法等国的资产阶级那样引导本国走上自由资本主义的发展道路,也不能像德日等国的资产阶级那样引导本国走上垄断资本主义的发展道路。

阶级局限性与时代的局限性决定了上述各阶级的精英们不可能知道启动工业化的前提条件和实现工业化的正确途径,不可能完全明了工业化进程中经济变革与政治变革的辩证关系,不明了政治变革是经济变革的前提,不明了工业化不可能凭空而成。"中国现代化,始于前清末年。所谓'西学为用'的运动,即是要把船舶和军器工业化。当时名流的心理,以为有了轮船和枪炮,什么问题都可以解决了。""后来中国政府和人民,也知道一般工业的重要了。于是修铁路,开矿产,办工厂,设银行;至今已历四五十年之久,然其结果则如何? 据我看来,这是由于他们只知工业化之重要,而不知工业化之基础或前提在哪里。不明工业化之前提,工业化是不会成功的。"②他们不明白,"近代中国并不是近代化的中国,不是一个商品经济发达,教育发达,工业化、民主化的国家。在近代中国面前摆着两个问题:即一、如何摆脱帝国主义的统治和压迫,成为一个独立的国家;二、如何使

---

① 胡绳:《〈从鸦片战争到五四运动〉再版序言》,《胡绳全书》第 6 卷(上),人民出版社 1998 年版,第 10 页。

② 张素民:《中国现代化的前提与方式》,《申报月刊》1933 年第 7 期。

中国近代化。这两个问题是密切相关的。"①"中国近代史有一个非常特殊的地方,民族矛盾与阶级矛盾两个矛盾并存;半殖民地半封建社会迅速下沉,与近代工业出现并微弱上升两种趋向并存。由此我们可以这样说,抓住近代中国两个矛盾,社会变动中的两种趋向这个特点,应用历史唯物主义,认识由它们构成的矛盾运动、各种事变、社会势力、人物,他们之间的相互关系,及其演变发展过程和结局,这就是研究中国近代史的基本思想方法。""中国近代 110 年的历史基本问题是两个:一是民族不独立,要求在外国侵略压迫下解放出来;二是社会生产落后,要求工业化、近代化。两个问题内容不一样,又息息相关,不能分离。""民族独立与近代化,是两件事,不能互相代替。民族独立不能代替近代化,近代化也不能代替民族独立。它们紧密地连接在一起,不是各自孤立的。没有民族独立,不能实现近代化;没有近代化,政治、经济、文化永远落后,不能实现真正的民族独立。中国人民百折不回追求民族独立,最终目的仍在追求国家的近代化。"②胡绳、刘大年两位著名学者关于近代中国民族独立(政治变革)和工业化(经济变革)关系的论述,把中国近代史的主题概括得很精彩,他们不仅坚持了学界既有的正确观点,而且敏锐地吸取了中国工业化史研究中取得的最新积极成果。这是用唯物史观指导中国工业化史研究的典范。

随着向欧洲学习的洋务运动、向日本学习的维新运动和向美国学习的辛亥革命相继失败,人们开始怀疑西方的工业化道路,中国遇到了空前的工业化范式危机。"中国现代化范式危机源于西方文化发生危机。第一次世界大战将西方近代文化即资产阶级形态的文化带进了一片悲凉颓败之中,战争的巨大消耗和惨重破坏所形成的危机阴影笼罩着整个西方社会。"③连续

---

① 胡绳:《关于近代中国与世界的几个问题》,《近代史研究》1990 年第 6 期。
② 刘大年:《当前近代史研究的几个理论问题》,《刘大年集》,社会科学文献出版社 2000 年版,第 5、7 页。
③ 段治文:《从多维视角看中国特色社会主义的历史地位》,《毛泽东邓小平理论研究》2008 年第 7 期。

的挫折和失败使中国的先进分子逐渐明白:无论是中国封建主义的传统文化,还是西方资产阶级的学说,都不能真正解决中国的问题,中国要实现民族解放、人民幸福,就必须寻找能够抵御和打败帝国主义和封建主义的新的思想武器。"十月革命一声炮响,给我们送来了马克思列宁主义。十月革命帮助了全世界的也帮助了中国的先进分子,用无产阶级的宇宙观作为观察国家命运的工具,重新考虑自己的问题。走俄国人的路——这就是结论。"①"俄国人的路"的本质特征有两个:一个是以革命手段打破帝国主义和封建主义的统治为工业化奠定政治基础;另一个是走社会主义的道路,"中国共产党关于通过社会主义的办法把中国由农业国变为工业国的观点,从一开始就是明确的。"②

中国共产党诞生以后,总结了历代先人推进工业化运动失败的教训,开辟了一条先进行政治变革、创造工业化的前提条件,然后再进行经济变革、开展工业化建设的正确道路。以革命手段打破帝国主义和封建主义的统治,解放中国人民,以社会主义的方式发展社会生产力,这是中国共产党人第一次用马克思主义基本原理分析和思考中国工业化问题所得出的初步结论。新民主主义革命的胜利推翻了帝国主义的殖民统治,赢得了中华民族的独立与解放,取得了中华民族走向工业化的政治前提;清除了封建的政治与经济关系,为中国工业化开辟了广阔的前景。社会主义革命的胜利,社会主义制度的确立是新中国历史上最深刻最伟大的社会变革,也是20世纪中国一次划时代的历史巨变。"中国共产党领导的新民主主义革命和社会主义革命,推翻了帝国主义、封建主义、官僚资本主义在中国的统治,建立了新中国,确立了社会主义制度,为当代中国一切发展进步奠定了根本政治前提和制度基础。"③中华人民共和国成立和社

---

① 《毛泽东选集》第四卷,人民出版社1991年版,第1471页。
② 朱佳木:《中国工业化与中国共产党》,《当代中国史研究》2002年第6期。
③ 胡锦涛:《在纪念党的十一届三中全会召开30周年大会上的讲话》,《十七大以来重要文献选编》上卷,中央文献出版社2009年版,第809页。

会主义制度在中国大陆确立,结束了100多年来工业化运动启动过程中的摇摆与断续,从此,中国人民在中国共产党的领导下开始了社会主义工业化建设。

三、现当代,不能正确处理二者关系降低工业化的绩效

在现当代中国,及时把工作重心转移到经济建设上来,并长期坚持经济建设这个中心,是实现社会主义现代化的根本保证,也是社会主义建设过程中积累的重要经验教训。新中国成立后,中国共产党和人民政府通过解决民主革命遗留的问题和生产资料私有制的社会主义改造,在中国大陆确立了新的经济政治秩序,为中国工业化奠定了坚实的基础。从此,政治变革下降为矛盾的次要方面,经济变革上升为矛盾的主要方面,以经济建设为中心、大力发展生产力的经济变革是各项工作的中心和重心,以社会关系变革为中心的政治变革是实现经济变革的手段和动力。正确的经济政治秩序应当是,在必要的时候通过政治变革改变社会关系,推动生产力的进一步发展,形成经济变革与政治变革、生产力与生产关系的良性互动。然而,从1956年中共八大召开以后到十一届三中全会之前的20多年中,由于对"什么是社会主义,怎样建设社会主义"这一根本问题缺乏系统的理论准备,实践中处理经济变革与政治变革的关系时出现了严重偏差,妨碍中国工业化取得本应该有的更好成绩。

新中国成立后到中共八大以前,党中央和毛泽东已逐步把工作中心转移到经济建设上来。八大前后,随着社会主义建设高潮的到来,党中央和毛泽东更加注意经济建设工作,八大的政治报告决议以及毛泽东的《论十大关系》和《关于正确处理人民内部矛盾问题》便是例证。但在随后的十年中,经济建设中心却屡屡受到冲击。苏共二十大以后,一些社会主义国家出现了政治危机,国际上掀起反共逆流,中国国内发生退社、罢工和罢课等事件,这引起了党中央和毛泽东的高度警惕。此后,毛泽东对

新中国社会主要矛盾的认识逐渐发生了变化。① 从反右扩大化开始到八届三中全会,阶级斗争逐渐演变成为另外一个中心。他对社会主义许多重大问题的认识开始发生了逆转,导致八大前后开始的正确探索中断。在 1957 年反右派斗争后,他逐步否定了八大决议中关于中国社会主要矛盾的正确论述,提出无产阶级和资产阶级的矛盾仍然是中国的主要矛盾的观点,同时提出了要在政治、思想领域进行社会主义革命的任务。1957年 10 月 9 日,毛泽东在八届三中全会上说:"无产阶级和资产阶级的矛盾,社会主义道路和资本主义道路的矛盾,毫无疑问,这是当前我国社会的主要矛盾……'八大'决议上有那么一段,讲主要矛盾是先进的社会主义制度同落后的社会生产力之间的矛盾。这种提法是不对的。"②根据毛泽东的提议,1958 年 5 月,八大二次会议正式修改了八大关于国内主要矛盾的正确分析,把两个阶级、两条道路的斗争是中国社会主要矛盾的观点写进了党的文件,这是一种倒退。虽在 1958 年底进行了纠"左"、恢复以经济建设为中心的努力,但 1959 年庐山会议把阶级斗争引进党内;虽在 1960 年提出"八字方针"以调整和发展国民经济,但 1962 年 9 月的八届十中全会却提出阶级斗争"年年讲、月月讲、天天讲"。八届十中全会上,毛泽东把社会主义社会中一定范围内存在的阶级斗争扩大化和绝对化,并断言在整个社会主义历史阶段都存在着资产阶级复辟的危险性,他认为这是党内产生修正主义的根源。虽然毛泽东仍然关注经济建设,但他思考的主要是如何以阶级斗争为动力推动经济建设的问题。"文化大革命"期间虽然提出"抓革命、促生产",但"促生产"是以"抓革命"和"以阶级斗争为纲"为前提的。就这样,社会主义建设的指导方针逐步从以经济建设为中心发展到以阶级斗争为中心,形成了典型的"中心二元论"。"中心二元论"使毛泽东和党中央不能再坚定不移地坚持以经济建

---

① Guo Genshan, *What Really Made Mao Change his Ideas on the Principal Social Contradiction in 1957? Canadian Social Science*, Vol.8. No.1, 2012, pp.77-83.

② 《毛泽东传(1949—1976)》,中央文献出版社 2003 年版,第 721 页。

设为中心,反而把注意力越来越转向抓政治、思想领域里的阶级斗争了。党中央和毛泽东也曾几次尝试回到以经济建设为中心的正确道路上来,但一旦当此尝试受挫时,又很容易回到阶级斗争为中心上来,如1958—1959年的纠"左"突然转向庐山会议的反右,又如1975年的整顿突然转向1976年的反击右倾翻案风等。可见,"中心二元论"的实践结果必然是错误的"一元"代替正确的"一元",以政治变革替代经济变革,这是一个深刻的教训。①

"文化大革命"结束前夕及其以后,邓小平根据马克思主义关于生产力是人类社会发展最终决定力量的理论,认真总结了新中国成立以来的经验教训,结合中国处于并长期处于不发达的社会主义发展阶段的基本国情,果断地提出把中国共产党和国家的工作重心从"以阶级斗争为纲"转移到以经济建设为中心上来。为了记取历史上阶级斗争冲淡经济建设的教训,邓小平指出,"以经济建设为中心"这一战略性决策是我们的基本国策,在社会没有发生重大变化时,基本政策要保持相对稳定,必须坚持把经济建设当作中心。"离开了这个中心,就有丧失物质基础的危险。其他一切任务都要服从这个中心,围绕这个中心,决不能干扰它,冲击它","我们在这方面的教训太沉痛了","近三十年来,经过几次波折,始终没有把我们的工作着重点转到社会主义建设这方面来,所以,社会主义优越性发挥得太少,社会生产力的发展不快、不稳、不协调,人民的生活没有得到多大的改善。十年的'文化大革命',更使我们吃了很大的苦头,造成很大的灾难。现在要横下心来,除了爆发大规模战争外,就要始终如一地、贯彻始终地搞这件事,一切围绕着这件事,不受任何干扰。"②

从此以后,坚持经济建设中心不动摇就成为党中央领导集体持续关注的焦点问题,成为党和国家的基本策略并不断坚持和巩固。1987年,

---

① 郭根山:《道路选择与中国特色社会主义的奠基》,《北京大学学报》2002年第2期。

② 《邓小平文选》第二卷,人民出版社1994年版,第249、250页。

党的十三大把"以经济建设为中心,坚持四项基本原则,坚持改革开放"作为改革开放的主要经验和党在社会主义初级阶段的基本路线的主要内容。经历1989年政治风波和国际风云变幻的双重考验之后,1992年,党的十四大明确指出,"十四年伟大实践的经验,集中到一点,就是要毫不动摇地坚持以建设有中国特色社会主义理论为指导的党的基本路线。这是我们事业能够经受风险考验,顺利达到目标的最可靠的保证。""坚持党的基本路线不动摇,关键是坚持以经济建设为中心不动摇。"①1997年,党的十五大指出,改革开放以来中国共产党逐步实现了"从以阶级斗争为纲到以经济建设为中心,从封闭半封闭到改革开放,从计划经济到社会主义市场经济"的转变,逐步弄清了"什么是社会主义、怎样建设社会主义"这个根本问题,"全党要毫不动摇地坚持党在社会主义初级阶段的基本路线,把以经济建设为中心同四项基本原则、改革开放这两个基本点统一于建设有中国特色社会主义的伟大实践。这是近二十年来我们党最可宝贵的经验,是我们事业胜利前进最可靠的保证"。② 2002年,党的十六大提出"把发展作为党执政兴国的第一要务"的科学论断,号召全党必须"坚持以经济建设为中心,用发展的办法解决前进中的问题","发展必须坚持以经济建设为中心,立足中国现实,顺应时代潮流,不断开拓促进先进生产力和先进文化发展的新途径","全面建设小康社会,最根本的是坚持以经济建设为中心,不断解放和发展社会生产力。"③2007年,党的十七大总结了改革开放29年的历史经验,指出,"改革开放以来我们取得一切成绩和进步的根本原因,归结起来就是:开辟了中国特色社会主义道路,形成了中国特色社会主义理论体系。高举中国特色社会主义伟

---

① 江泽民:《加快改革开放和现代化建设步伐,夺取有中国特色社会主义事业的更大胜利》,《十四大以来重要文献选编》上卷,中央文献出版社2011年版,第12页。

② 江泽民:《高举邓小平理论伟大旗帜,把建设有中国特色社会主义事业全面推向二十一世纪》,《十五大以来重要文献选编》上卷,中央文献出版社2011年版,第15页。

③ 江泽民:《全面建设小康社会,开创中国特色社会主义事业新局面》,《十六大以来重要文献选编》上册,中央文献出版社2011年版,第6、11、16页。

大旗帜,最根本的就是要坚持这条道路和这个理论体系","中国特色社会主义道路,就是在中国共产党领导下,立足基本国情,以经济建设为中心,坚持四项基本原则,坚持改革开放,解放和发展社会生产力,巩固和完善社会主义制度,建设社会主义市场经济、社会主义民主政治、社会主义先进文化、社会主义和谐社会,建设富强民主文明和谐的社会主义现代化国家。"①

回顾改革开放30多年来中国工业化的历史进程,我们发现,中国共产党之所以能够领导和团结全国人民,经受住各种困难和风险的考验,保持社会政治稳定和经济快速发展,最根本的经验就是坚决排除各种干扰,坚定不移地贯彻执行党的以经济建设为中心的基本政策。在全世界都普遍关注发展的大背景下,只有坚持以经济建设为中心,才能为全面协调可持续发展打下坚实的物质基础,才能更好地解决前进道路上的各种矛盾和问题。牢固地坚持以经济建设为中心,不动摇、不懈怠、不折腾,这是中国的综合国力迅速提升和社会主义现代化事业不断取得令世人瞩目成就的关键所在。

四、当前,正确处理二者关系事关工业化持续健康发展

改革开放以来,在以经济建设为中心的基本方针指引下,中国经济持续高速增长,社会生产力快速发展,综合国力大幅提升,人民生活明显改善,国际地位和影响力显著提高,社会主义经济、政治、文化和社会建设取得重大进展。然而,进入21世纪以来,中国经济社会发展开始进入一个新的阶段,经济和社会发展遇到了一些新问题,出现了一些新情况,经济增长质量急需提升,社会发展相对滞后,经济增长与社会发展的矛盾日益

---

① 胡锦涛:《高举中国特色社会主义伟大旗帜,为夺取全面建设小康社会新胜利而奋斗》,《十七大以来重要文献选编》上册,中央文献出版社2009年版,第8—9、9页。

凸显。

改革开放以来,在经济建设为中心的基本方针指引下,中国经济持续高速增长,呈阶梯状跃进。第一个台阶出现在 1995 年,经过"六五"、"七五"和"八五"三个五年计划时期的快速发展,到 1995 年"八五"计划完成时,国内生产总值达到 58478.1 亿元,在 1988 年比 1980 年翻一番的基础上,用 7 年的时间又翻了一番,从而使原定的 2000 年国内生产总值比 1980 年翻两番的目标,提前 5 年实现,中国从此还告别了消费品短缺时代。第二个台阶出现在 2002 年,国内生产总值首次突破 10 万亿元大关,达到 102398 亿元,人均 GDP 首次突破 1000 美元,达到 1100 美元。第三个台阶出现在 21 世纪的头十年。2002 年以后中国 GDP 总量呈加速度递增,2006 年达到 209407 亿元,2008 年达到 300670 亿元,2011 年更达到 471564 亿元,人均 GDP 达到 35000 元,[1]折合 5439 美元。[2] 美元折合量受汇率变动的影响,会有一定的虚头,但经济总量超过日本而位居世界第二,这却是不争的事实。

但是,我们也必须看到,当前中国经济社会发展存在着严重的问题,这些问题不解决或解决不好,势必影响中国工业化的持续健康发展。它们集中表现在以下两个方面:

（一）经济增长快速但效益和效率不高,增长质量急需提升

粗放的经济增长方式是计划经济体制遗留的历史问题的延续,从 1995 年十四届五中全会通过《中共中央关于制定国民经济和社会发展"九五"计划和 2010 年远景目标的建议》,提出转变经济增长方式的问题到现在的近 20 年间,党和政府的政策经历了从"转变经济增长方式",到"转变经济发展方式",再到"加快转变经济发展方式"的转变,但经济增

---

① 以上数据来自国家统计局发布的国民经济和社会发展年度统计公报。
② United Nations Statistics Division, *World Statistics Pocketbook*, 2013. 联合国统计署网站:http://unstats.un.org/unsd/pocketbook/PDF/2013/China.pdf。

长质量不高的问题依然没有得到根本的治理。当前,影响经济发展方式转变的因素主要集中在以下两个方面:第一,产业结构不合理,第三产业发展滞后,经济增长过于依靠第二产业。2002 年,中国人均 GDP 首次超过 1000 美元,2014 年达到 7414 美元,但第三产业增加值占 GDP 的比重并没有相应提高,从 2002 年的 33.7%增加到 2014 年的 48.2%,增加不足15 个百分点。[①]。发达国家最显著的经济社会发展特征就是第三产业的增长,主要表现在第三产业对 GDP 和就业贡献方面的三个最引人注目的70%:在国内生产总值中,第三产业的增加值占到 70%左右;在国内全部就业中,第三产业的就业人数占 70%左右;在第三产业增加值中,生产性服务业的比重占到 70%左右。这充分说明,发达国家的第三产业已经成为其经济增长的主要动力。可见,第三产业发展滞后,严重制约着中国经济增长质量和效益的提高,制约着经济发展方式的转变,也制约着居民生活水平的提高。第二,投入结构不合理,物质资源消耗太多,可持续发展的能力不强。长期以来,中国经济增长主要依靠粗放扩张,物质资源消耗大而效率不高。2010 年,中国能源消费总量已经占世界总量的 20%,但是 GDP 却不足世界的 10%;中国的人均能源消费与世界平均水平大体相当,但人均 GDP 仅是世界平均水平的 50%;中国的 GDP 总量和日本大体相当,但能源消费总量却是日本的 4.7 倍;中国的能源消费总量已经超过美国,但经济总量仅为美国的 37%。[②] 2013 年,中国 2013 年 GDP 占世界的 12%,能源消费却占全球总量 22.4%。[③] 这样巨大的资源消耗是不可

① 以上数据根据国家统计局发布的年度国民经济和社会发展统计公报和公报日外汇中间价。

② 王优玲:《中国必须把合理控制能源消费总量摆在突出位置》(2011 年 7 月 9 日),新华网,http://news.xinhuanet.com/2011-07/09/c_121645452.htm。

③ GDP 占比,《参考消息》援引美媒《美国新闻与世界报道》(U.S.News & World Report)2014 年 2 月 14 日消息,《参考消息》2014 年 2 月 17 日;能源消耗占比,新华网援引英国石油化工总公司(BP)《世界能源统计年鉴 2014》(BP Statistical Review of World Energy, June 2014),新华网,http://news.xinhuanet.com/energy/2014-07/13/c_1111587817.htm。

持续的。随着中国经济进入新常态,经济增长的动力必须从要素驱动、投资驱动转向创新驱动。

（二）经济社会发展不协调,社会发展相对滞后,社会公平与正义的实现程度与经济发展还有一定的差距

在当前经济社会发展格局下,经济社会发展不协调是当前要解决的主要矛盾,"党和政府在这方面做了很多工作,城市化率是提高了,但三大差别扩大的趋势不仅没有遏制,反而更加扩大。这表明经济社会体制方面的问题并没有解决好,社会各主要阶层的利益关系还没有协调好,由此产生了诸多的社会矛盾和社会冲突,影响了经济社会的健康发展,影响了社会和谐。"①经济社会发展不协调涉及许多方面的内容,但集中表现在以下四点:

第一,公共卫生、医疗服务体系不健全,不能满足广大人民群众的健康需要。2010 年 4 月 20 日,中国社科院发布的 2010 年社会保障绿皮书显示,由于医疗费用高、增长速度比较快,而且收费不合理,医疗服务体系不完善,医疗保障制度不完善,医疗保障制度的公平性不足,补偿模式与补偿机制设计不合理,政府在满足中低收入群体医疗服务需求中未能充分发挥作用等诸多原因存在,部分中低收入群体还没有纳入医疗保障的范围,诸多医疗服务需求得不到满足,医疗服务医疗负担过重,对目前的医疗服务满意度评价不高。② 2014 年 6 月出版的《中国社会保障发展报告(2014)No. 6》指出,新医改以来,基层医疗卫生体系建设取得较大进展,但有效的基层卫生服务体系尚未形成,基层医疗卫生服务功能欠缺,基层卫生人才队伍建设任务艰巨。③

---

① 陆学艺:《经济社会发展不协调是当前要解决的主要矛盾》,《中国社会科学院院报》2007 年 1 月 30 日。
② 参见《中国社会保障发展报告(2010)No. 4:让人人享有公平的社会保障》,社会科学文献出版社 2010 年版,第 238—245 页。
③ 参见《中国社会保障发展报告(2014)NO. 6:社会保障与社会服务》,社会科学文献出版社 2014 年版,第 52—67 页。

第二,社会保障覆盖面窄、保障水平和社会化程度低。这主要表现在投入不足,覆盖面窄,社会化程度低,城乡差别大。2014年6月25日,2014社会保障绿皮书发布会暨"十三五"社会保障发展研讨会日前在北京举行,与会专家围绕医疗卫生体系、儿童福利、工伤保险、养老服务、教育服务等问题展开深入探讨,一致认为当前中国基本公共服务供给不足、质量不高、发展不平衡、体制机制不健全等问题十分突出。① 十八届三中全会不仅提出了建立更加公平可持续的社会保障制度的新目标,而且对于大力发展社会保障服务提出了新要求,实现基本公共服务均等化的目标任重道远。

第三,基础教育和文化体育事业发展滞后。一是投入不足。教育事业投入与经济发展不相称。国家财政性教育经费支出占国内生产总值4%的指标是世界上衡量教育水平的基础线。据世界银行《1994年世界发展报告》统计,教育经费占比,世界平均为3.6%。1993年,中共中央、国务院发布《中国教育改革和发展纲要》(以下简称《纲要》),以"实现党的十四大所确定的战略任务,指导九十年代乃至下世纪初教育的改革和发展",其中指出,"逐步提高国家财政性教育经费支出(包括:各级财政对教育的拨款,城乡教育费附加,企业用于举办中小学的经费,校办产业减免税部分)占国民生产总值的比例,本世纪末达到百分之四。"② 执行结果是,整个90年代都没有超过3%,2001—2003三年勉强超过3%,2004年就又回落,直到2008年才又赶上2002年的水平。《纲要》发布18年过去了,终于在2012年完成了1999年应该完成的任务,国家财政性教育经费支出占GDP比例第一次超过4%,达到4.28%。③ 二是分配不均。教育文化事业经费东西部区域间投入差异悬殊,城乡分配不均,县以下文化

---

① 晓菲:《社科院发布2014年〈社会保障绿皮书〉》,《光明日报》2014年7月13日。

② 《中国教育改革和发展纲要》,《十四大以来重要文献选编》上卷,中央文献出版社2011年版,第51、73页。

③ 《国家财政性教育经费支出占比达4.28%》,《中国教育报》2013年12月23日。

设施建设投入偏少,比例偏低。即使在城市,教育资源分布也不均衡。

第四,收入分配差距过大。国际经济社会发展的实践证明,适度的收入分配差距有利于调动积极性,但是过大的收入差距不仅挫伤劳动者的积极性,还会降低全社会的消费水平,削弱经济发展动力,威胁社会公平。目前,中国收入分配问题主要表现为:一是基尼系数过大。基尼系数是国际上通行的判断收入分配公平程度的指标。从中国基尼系数来看,据国家统计局的测算,改革开放之初的 1978 年中国农村居民的基尼系数大致为 0.21—0.24,城市居民的基尼系数大致为 0.16—0.18,说明当时中国居民的收入分配基本上呈现一种平均主义的趋向。目前中国城乡居民的综合基尼系数达到什么程度? 2013 年 1 月 18 日,中国全国居民收入基尼系数千呼万唤始出来,国家统计局局长马建堂向记者展示 2003—2012年基尼系数统计图,2003 年 0.479,2004 年 0.473,2005 年 0.485,2006 年 0.487,2007 年 0.484,2008 年 0.491,然后逐步回落,2009 年 0.490,2010年 0.481,2011 年 0.477,2012 年 0.474。[1] 2013 年再回落,达到 0.473,马建堂同时表示:"0.473 的基尼系数也不低,按照国际标准,基尼系数 0.4以上就表明这个经济体的收入分配还是存在着很大的改进余地。所以我们还是要正视这个问题,进一步加大收入分配改革的力度,更好更快地提高中低收入阶层的收入,合理地规范合法收入,坚决打击非法收入。通过这些措施,我想我国居民收入水平在不断增长的同时,收入分配也更加合理,使人民群众特别是中低收入阶层的群众更好更多地分享发展改革的成果。"[2]二是城乡居民收入差距过大。由于农民人均纯收入的增长慢于城镇居民收入的增长,城乡收入差距拉大的趋势加剧。改革开放之后,中

---

① 《马建堂就 2012 年国民经济运行情况答记者问》(2013 年 1 月 18 日),国家统计局官网,http://www.stats.gov.cn/tjgz/tjdt/201301/t20130118_17719.html。

② 《国家统计局局长马建堂就 2013 年全年国民经济运行情况答记者问》(2014 年 1月 20 日),国家统计局官网,http://www.stats.gov.cn/tjgz/tjdt/201401/t20140120_502414.html。

国城乡居民可统计的收入差距经历了缩小、扩大、再缩小、再扩大四个阶段。2003 年中国城乡居民可统计的收入差距进一步扩大到 3. 23 倍，2004 年虽然有所下降，但仍然维持在 3. 20 倍的高位上。2014 年，全年农村居民人均可支配收入 10489 元，城镇居民人均可支配收入 28844 元，①城乡之比为 2. 75 倍。如果考虑到医疗、教育、社保等公共服务领域的城乡不平等状况，城乡居民收入差距可能更大。三是区域之间以及区域内部居民的收入差距过大。改革开放之后，中国各地区居民的收入都有了较大幅度的增长，但东部地区居民收入增长最快，中部地区次之，西部地区最慢。2004 年底，上海城镇居民家庭每人全年可支配收入达到 16683 元，是全国最高的地区；而最低的贵州城镇居民家庭人均全年可支配收入只有 7519 元，前者是后者的 2. 21 倍。② 2015 年 2 月 26 日，《光明日报》公布了 2014 年全国 31 个省区市城镇人均可支配收入排行榜，最高的上海 47710 元，最低的甘肃 20804 元，前者是后者的 2. 29 倍。③ 在区域之间收入差距扩大的同时，区域内部的收入差距也在扩大，而且落后地区的收入差距要大于发达地区的收入差距。四是行业之间的收入差距扩大了。行业之间收入差距扩大主要表现为当前中国有些垄断行业收入分配过分向个人倾斜，行业之间的收入差距总体上呈扩大的趋势。在社会主义市场经济体制建立和完善过程中，由于法制不够健全、市场竞争机制不够完善等弊端的存在，又由于国家政策的相关保护，行业垄断现象仍然存在。这些垄断性行业凭借垄断经营的特权及国家政府的特殊保护，与其他行业进行不公平竞争，从而取得高额垄断利润，使行业间差距不断扩大。1978 年中国最高行业（电力、燃气及供应业，平均工资 850 元）和最低行

---

① 国家统计局：《中华人民共和国 2014 年国民经济和社会发展统计公报》（2015 年 2 月 26 日），国家统计局官网：http://www.stats.gov.cn/tjsj/zxfb/201502/t20150226_685799.html。

② 赵振华：《我国经济社会发展中的五大矛盾》，《中国改革报》2005 年 10 月 17 日。

③ 冯蕾、鲁元珍：《2015：收入增长如何更公平》，《光明日报》2015 年 2 月 26 日。

业(房地产社会服务业,平均工资 392 元)的工资比是 2.17∶1。① 同时,行业内部不同职位之间的收入差距也有扩大的趋势。《人民日报》在 2011 年 2 月 1、15、16 和 17 日,连续四次刊载评论文章,从各个层面分析解读中国的收入差距问题。在"十二五"开局之年,全国"两会"即将召开之际,党报此举令人关注。据国家统计局公布的数据,城镇非私营单位最高与最低行业年平均工资之比,2009—2013 年分别是 4.7、4.70、4.48、3.96 和 3.86 倍。②

上述四点,概括起来是两个问题:一个是社会发展程度落后于经济发展水平;另一个是社会公平与正义程度没有与经济发展同步跃升。这些问题是广大人民群众十分关注的问题,也是影响中国经济社会健康发展的问题。

经济增长以及社会发展方面出现的这些新问题、新情况表明,中国工业化进程中政治变革与经济变革的关系需要做出进一步调整,否则,势必影响中国特色社会主义现代化事业的健康发展。

如何看待经济增长与社会发展之间的矛盾? 我们认为,虽然中国工业化进程中的政治变革与经济变革的关系发生了新变化,经济变革的成本导致政治变革的因素在增加,矛盾次要方面的地位在上升,经济增长与社会发展之间的关系达到一定程度的紧张,但社会主要矛盾或者矛盾的主要方面并没有发生根本变化,一定范围内出现的社会冲突,绝大多数属于经济利益的矛盾和冲突,其性质依然是根本利益一致基础上非对抗性的人民内部矛盾。我们这种判断基于以下两个方面:第一,从理论上讲,当前中国正处在社会主义初级阶段,人民的根本利益是一致的,建立在根本利益一致基础之上的人民内部矛盾与社会主义社会基本矛盾、主要矛盾的性质是一致的,都是非对抗性的。"这种矛盾性质的一致性是基于

---

① 董小燕:《中国行业收入差距变动研究》,陕西师范大学学位论文,2011 年。

② 在国家统计局主页检索栏键入"最高与最低行业平均工资之比",即可检索到 2009—2013 年历年数据。

经济上社会主义生产关系占主体并居主导地位的本质特征以及政治上人民当家作主的本质特征之上的"。① 第二,从社会现实来看,社会矛盾和冲突大量地表现为经济利益矛盾,而经济利益矛盾中,民生问题尤为突出。"有调查显示,中国民众最感兴趣的问题,前六位都是民生问题,而且是基础性的民生问题,一般是社会保障、通货膨胀、医疗、公共卫生、教育问题、养老保险问题,还有一些地方对环境生态特别关注。原因很简单,我们国家长期以来民生没有得到应有的改善。中国现在的主要矛盾问题,80%以上根源于民生问题。"②这里需要指出的是,虽然社会矛盾和冲突是非对抗的,但民生问题解决不好的话,可能会诱发各种各样的矛盾。"如果对这类问题和事件缺乏警惕,不能见微知著,把问题解决在萌芽状态,就会放任事态扩大,有可能爆发更大的社会动乱,最终影响到社会主义的政局稳定。这些矛盾在经济、政治、思想文化各个领域同时表现,往往是多数人的受蒙蔽行为、过激行为或一般违法行为,与少数人的过失行为和犯罪行为以及极少数敌对势力、敌对分子的故意捣乱破坏活动纠缠在一起。"③近些年来,相继出现了一些所谓的"社会泄愤事件",特别应当注意的是,对一些社会群体性事件,"一些知识精英,主要是法律人士也为了各种目的(经济的、政治的或社会影响)而深入其中。"④知识精英对社会矛盾的介入,从网上支持走向行动支持,并引导舆论浪潮,这也是社会矛盾在性质上的变化。这种新的变化必须引起党和政府的高度关注。

当前社会矛盾的性质决定了解决矛盾的方法。经济增长本身的问题、社会发展滞后的问题和社会公正的问题都是改革过程中形成的新问

---

① 金伟:《当前我国社会矛盾的性质、特点与调处思路》,《江汉论坛》2011 年第10 期。

② 吴忠民:《当前社会矛盾问题的主要特征》,《太原日报》2011 年 12 月 16 日。

③ 彭劲松:《当前社会矛盾及其调控》,《江海学刊》2014 年第 3 期。

④ 于建嵘:《当前基层治理几个突出问题》,《人民论坛》2014 年第 18 期。

题,解决的办法不能是退回到过去的老路上去,只能是用深化改革的办法来解决。生产力与生产关系的良性互动是推动社会进步的根本动力,这是历史唯物主义的基本原理之一。不同历史时期,社会基本矛盾有不同的内容和表现形式,党和政府有相应的任务。改革开放以来的36年,我们坚持经济建设为中心,全力发展社会主义生产力,取得了举世瞩目的经济成就,然而,当前最迫切的任务,则是坚持经济高质量增长的前提下,加快社会关系的调整,真正全面地贯彻落实科学发展观,实现全面协调可持续地发展,同时坚持以人为本、促进社会的公平正义。以前30年,我们面临的紧迫问题是实现生产力的快速发展和社会财富的积累,现在,我们面临的紧迫任务就是集中精力解决社会公平公正问题;以前30年,我们主要关注如何把"蛋糕"做大,当前,我们则应更加关心如何把"蛋糕"分好。在保持经济快速增长的过程中突出解决民生问题,实现社会的公平正义,让人民群众充分享受改革发展的成果,已经成为中国共产党和人民政府必须直面的一大现实问题。

当前,我们不仅有必要而且有能力集中精力解决社会的公平公正问题。随着改革开放36年经济的持续高速增长,国家掌控了足够的财力,为实现社会公平正义创造了必要的物质条件。

五、结语

经济变革与政治变革统一于中国工业化进程之中,二者是一种此消彼长的矛盾关系。在中国工业化的不同发展阶段,矛盾的主要方面不同,任务也不同。工业化运动的组织者和推动者的就应当从本阶段的实际出发,当以政治变革解放生产力则进行政治变革,当以经济变革发展生产力则进行经济变革,只有这样,才能保证中国工业化沿着正确的道路健康前行。随着中国经济进入新常态,经济增长速度将从高速增长转为中高速增长,经济结构将进一步优化升级,经济增长的动力将从要素驱动、投资驱动转向创新驱动，并且可以预见的是，社会矛盾也会呈现新态势，正确处理经济变革与政治的关系，将会助推中华民族伟大复兴中国梦的实现。

第二节　中国工业化必须坚持共产党的领导

实现工业化与社会现代化是近代以来中国社会的主题之一。中国共产党从诞生那一天起就是中国社会最先进、最觉悟、最有号召力和最有战斗力的组织，无论在领导新民主主义革命、社会主义革命创造社会主义工业化前提条件的过程中，还是在领导社会主义工业化建设的过程中，中国共产党都是工业化运动的领导者、推动者和实践者，时时处处起到先锋模范作用。在中国工业化的历史进程中，90 多年来的经验集中到一点，就是无论过去、现在，还是将来，都必须始终不渝地坚持中国共产党的领导。

一、领导地位根源于党的先进性

共产党的先进性是以马克思主义理论为指导、以工人阶级为基础、以优秀分子为成员、以民主集中制为组织原则所形成的，具体体现在党的理想、宗旨和路线、纲领、方针、政策之中，体现在始终以党员起先锋作用和模范带头作用来推动社会发展的一种特质。对于共产党的先进性，马克思、恩格斯曾经指出，"在实践方面，共产党人是各国工人政党中最坚决的、始终起推动作用的部分；在理论方面，他们胜过其余无产阶级群众的地方在于他们了解无产阶级运动的条件、进程和一般结果。"[①]在这里，马克思和恩格斯指出了无产阶级先进性内涵的两项基本内容，即"最坚决

[①] 《马克思恩格斯选集》第 1 卷，人民出版社 1995 年版，第 285 页。

的、始终起推动作用"和"胜过其余无产阶级群众"。先进性决定了中国共产党能够走在时代发展的前列、带领社会前进并为社会其他群众做出榜样和表率。

中国共产党的先进性是阶级性、代表性和时代性的统一。首先,中国共产党具有坚定的阶级性。中国工人阶级是近代以来中国经济社会发展特别是社会化大生产发展的产物,具有严格的组织性、纪律性和革命的坚定性、彻底性等高贵品格。中国共产党自从成立之日起,就把自己确定为中国工人阶级的政党,始终坚持工人阶级先锋队的性质,为保持自身的先进性奠定了坚实的阶级基础。1935 年 12 月,中共中央政治局在瓦窑堡会议上讨论通过了《中央关于目前政治形势与党的任务决议》,明确提出:"中国共产党是中国无产阶级的先锋队",同时"又是全民族的先锋队"。[①] 1937 年 10 月,毛泽东在陕北公学纪念鲁迅逝世一周年大会上的讲话中进一步强调:"我们共产党是中国无产阶级的先锋队,同时又是最彻底的民族解放的先锋队。"[②]两个"先锋队"的概括是中共中央和毛泽东对中国共产党先进性质的科学阐释。随着改革开放和社会主义现代化建设的发展,中国工人阶级的状况发生了新变化:工人阶级队伍不断壮大,分布更加广泛;工人阶级的思想道德素质和科学文化素质日益提高,特别是知识分子作为工人阶级的一部分,大大增强了工人阶级的整体素质;在实行经济结构的战略性调整过程中,虽然一些工人群众的工作岗位发生了变化,但其国家主人翁的地位没有变;工人阶级始终是推动中国先进生产力发展的基本力量。这些方面表明,工人阶级的先进性不仅没有变,而且随着时代的前进和社会的发展而不断发展,工人阶级仍然是中国的领导阶级。中国共产党必须始终全心全意依靠工人阶级,必须始终以工人阶级为阶级基础,必须始终把来自工人、农民、知识分子、军人、干部

---

① 《中共中央文件选集》第 10 册,中共中央党校出版社 1991 年版,第 620 页。
② 《毛泽东文集》第二卷,人民出版社 1991 年版,第 42 页。

的党员作为党的队伍最基本的组成部分和骨干力量。这是始终保持党的先进性的前提。

其次,中国共产党具有广泛的代表性。中国共产党自成立以后就肩负着阶级解放、民族解放和民族复兴的多重使命。由于肩负的任务异常繁重,中国共产党必须团结一切可以团结的力量,结成最广泛的统一战线,紧紧依靠最广大的人民群众,共同完成民族解放和民族复兴的历史重任。早在抗日战争时期,毛泽东就明确提出:"中国社会是一个两头小中间大的社会,无产阶级和地主大资产阶级都只占少数,最广大的人民是农民、城市小资产阶级以及其他的中间阶级。任何政党的政策如果不顾到这些阶级的利益,如果这些阶级的人们不得其所,如果这些阶级的人们没有说话的权利,要想把国事弄好是不可能的。中国共产党提出的各项政策,都是为着团结一切抗日的人民,顾及一切抗日的阶级,而特别是顾及农民、城市小资产阶级以及其他中间阶级的。共产党提出的使各界人民都有说话机会、都有事做、都有饭吃的政策,是真正的革命三民主义的政策。"①新中国成立后,中国共产党面临着实现中华民族伟大复兴的伟大历史任务,她也已从一个领导人民为夺取政权而奋斗的党,成为一个代表人民执政的党,更需要具有广泛的代表性,不断扩大党的群众基础和社会影响,使中国共产党执政的基础愈加宽厚和巩固。中国共产党既是中国工人阶级的先锋队,又是全体中国人民和中华民族的先锋队,既是工人阶级根本利益的忠实代表,也是中国最广大人民根本利益的忠实代表。

最后,中国共产党具有鲜明的时代性。中国共产党作为一个有着远大理想的党,一个能够把握人类社会发展方向的党,必然是与时俱进的党,必然是紧跟时代潮流的党。江泽民指出:"总结我们党 70 多年的历史,可以得出一个重要的结论,这就是,我们党所以赢得人民的拥护,是因为我们党作为中国工人阶级的先锋队,在革命、建设、改革的各个历史时

---

① 《毛泽东选集》第三卷,人民出版社 1991 年版,第 808 页。

期,总是代表着中国先进社会生产力的发展要求,代表着中国先进文化的前进方向,代表着中国最广大人民的根本利益,并通过制定正确的路线方针政策,为实现国家和人民的根本利益而不懈奋斗。"①显然,考察中国共产党的先进性重点是强调要以时代的发展、形势的变化和世界进步的潮流为坐标,以广阔的世界历史的进程为背景,把握世界的潮流,赋予党的先进性以丰富的时代内涵和鲜明的时代特征。党的先进性的本质特征在于时代性,即指中国共产党始终走在历史和时代潮流的前列,做到阶级性、广泛性和时代性的有机统一。

中国共产党的先进性不仅表现在她带领全党和全国各族人民创造社会主义工业化的前提条件的过程中,而且表现在她领导全国各族人民进行社会主义工业化建设的实践中。在近代以来的中国,政党和阶级先进与否,主要表现在它能否以敏锐的目光洞察世界的发展动态,能否站在世界工业化和现代化运动的前列,能否以其正确的政策和模范行动发展社会生产力,推动中国社会前进,保障最大多数人的根本利益。在中国,"一切政党的政策及其实践在中国人民中所表现的作用的好坏、大小,归根到底,看它对于中国人民的生产力的发展是否有帮助及其帮助之大小,看它是束缚生产力的,还是解放生产力的"。中国共产党的基本政策在于"实行土地改革,解放农民,发展现代工业,建立独立、自由、民主、统一和富强的新中国,只有这一切,才能使中国社会生产力获得解放,才是中国人民所欢迎的"。"中国工人阶级的任务,不但是为着建立新民主主义的国家而奋斗,而且是为着中国的工业化和农业近代化而斗争。"②中国共产党领导的新民主主义革命推翻了帝国主义、封建主义和官僚资本主义的联合统治,建立了强有力的人民政权,完成了社会主义革命,建立了社会主义制度,为工业化扫清了道路。十一届三中全会以来,改革一切不

---

① 江泽民:《紧密结合新的历史条件加强党的建设,始终带领全国人民促进生产力的发展》,《人民日报》2000 年 2 月 26 日。

② 《毛泽东选集》第三卷,人民出版社 1991 年版,第 1079、1081 页。

适应生产力发展要求的生产关系和上层建筑,从而进一步摆脱影响生产力发展的羁绊,加速了中国工业化的进程,增强了综合国力。

为工业化扫清障碍,发展中国人民的生产力,把落后的中国建设成为现代化的工业强国,这正代表了先进生产力的发展要求,代表中国人民最广泛的利益,正是中国共产党先进性的表现。

二、领导地位形成于追求独立与富强的历史进程

中国共产党之所以能够最终确立其在中国社会中的领导地位,关键在于她找到了一条谋求民族独立和国家富强的正确道路,并带领全党和人民为之不懈奋斗。她代表了中国社会的发展方向,代表了全民族的利益,代表了发展先进生产力的要求。

民族独立与国家富强是近代以来中国社会的两大历史任务。任何一个阶级及其政党,它的一切纲领和运动都不能不体现这个主题。民族独立是国家富强的前提,国家富强是民族独立的保证。民族独立是政治革命,是发展生产力的先决条件;国家富强是经济革命,其核心是强力推进社会生产力的发展,实现工业化、现代化。中国近代史上历次的现代化尝试终归失败,原因皆在于没有找到一条正确的通往现代化的道路。没有民族独立,便没有国家富强,以独立求富强则富强可以实现,不求独立而直接求富强则富强未必能达到。找不到谋求民族独立的正确道路,富强也不能达到。这是近代以来中国工业化运动的重要教训。中国的地主阶级、资产阶级都不是中国先进生产力的代表,阶级的局限性决定了他们不可能引导中国走上工业化道路,圆中国工业化之梦的重任历史地落在了无产阶级及其政党——中国共产党的身上。中国共产党的成功之处、伟大之处就在于她及时、认真地总结了中国工业化运动的经验教训,开辟了一条先谋求民族独立、创造现代化的前提条件,尔后再集中力量进行工业化建设、由半殖民地半封建社会走向社会主义社会的发展之路。她带领

人民进行了新民主主义革命,建立了人民民主专政的政权,造就了社会主义工业化的先决条件;她带领人民进行了社会主义革命,为生产力的发展开辟了更为广阔的空间。社会主义制度的建立是中国工业化的政治保障和推进力量。

中国共产党是中国工人阶级的先锋队,是适应中国社会发展要求而诞生的新型政党,是中国先进生产力发展要求的忠实代表。实现工业化是中国共产党梦寐以求的愿望。什么是先进生产力?自中国进入近代社会以来,直到今天,先进生产力一直是机器生产特别是以机器制造业为主的工业化生产。换句话说,在中国,要代表先进生产力的发展要求,就要代表工业化的发展要求。"中国的工业化进程是十九世纪六七十年代才开始的,但在此后的近 100 年时间里,中国没有任何一个政党像中国共产党那样认真思考过中国工业化本身的问题。"①中国共产党从诞生之初就代表了先进生产力的发展要求。在党的初创时期,中国共产党人就主张通过社会主义来实现工业化,反对用资本主义的手段达到工业化。因为资本主义在欧美的实践带来了一系列社会弊端,不适合中国的社会经济情况,唯有社会主义道路才是振兴中国实业的理想道路,只有社会主义才能消除资本主义中不合理、不人道的因素,才能使生产得到发展,人民的物质需求和精神需求才能得到满足。李大钊曾断言:"中国实业之振兴,必在社会主义之实行。"他明确指出:"要问中国今日是否已具有实行社会主义的经济条件,须先问世界今日是否已具有实现社会主义的倾向的经济条件,……现在世界的经济组织,既已经资本主义以至社会主义,中国虽未经自行如欧、美、日本等国的资本主义的发展实行,而一般平民间接受资本主义经济组织的压迫,较各国接受资本主义压迫的劳动阶级尤其苦痛。今日在中国想发展实业,非由纯粹生产者组织政府,以铲除国内

---

① 朱佳木:《中国工业化与中国共产党》,《当代中国史研究》2002 年第 6 期。

的掠夺阶级,抵抗此世界的资本主义,依社会主义的组织经营实业不可。"①陈独秀、李达等人的论述,也都表达了同样的思想。这是中国共产党人第一次用马克思主义基本原理分析和思考中国工业化问题所得出的初步结论。可见,"中国共产党关于通过社会主义的办法把中国由农业国变为工业国的观点,从一开始就是明确的。"②选择社会主义道路来实现中国的工业化,这不仅是对苏联社会主义工业化道路的肯定与赞同,更是对中国近代史上历次工业化尝试最终失败的经验教训的记取。

无论是在艰难困苦的革命战争岁月里,还是在如火如荼的社会主义建设实践中,中国共产党始终没有忘记实现工业化的夙愿,因为这是中国共产党对全体中国人民的郑重承诺。

三、领导地位认同于探索工业化道路的历史地位

中国共产党是中国社会主义工业化的发动者、组织者和实施者。中国共产党不仅负责工业化前提条件的创设,而且还负责工业化的组织、设计,并运用政权的力量自上而下地推动和确保工业化的顺利进行。早在中共七大上,毛泽东就曾说过:"没有中国共产党的努力,没有中国共产党人做中国人民的中流砥柱,中国的独立和解放是不可能的,中国的工业化和农业近代化也是不可能的。"③这不仅是对中国共产党领导新民主主义革命历史经验的总结,而且是对中国社会建设未来前景的展望,更是对中国人民和中国社会的一种责任承诺。在此后的60多年中,中国共产党一直恪守自己的诺言,在中国工业化运动中真正起到了中流砥柱的作用。

在此后的60多年中,中国共产党设计了由半殖民地半封建的旧中国通向民主富强文明的社会主义新中国的宏伟蓝图,制定了适合中国国情

---

① 《李大钊文集》第四卷,人民出版社1999年版,第81、85页。
② 朱佳木:《中国工业化与中国共产党》,《当代中国史研究》2002年第6期。
③ 《毛泽东选集》第三卷,人民出版社1991年版,第1098页。

的工业化发展战略。在这 60 多年里,中国共产党根据国际国内经济政治形势的发展变化,不断调整工业化战略。先是在抗日战争时期到新中国成立初期,中国共产党曾经设想在新民主主义社会条件下实现工业化,但由于各种社会条件的变化,放弃原来的设想,并从 1953 年开始了以"一化三改"为主要内容的社会主义改造。随着社会主义改造的完成,社会主义制度在中国大陆确立,建设社会主义现代化强国就成为中国共产党和全国人民的奋斗目标。在 1956 年至改革开放前的 20 多年时间里,中国共产党人不仅设计了分两步实现四个现代化、把中国建设成为伟大的社会主义强国的战略目标,而且还设计并实践了重工业优先发展的工业化战略,取得了举世瞩目的成就。改革开放以后,中国共产党根据时代的变化和国际经济技术的发展要求,及时调整了工业化战略,由重工业优先发展调整为大力发展轻工业、提升重工业质量的工业化发展战略,并在世纪之交又及时提出走中国特色新型工业化道路的战略决策。

四、领导地位巩固于改革开放时期的历史贡献

党的十一届三中全会开辟了新中国经济社会发展新的历史时期,新时期最鲜明的特点是改革开放,改革开放是决定当代中国命运的关键抉择。中国共产党是改革开放的设计者、领导者和实践者,改革开放新时期的历史贡献巩固了中国共产党的领导地位。

中国共产党是改革开放的设计者。"文化大革命"结束后,人们思想混乱,经济政治文化各方面问题堆积如山,千头万绪。如何破解这一难题,使中国走上健康的发展道路? 在历史的转折关头,以邓小平为代表的中国共产党人,立足当前,谋划未来,从解放思想、统一认识入手,果断地把党和国家工作重心回归到经济建设上来,举起中国特色社会主义旗帜,设计了从农村开始改革,先易后难,对内改革和对外开放同时起步的正确的改革开放路径。

　　思想解放是改革开放的先声,邓小平复出后就批评"两个凡是"不符合马克思主义,鲜明地支持关于真理标准的大讨论,倡导解放思想,实事求是,团结一致向前看。解放思想,实事求是,既是对党的思想路线的恢复,又是在特殊历史时期的创新和发展。在当时的情况下,不解放思想,就不可能真正做到实事求是,就不可能把全党和全国人民的思想凝聚起来,团结一致向前看。真理标准的大讨论揭开了思想解放的序幕,也唱响了改革开放的前奏。十一届三中全会重新确立了党的马克思主义的思想路线,批判了"两个凡是"的错误方针,高度评价了关于真理标准问题的讨论;重新确立了党的马克思主义的政治路线,停止使用"以阶级斗争为纲"和"无产阶级专政下继续革命"的口号,作出把工作重点转移到社会主义现代化建设上来的战略决策,并富有远见地提出了对党和国家各个方面的工作进行改革的任务。十一届三中全会揭开了党和国家历史的新篇章,成为新中国成立以来党的历史上具有深远意义的伟大转折,开启了改革开放新的历史时期。经过30多年的改革开放,我们逐步积累了改革开放的成功经验,探索到了中国特色社会主义建设的基本规律。今天,要推进中国特色社会主义事业和改革开放事业,就必须继续坚持解放思想、实事求是,不仅要摸着石头过河,而且更要加强顶层设计。

　　中国共产党是改革开放的领导者。新时期最鲜明的特点是改革开放,中国共产党在领导改革开放的伟大历史进程中,确立了中国特色社会主义道路,形成了中国特色社会主义理论体系,完善了中国特色社会主义制度。中国特色社会主义道路,就是在中国共产党领导下,立足基本国情,以经济建设为中心,坚持四项基本原则,坚持改革开放,解放和发展社会生产力,建设社会主义市场经济、社会主义民主政治、社会主义先进文化、社会主义和谐社会、社会主义生态文明,促进人的全面发展,逐步实现全体人民共同富裕,建设富强民主文明和谐的社会主义现代化国家。中国特色社会主义理论体系,就是包括邓小平理论、"三个代表"重要思想、科学发展观等在内的科学理论体系,是对马克思列宁主义、毛泽东思想的坚持和发展。中国特色社会主义制度，就是人民代表大会制度的根本政治制度，中国共产党领导的多党合作和政治协商制度、民族区域自治制度以及基层群众自治制度等基本政治制度，中国特色社会主义法律体系，公有制为主体、多种所有制经济共同发展的基本经济制度，以及建立在这些制度基础上的经济体制、政治体制、文化体制、社会体制等各项具体制度。中国特色社会主义道路是实现途径，中国特色社会主义理论体系是行动指南，中国特色社会主义制度是根本保障，三者统一于中国特色社会主义伟大实践，这是中国共产党领导人民在建设社会主义长期实践中形成的最鲜明特色。

中国共产党是改革开放的实践者。中国共产党参加了改革开放伟大实践的全过程，实现了从农村到城市、从经济领域到其他各个领域的全面改革，完成了从沿海到沿江沿边、从东部到中西部的全方位开放，正在进行着从高度集中的计划经济体制到充满活力的社会主义市场体制的体制转型和从传统的农业社会到现代工业社会的发展转型。在领导全面改革、全方位开放和两大转型的伟大实践中，中国共产党坚持以经济建设为中心，我国综合国力迈上新台阶；着力保障和改善民生，人民生活总体上达到小康水平；大力发展社会主义民主政治，人民当家作主权利得到更好保障；大力发展社会主义先进文化，人民日益增长的精神文化需求得到更好满足；大力发展社会事业，社会和谐稳定得到巩固和发展。改革开放是决定当代中国命运的关键抉择，是发展中国特色社会主义、实现中华民族伟大复兴的必由之路。

五、结语

自从有了共产党，中国革命的面貌就焕然一新。自从有了共产党，中国社会发展的轨迹出现了良性大转移。

中国共产党自从成立的那一天起就担负起中华民族伟大复兴的历史

重任。在其成立的第二年召开的第二次全国代表大会上,中国共产党就明确提出其最低纲领:"消除内乱,打倒军阀,建设国内和平;推翻国际帝国主义的压迫,达到中华民族完全独立;统一中国为真正的民主共和国。"①和平、独立、民主,就成为中国共产党在民主革命阶段的主要纲领,反帝反封建的民族民主革命的目的在于为中国实现工业化和社会现代化创造条件。

在 90 多年的奋斗史上,中国共产党坚持马克思主义与中国实际相结合的根本原则,找到了启动工业化的正确途径,选择了社会主义工业化道路并进行了艰难而英勇的探索,使工业化道路更具中国特色,取得了举世瞩目的工业化成就。中国共产党的领导地位是历史的选择,是社会的选择,是人民的选择。

第三节　中国工业化必须重视科学技术创新

18 世纪下半叶以来,工业化浪潮席卷全球,先是个别条件适宜的国家和地区率先进入工业化时代,后是一片一片的国家和地区跟进,到现在几乎所有的国家和地区都进入工业化进程或者正向工业化迈进。工业化的每一次新浪潮无不与先进技术的突破与应用密切相关。

中国共产党人秉承马克思主义经典作家关于科学技术推动社会经济发展的思想,在中国工业化实践中注重科技对工业化的推动作用,注重科技体制的改革与完善,逐步建立起了科学技术与中国工业化的良性互动关系。

一、科学技术是人类历史进步的重要动力

马克思主义认为,科学是一种在历史上起推动作用的革命力量。人

---

① 《中共党史大事年表》,人民出版社 1987 年版,第 17 页。

类历史的进步与科学技术的发展息息相关,科学技术的每一次进步都对社会生产实践产生巨大的推动力。在农业时代,虽然尚没有现代意义上的自然科学和技术科学,但适应当时生产需要的朴素科学知识和经验性的生产技术在生产中发挥了巨大作用,推动了农业文明的繁荣和发展。人类社会进入近代以来,科学技术成为物质生产中的重要因素,科技成果在生产中的运用使生产能力和劳动生产率得到空前提高,资产阶级在它不到 100 年的阶级统治中所创造的生产力,比过去一切世代创造的全部生产力还要多,还要大。科学技术的进步不仅极大地推动了社会生产力的发展,而且还推动了整个社会形态的变革,因而马克思"把科学首先看成是历史的有力的杠杆,看成是最高意义上的革命力量",[1]看成是撬动社会发展的巨大杠杆。

马克思、恩格斯关于科学技术推动生产力和社会变革的思想十分丰富而且深刻。他们认为,第一,科学是生产力中的一个重要因素。马克思在《政治经济学批判》中,第一次明确提出了"生产力中也包括科学"的著名论断。[2] 第二,科学是一种特殊的生产力。马克思指出,科学本身是人类对自然的理解,是以知识形态作为人类生产力发展的一种形式。因此,作为一般社会生产力,科学是一种特殊的社会生产力,即一种精神生产力,而当其与生产力其他要素相结合即构成物质生产力的一个重要因素。第三,科学作为一种特殊的社会生产力,必须经过转化才能成为直接的生产力。即将科学技术物化为新的劳动工具和新的劳动对象;通过学习和教育,提高劳动者的技能和素质。第四,科学技术是推动生产力发展的重要因素。马克思说,"劳动生产力是随着科学和技术的不断进步而不断发展的","化学的每一个进步不仅增加有用物质的数量和已知物质的用途,从而随着资本的增长扩大投资领域。同时,它还教人们把生产过程和

---

① 《马克思恩格斯全集》第 19 卷,人民出版社 1963 年版,第 372 页。

② 《马克思恩格斯全集》第 46 卷下册,人民出版社 1980 年版,第 211 页。

消费过程中的废料投回到再生产过程的循环中去,从而无需预先支出资本,就能创造新的资本材料。正像只要提高劳动力的紧张程度就能加强对自然财富的利用一样,科学和技术使执行职能的资本具有一种不以它的一定量为转移的扩张能力。"①生产力的这种发展,归根到底总是来源于发挥着作用的劳动的社会性质,来源于社会内部的分工,来源于智力劳动特别是自然科学的发展。尤其当马克思看到科学技术与现代工业相结合带来生产力的革命性跃迁时,他十分高兴。他认为,"现代自然科学和现代工业一起变革了整个自然界,结束了人们对于自然界的幼稚态度和其他的幼稚行为"。② 在马克思看来,科学是一种在历史上起推动作用的、革命的力量,"任何一门理论科学中的每一个新发现,即使它的实际应用甚至还无法预见,都使马克思感到衷心喜悦,但是当有了立即会对工业、对一般历史发展产生革命影响的发现的时候,他的喜悦就完全不同了。"③第五,科学作为生产力,既是推动社会生产力发展的重要动力,同时也促进了生产关系和生产方式的变革,促进了上层建筑和思想文化的发展。科学技术对社会形态的变革是从两个方面进行的:一方面,科学技术作为社会生产力,它的发展终将导致生产关系的改革;另一方面,作为社会意识形态的科学技术进步,将引起人类思想和上层建筑的变革,从而从另一个方向推动社会形态的变革。因为科学技术总是处于一定的生产关系、上层建筑之中,它本身的发展也会使原来与它相适应的生产关系、上层建筑逐渐变得不相适应。在这种情况下,科学技术的进一步发展在很大程度上取决于生产关系、上层建筑的变革,只有变革原来的生产关系、上层建筑,才能有利于科学技术乃至整个社会生产力的发展。因此,科学技术的发展本身也会对生产关系、上层建筑的变革产生促进作用。马克思认为,机器的发展则是使生产方式和生产关系变化的因素之一。

① 《马克思恩格斯全集》第 23 卷,人民出版社 1972 年版,第 664 页。
② 《马克思恩格斯全集》第 7 卷,人民出版社 1959 年版,第 241 页。
③ 《马克思恩格斯全集》第 19 卷,人民出版社 1963 年版,第 375 页。

恩格斯也曾指出,"使英国工人的状况发生根本变化的第一个发明是珍妮纺纱机","这架最初的很不完善的机器的出现,不仅引起了工业无产阶级的发展,而且也促进了农业无产阶级的产生"。"英国工人阶级的历史是从 18 世纪后半期,从蒸汽机和棉花加工机的发明开始的。大家知道,这些发明推动了产业革命,产业革命同时又引起了市民社会中的全面变革"。① 正是在这个意义上,他们把科学看成是一种最高意义上的革命力量。

马克思主义经典作家关于科学技术对经济社会发展起推动作用的思想已经为当代科技革命与工业化互动的历史所证明。在当今世界科技革命的迅速发展中,世界各个国家都已经越来越意识到发展科学技术对于提高本国的经济实力和政治地位的极端重要性,纷纷通过各种形式的社会改革,制定科技发展战略和相应的科技政策,迎接科技革命的挑战。改革开放以来,中国共产党面对世界科技发展日新月异的形势,主动提出经济体制和科技体制等一系列的改革,实施科教兴国战略,这从一定程度上也说明了科学技术发展对于社会变革的推动作用。

二、科技进步推动世界工业化进程

世界工业化的历史进程已经充分表明,科技进步与工业化之间存在着密切的互动关系。一方面,每一次的重大科技进步都为经济社会发展提供了先进武装,不断推动着工业化一步步走向高级化;另一方面,工业化的发展又不断呼唤先进的科学技术涌现,催生了新一代技术进步,"社会一旦有技术上的需要,则这种需要就会比十所大学更能把科学推向前进。"②这种耦合关系使世界各国都充分认识到科技进步在经济社会发展

① 《马克思恩格斯全集》第 2 卷,人民出版社 1957 年版,第 284、285、281 页。
② 《马克思恩格斯选集》第 4 卷,人民出版社 1995 年版,第 732 页。

中的地位与作用,力争抢占科技高地,在竞争中占领先机。

从工业化与科技革命互动的历史进程来看,到目前为止,已经有三次科技革命①推动工业化的成功先例,目前正在经历着第四次科技革命。

(一)　第一次科技革命触发工业化的第一次浪潮

工业化的第一次浪潮始于 18 世纪 70 年代,到 1870 年前后,法国、荷兰、比利时等国家基本上都实现了工业化。从技术特征来看,这次工业革命是以棉、毛、煤、铁资源为主,以蒸汽机的发明和应用为标志,靠蒸汽机武装的棉纺织业和采煤业支撑了工业的快速发展。从发展的结果来看,这次工业化浪潮是沿着煤铁蕴藏丰富的区域推进的,虽然西欧的法国、比利时以及中欧的瑞士、德国等都已相继进入工业发展的新阶段,但是,只有英国具备了各方面的优越条件而率先完成了工业革命。

工业革命奠定了用机器生产机器这一最基本的工业化生产方式,从而宣告了工业化——机械化时代的到来。

(二)　第二次科技革命推动工业化的第二次浪潮

工业化的第二次浪潮始于 1870 年前后,止于第二次世界大战结束,这次浪潮波及了欧洲的全部、整个美洲大陆及东亚地区,美国、日本和德国是其中的代表。这些国家都强化了工业化过程中政府的作用,积极采用新技术,自上而下地推动电力工业、汽车制造业、石油工业、铁路运输业、化学工业等迅速崛起,从而在自由资本主义时代赶上了工业化的末班车,实现了工业化的快速起步。到 20 世纪初,"多中心的资本主义世界

---

①　本书使用的"科技革命"是一传统术语,指近代以来的重大技术进步或技术革命,不同于时下开始流行的把科技革命当作科学革命和技术革命总称的说法。近几年,有学者认为,在过去 500 年里,世界上先后大约发生了五次科技革命(包括两次科学革命和三次技术革命),第六次科技革命正向我们走来。参见,中国科学院院长白春礼院士《卡位"第六次科技革命"》,北京大学徐光宪院士《第六次科技革命的内涵》,中国科学院何传启研究员《第六次科技革命的机遇与对策》等。

经济体取代了英国的单一中心的地位"。①

从此,电动机和内燃机取代了蒸汽机,机械化、半自动化成为工业生产的基本方法,人类跨入电气化时代。列宁在领导苏俄社会主义工业化建设的过程中,敏锐地抓住了新技术时代的本质特征,把电气化作为国家工业化的主要内容,提出"共产主义就是苏维埃政权加全国电气化"的著名论断,亲自领导了全俄电气化建设的规划工作。电气化规划的实施有力地推动了苏联工业化进程。

(三) 第三次科技革命掀起工业化的第三次浪潮

第二次世界大战之后,微电子技术、自动化技术、新型材料技术、生物化学技术和航空技术等领域的重大突破标志着新的科学技术革命的到来。这些核心技术带来了相关产业的巨大变革,使产业结构发生了深刻变化,促进了社会生产力的发展,深刻改变了人类的生活,给人类社会带来了巨大的进步。从此,人类进入自动化时代。

这一次科技革命与工业化浪潮发源于美国,不仅迅速扩展到西欧、日本等工业化国家,而且波及大洋洲和世界其他地区,把曾经错过工业化机会、没有赶上前两班车的所有国家都纳入其中,浪潮所及的各个国家都特别注意现代科学技术在生产中的广泛应用,新技术成为推动现代经济增长的引擎。

(四) 第四次科技革命引领人类步入后工业时代

经过第二次世界大战后20多年的恢复与发展,发达国家的经济与社会形态出现了多方面的新变化。这种变化一刻也逃不出学者的视野,从20世纪50年代,美国社会学家丹尼尔·贝尔(Daniel Bell)就在关注工业社会转型的问题,后来先后出版了"后工业社会三部曲"《意识形态的终

① 罗荣渠:《现代化新论》,北京大学出版社1993年版,第136页。

结》(1960)、《后工业社会的来临》(1973)和《资本主义文化矛盾》(1976),揭示了发达社会的新变化和新特征,其中,尤以《后工业社会的来临》(*The Coming of Post-Industrial Society*)著名。该书把人类社会的发展进程划分为前工业社会、工业社会和后工业社会三大阶段。后工业社会是工业社会进一步发展的产物,它的关键变量是信息和知识,主要经济部门是以服务业为主导的第三产业。"如果工业社会以机器技术为基础,后工业社会是由知识技术形成的。如果资本与劳动是工业社会的主要结构特征,那么信息和知识则是后工业社会的主要结构特征。"①

以信息技术革命为核心的第四次科技革命正在改变着我们的一切。20世纪70年代以来的40多年间,计算机与现代通信技术的结合使信息迅速超越材料、能源,成为影响人类社会发展的决定性力量。信息资源的开发利用日益走向社会化、产业化,信息技术的发展完全改变了人类社会的面貌,信息技术的水平、规模和应用程度已经成为衡量一个国家现代化程度的重要标志。信息技术革命不仅为人类提供了新的生产手段,带来了生产力的大发展和组织管理方式的变化,还引起了产业结构和经济结构的变化。这些变化将进一步引起人们价值观念、社会意识的变化,从而影响社会结构和政治体制,使人类走向新的文明。

三、科技落伍是近代中国工业落后的重要原因

历史研究表明,从春秋战国直到宋元时期,中国的科学技术在两千年的时间里始终保持着持续的发展,一直居于世界的最前列,在数学、医学、天文学等理论科学及冶金、纺织等应用技术方面远远走在欧洲的前面。即使当近代自然科学在欧洲兴起之时,中国的科学技术水平也并不低于欧洲。然而中国却迅速被近代世界科学技术发展边缘化。中国为什么在

---

① [美]D.贝尔:《后工业社会的来临》,新华出版社1997年版,"前言"第9页。

近代迅速落后于西方世界,成为科学技术和工业化的落伍者? 近百年来,中外众多学者从不同的角度进行了卓有成效的研究,得出过不同的结论。其中,最著名的莫过于"李约瑟之谜":"在公元三世纪到十三世纪之间保持一个西方所望尘莫及的科学知识水平","欧洲在十六世纪以后就诞生出现代科学,这种科学已被证明是形成近代世界秩序的基本因素之一,而中国文明却没有能够在亚洲产生出与此相似的现代科学",其原因何在?①

对于所谓的"谜题",其实早在李约瑟之前就有人研究,"李约瑟之谜"提出后,研究者更是络绎不绝。李约瑟之谜涉及中国政治制度、经济结构、文化背景等一系列问题,许多经济学家、社会学家、自然科学家等都提出了自己的解释,主要可归纳为以下几大类:一是"制度缺陷论",代表人物就是李约瑟,认为"亚细亚官僚制度"起初有利于自然知识的增长,但这种制度压制商人阶级的形成,促使学者和工匠之间产生了巨大的鸿沟;二是"思维方式影响论",认为中国人的思维方式影响了中国科学技术向近代科学的发展;三是"宗教影响论",认为中国原始民族的宗教中,分离意识比较薄弱是造成中国古代科学不发达的原因;四是"科技结构影响论",认为近代科学技术存在着循环加速机制;五是"高水平均衡陷阱说",认为中国后期技术创造力消失的原因是中国古代对技术没有需求或需求不够。② 著名经济学家北京大学林毅夫教授也提出了一个颇有意思的说法。他说:"在前现代时期,大多数技术发明源自于工匠和农夫的经验,科学发现则是由少数天生敏锐的天才在观察自然时偶然获得的。到了现代,技术发明主要是在科学知识的指导下通过实验的方法而得到的。在前现代时期的科学发现和技术发明模式中,一个社会中人口愈多,

---

① [英]J.李约瑟:《中国科学技术史》第 1 卷第 1 分册,科学出版社 1975 年版,第 3 页。

② 胡淑晶:《科技史中的悬案:关于李约瑟之谜研究综述》,《甘肃社会科学》2006 年第 6 期。

经验丰富的工匠和农夫就愈多,拥有的天才人物也就愈多,因此发现新的科学与技术的概率也就愈大。中国由于人口众多,因而在前现代社会的科学发现与技术发明上占有优势。中国在现代时期落后于西方世界,是因为中国的技术发明仍然依靠经验,而欧洲在十七世纪科学革命的时候,就已经把技术发明转移到依靠科学和实验上来了。而中国没有发生科学革命的原因,大概在于科举制度,它使知识分子无心去投资从事现代科学研究所必需的人力资本,因而从原始科学跃升为现代科学的概率就大大降低了。"①把中国进入近代以后科学技术落后的原因归结为方法和手段的落伍,特别是归结为制度的层面,这是颇有见地的。

"横看成岭侧成峰,远近高低各不同。"上述种种理解,从不同侧面反映了问题,均有其道理,但总的来说难以涉及根本。毛泽东则是以政治家的眼光看问题的,他的论述具有很强的概括性。1963 年 9 月 6 日,毛泽东在审阅《关于工业发展问题(初稿)》时曾经加写过一段文字,其中谈到,"我国从十九世纪四十年代起,到二十世纪四十年代中期,共计一百零五年时间,全世界几乎一切大中小帝国主义国家都侵略过我国,都打过我们,除了最后一次,即抗日战争,由于国内外各种原因以日本帝国主义投降告终以外,没有一次战争不是以我国失败、签订丧权辱国条约而告终。其原因:一是社会制度腐败,二是经济技术落后。"②一个是制度层面的原因,一个是技术层面的原因,这就从根本上抓住了事物的本质。

四、不搞科学技术,生产力无法提高

20 世纪 50 至 70 年代,以毛泽东为代表的第一代中央领导集体把科学技术视为发展社会主义生产力和巩固国家安全的关键力量,在西方国

---

① 林毅夫:《制度、技术与中国农业发展》,上海三联书店、上海人民出版社 1994 年版,第 13—14 页。

② 《毛泽东文集》第八卷,人民出版社 1999 年版,第 340 页。

家封锁禁运、苏联毁约的困境下,千方百计引进先进科技并促进自主研发,果断地发展高科技产业,提高中华民族的国际地位,为中国进一步发展打下了坚实的基础。

毛泽东历来十分重视科学技术在人类历史发展中的地位和作用。早在抗日战争时期,毛泽东就十分重视科学技术的作用。1940 年 2 月,他在陕甘宁边区自然科学研究会成立大会上的讲话中就指出:"自然科学是人们争取自由的一种武装。人们为着要在社会上得到自由,就要用社会科学来了解社会,改造社会,进行社会革命。人们为着要在自然界里得到自由,就要用自然科学来了解自然,克服自然和改造自然,从自然里得到自由。自然科学是要在社会科学的指挥下去改造自然界,但是自然科学在资本主义社会里却被阻碍了它的发展,所以要改造这种不合理的社会制度。""自然科学是很好的东西,它能解决衣、食、住、行等生活问题,所以每一个人都要赞成它,每一个人都要研究自然科学。"①1941 年 1 月,在给毛岸英、毛岸青的信中,他还特别嘱咐他们两人要"趁着年纪尚轻,多向自然科学学习","以潜心多习自然科学为宜,社会科学辅之。将来可倒置过来,以社会科学为主,自然科学为辅。总之注意科学,只有科学是真学问,将来用处无穷。"②

新中国成立后,毛泽东根据社会主义革命和社会主义建设的实际需要,更加全面深刻地论述了科学技术对推动生产力发展和社会进步的巨大作用。1955 年夏,社会主义改造还在如火如荼地进行之际,毛泽东就及时指出,"我们现在不但正在进行关于社会制度方面的由私有制到公有制的革命,而且正在进行技术方面的由手工业生产到大规模现代化机器生产的革命,而这两种革命是结合在一起的。""中国只有在社会经济制度方面彻底地完成社会主义改造,又在技术方面,在一切能够使用机器

---

① 《毛泽东文集》第二卷,人民出版社 1993 年版,第 269 页。
② 《毛泽东文集》第二卷,人民出版社 1993 年版,第 327 页。

操作的部门和地方,统统使用机器操作,才能使社会经济面貌全部改观。"同时,毛泽东也充分估计到,"由于我国的经济条件,技术改革的时间,比较社会改革的时间,会要长一些。"①虽然由于社会主义处于上升时代,帝国主义处于衰落时代,世界战争有可能避免,"但是我们应当以有可能挨打为出发点来部署我们的工作,力求在一个不太长久的时间内改变我国社会经济、技术方面的落后状态,否则我们就要犯错误。"②1963年12月16日,毛泽东在听取聂荣臻关于十年科学技术规划汇报时插话指出:"科学技术这一仗,一定要打,而且必须打好。过去我们打的是上层建筑的仗,是建立人民政府、人民军队。建立这些上层的建筑干什么呢? 就是搞生产。搞上层建筑、搞生产关系的目的就是为了解放生产力。现在生产关系是改变了,就要搞生产力。不搞科学技术,生产力无法提高。"③

党中央和毛泽东高瞻远瞩,指出要向科学进军,大力发展尖端科学技术,确立了"超常规发展"的科学技术发展战略。毛泽东指出,"资本主义各国,苏联,都是靠采用最先进的技术,来赶上最先进的国家。我国也要这样。""我们不能走世界各国技术发展的老路,跟在别人后面一步一步地爬行。我们必须打破常规,尽量采用先进技术,在一个不太长的时期内,把我国建设成为一个社会主义的现代化强国。"④1956年春,在知识分子问题会议上,毛泽东向全党和全国人民发出了"向科学进军"的口号,号召全党努力学习科学知识,同党外知识分子团结一致,为迅速赶上世界科学先进水平而奋斗,并提出,"我国人民应该有一个远大的规划,要在几十年内,努力改变我国在经济上和科学文化上的落后状况,迅速达

① 《毛泽东文集》第六卷,人民出版社1999年版,第432、438页。
② 《毛泽东文集》第八卷,人民出版社1999年版,第340、341页。
③ 《毛泽东文集》第八卷,人民出版社1999年版,第351页。
④ 《毛泽东文集》第八卷,人民出版社1999年版,第126、341页。

到世界上的先进水平。"①同年,毛泽东根据当时国内外形势,提出中国要搞点原子弹的想法。他指出,在当今的世界上,我们要不受人家的欺负,就不能没有这个东西。毛泽东把发展原子弹首先确定为科技规划中的重中之重。毛泽东还预言,我们有十年工夫就可能实现,并请周恩来、陈毅、聂荣臻等人亲自主持制定规划与负责实施的领导工作。

1958 年 1 月 31 日,美国第一颗人造地球卫星发射成功,毛泽东迅速做出反应,于 5 月 17 日发出"我们也要搞人造卫星"的号令。同年 8 月,中国科学院制定《人造卫星发展规划设想草案》,成立以钱学森为组长的"中国科学院 581 组"。进入 20 世纪 60 年代,苏联单方面撕毁中苏经济技术合作协议,撤走在华全部专家和工程技术人员,使中国科技研究陷入极端困难的境地。这时,国内又连遭三年自然灾害,国民经济发生严重困难。在这种困难条件下,毛泽东不惧艰难,不怕压力,指示国务院以两弹为主,突破尖端国防,对尖端武器的研究试制工作仍应抓紧进行,不能放松下马。在党中央和毛泽东的正确决策和对科研工作的大力支持下,一批有远见卓识的科学家忘我地工作,使中国在很短的时间内取得了尖端技术的伟大成就:1958 年,中国第一台电子计算机研制成功;1960 年,中国第一枚导弹飞行试验成功;1964 年,中国第一颗原子弹爆炸成功;1967 年,中国第一颗氢弹试验成功;1970 年,中国第一颗人造卫星"东方红"发射成功。同外国相比,中国从原子弹试爆到氢弹试验成功只花了两年零八个月时间,而苏联用了 4 年,美国用了 7 年,法国用了 8 年。中国发射的第一颗卫星与世界上第一颗卫星升空时间仅相距 13 年。

从国家的独立与安全出发,毛泽东主张通过发展科学技术来提高中华民族在国际上的地位,从根本上结束落后可能挨打的局面。事实证明,"两弹一星"的研制成功以及高科技的发展,实现了党中央和毛泽东的战略目标,中国的国际地位明显提高,"如果六十年代以来中国没有原子

---

① 《建国以来毛泽东文稿》第六册,中央文献出版社 1992 年版,第 12、22 页。

弹、氢弹,没有发射卫星,中国就不能叫有重要影响的大国,就没有现在这样的国际地位。这些东西反映了一个民族的能力,也是一个民族、一个国家兴旺发达的标志。"①不仅如此,所有这些还为中国的科技发展打下了坚实的基础,带动了中国高技术产业的建立和发展,加速了中国工业化建设的进程。

五、科学技术是第一生产力

"科学技术是第一生产力"在今天已经是家喻户晓、耳熟能详的常识性用语,这是邓小平从历史唯物主义认识论的高度出发,考察当代世界科技发展的状况后,得出的科学结论,反映了科学技术进步推动社会生产力发展的客观规律。

以 1978 年 3 月全国科学大会为标志,中国科技政策发展进入了一个全新的时期。邓小平在大会上发出"树雄心,立大志,向科学技术现代化进军"的号召,明确提出"科学技术是生产力"、"四个现代化,关键是科学技术现代化"、"知识分子是工人阶级的一部分"等科学论断,科技领域拨乱反正,迎来了中国科技事业的春天。1982 年 9 月,党的十二大政治报告特别强调了科学技术对促进经济发展的巨大作用,在中国共产党历史上第一次把科学技术列为国家经济发展的战略重点。从 1982 年开始实施的《"六五"国家科技攻关计划》则是改革开放时期第一个国家科技计划,主要解决国民经济和社会发展中带有方向性、关键性和综合性的问题,涉及农业、电子信息、能源、交通、材料、资源勘探、环境保护、医疗卫生等领域。它的实施,标志着中国综合性的科技计划从无到有,成为中国计划体系发展的里程碑。此后,国家又陆续实施了重大技术装备研制计划、国家重大科学工程、国家技术开发计划、国家重点实验室建设计划、国家

---

① 《邓小平文选》第三卷,人民出版社 1993 年版,第 279 页。

重点工业性试验项目计划、国家重点新技术推广项目计划等。

进入 20 世纪 80 年代中期，社会与经济发展对科学技术提出了多层次、多元化的要求，国家对整个国民经济进行调整，科技工作的方针和政策也开始调整。中央提出了"经济建设要依靠科学技术，科学技术要面向经济建设"的科技发展方针。1985 年 3 月，《中共中央关于科学技术体制改革的决定》发布，明确提出，"科学技术体制改革的根本目的，是使科学技术成果迅速地广泛地应用于生产，使科学技术人员的作用得到充分发挥，大大解放科学技术生产力，促进经济和社会的发展"①。

20 世纪 80 年代以来，中国共推出 22 个国家科技计划，形成了现行国家科技计划体系。这一体系按照全方位、三层次、多功能、有重点、协调发展的模式，把长远目标、中期目标、近期目标统一为整体布局，成为国家整体战略的重要组成部分。这些科技计划引导着社会各界以实际行动践行着"科学技术是第一生产力"的论断。

第一，科学技术的发展促进了社会生产方式的变革。科学技术的发展使生产力的要素，包括劳动者、劳动工具、劳动对象、生产管理等各方面都发生了深刻的变化，从而提高了社会生产力。在生产力系统中，科学技术已经成为推动生产力发展的关键性要素和主导性要素。在充分运用科学技术的条件下，生产资料是物化了的科学技术，劳动者是掌握了一定的科学技术知识与技能的新型劳动者，科学技术为劳动者所掌握，极大地提高了人们认识自然、改造自然和保护自然的能力，提高了生产劳动能力。同时，科学技术的发展，推动了生产关系的调整与变革，从而促进了生产方式的变革。

第二，科学技术的发展推动了生活方式的变革。科学技术的不断进步，不仅使人类摆脱愚昧无知状态，逐步揭开种种自然、社会之谜，而且还

① 《中共中央关于科学技术体制改革的决定》，《十二大以来重要文献选编》中卷，中央文献出版社 2011 年版，第 147 页。

推动社会精神文明建设,逐步建立人民群众科学、文明、健康的生活方式,形成学科学、用科学、爱科学的社会风气和民族精神。

科学技术的发展推动生产力的发展,极大地提高了人们的物质生活条件和精神生活质量,增强了生活的信息化,加快了生活的高效化,促进了家庭生活日益自动化,增加了生活的多样化,加速了社会生活的国际化,改变了人们的生活方式。

第三,科学技术的发展推动了经济增长方式的变革。过去,生产力发展和经济增长主要靠劳动力、资本和自然资源的投入,现代社会随着知识经济时代的到来,科学技术、智力资源日益成为生产力发展和经济增长的决定性要素,生产力发展和经济增长主要靠的是科学的力量、技术的力量,实现了由外延式扩大再生产向内涵式扩大再生产的转变、粗放型增长向集约型增长的转变。

第四,科学技术的发展推动产业结构调整升级。科学技术进步对产业结构的推动作用主要通过以下两种方式实现。首先,科学技术进步促使新兴部门的兴起。在科技进步的作用下,一方面原有产业和产业部门分解,某些产品或原有生产过程的某一阶段随着生产技术的变革和社会需求的扩大而分离出来,形成新的产业和产业部门;另一方面,科技革命又促进新的生产部门形成。20世纪80年代以来,以信息技术、生物技术等为核心的高新技术突飞猛进,新的部门、新的行业不断涌现。其次,科学技术进步加速产业高级化。近20年来,新的科学技术飞速发展,各国产业结构不断走向高级化,知识、技术密集型产业在产业结构中所占的比重越来越大。如今西方国家知识、技术密集型行业大都成为其国家的支柱性产业,并且每年都在增加高科技方面的支出,使得知识、技术密集型产业的作用日益明显,对其他产业的带动作用更大,信息产业迅速发展并异军突起,正在代替其他工业部门成为国民经济的主导部门,不少发展中国家也认识到科技进步对产业结构的作用和影响,纷纷出巨资来促进科技进步以使产业结构不断高级化。

第五,科学技术的发展推动了科学技术对生产力作用方式的变革。现代化科学技术的超前性对生产力发展具有先导作用。19世纪末发生的第二次技术革命,是科学、技术、生产三者关系发生变化的一个转折点。在此之前,生产、科学、技术三者的关系主要表现为,生产的发展推动技术进步,进而推动科学的发展。以电力技术革命为标志的第二次技术革命以来,这种生产带动科学技术发展的情况发生改变,现在是科学推动技术进步,再推动生产的发展。科学技术越来越走在社会生产的前面,开辟着生产发展的新领域,引导生产力发展的方向。比如,根据分子生物学、生物化学、微生物学和遗传学等科学发展起来的生物技术,广泛地应用于工业、农业、医药卫生和食品工业等方面,使得生产力向越来越广阔的先进领域发展。

改革开放以来,科技进步对中国工业化进程起到了重大的推动作用,工业化水平和科技水平都显著提高。

六、实施科教兴国战略

世纪之交,特别是1995年前后,世界技术经济发展趋势和中国国情都发生了较大的变化。科教兴国战略是中国共产党应对变化的发展战略。

20世纪90年代初以来,中国科学技术和经济社会发展都取得了举世瞩目的成就,但是,科技进步对经济增长的贡献率不高,在体制、机制以及思想观念等方面还存在许多阻碍科技与经济结合的不利因素,科技成果转化率和科技进步贡献率较低,全社会多元化的科技投入体系还未形成、投入过低的状况尚未改观。这些问题严重地制约着科技与经济的发展,加速科技进步,提升科技对经济的推动作用,成为中国科技发展的必然选择。

1995年5月6日,《中共中央国务院关于加速科学技术进步的决定》

颁布实施,首次提出实施科教兴国的战略。这是全面落实科学技术是第一生产力思想的战略决策,是保证国民经济持续、快速、健康发展的根本措施,是实现社会主义现代化宏伟目标的必然抉择,也是中华民族伟大复兴的必由之路。十一届三中全会以后,党的工作重点转移到以经济建设为中心,实施科教兴国战略,是工作重点转移的进一步深化和向更高阶段的发展。"科教兴国,是指全面落实科学技术是第一生产力的思想,坚持教育为本,把科技和教育摆在经济、社会发展的重要位置,增强国家的科技实力及向现实生产力转化的能力,提高全民族的科技文化素质,把经济建设转移到依靠科技进步和提高劳动者素质的轨道上来,加速实现国家的繁荣强盛。"①科教兴国战略的提出和实施,是中国科技发展史上的一块界碑,是社会发展历史的必然选择。

同年,中国共产党第十四届五中全会在关于国民经济和社会发展"九五"计划和2010年远景目标的建议中,把实施科教兴国战略列为此后15年加速中国社会主义现代化建设的重要方针之一。1996年,八届全国人大四次会议正式提出了国民经济和社会发展"九五"计划与2010年远景目标,"科教兴国"成为基本国策。

为了落实和实施科教兴国与可持续发展战略的基本要求,1996—2000年国家有关部门相继出台了973计划、知识创新工程、国家大学科技园等多项科技计划,国家科技计划在深度和广度上都得到进一步拓展和延伸,加速新技术成果转化应用,使科学技术由潜在生产力转变为现实生产力。

七、建设创新型国家

进入21世纪以来,党中央综合分析国内外发展大势,立足国情,面向

① 《中共中央国务院关于加速科学技术进步的决定》,《十四大以来重要文献选编》中卷,中央文献出版社2011年版,第348页。

未来,提出了增强自主创新能力、建设创新型国家的重大战略思想。中国的科技发展战略开始由跟踪、模仿的渐进式发展向自主创新的跨越式发展转变。

2006年1月,全国科学技术大会召开,正式提出了坚持走中国特色自主创新道路,建设创新型国家的号召。胡锦涛在大会上发表了《坚持走中国特色自主创新道路,为建设创新型国家而努力奋斗》的讲话。同时,《国家中长期科学和技术发展规划纲要(2006—2020年)》发布。

党中央、国务院作出建设创新型国家的决策,是事关社会主义现代化建设全局的重大战略决策。建设创新型国家,核心就是把增强自主创新能力作为发展科学技术的战略基点,走出中国特色自主创新道路,推动科学技术的跨越式发展;把增强自主创新能力作为调整产业结构、转变增长方式的中心环节,建设资源节约型、环境友好型社会,推动国民经济又快又好发展;把增强自主创新能力作为国家战略,贯穿到现代化建设各个方面,激发全民族创新精神,培养高水平创新人才,形成有利于自主创新的体制机制,大力推进理论创新、制度创新、科技创新。

为了建设创新型国家,必须实施正确的指导方针,努力走中国特色自主创新道路;必须坚持把提高自主创新能力摆在突出位置,大幅度提高国家竞争力;必须深化体制改革,加快推进国家创新体系建设;必须创造良好环境,培养造就富有创新精神的人才队伍;必须发展创新文化,努力培育全社会的创新精神。

《规划纲要》以增强自主创新能力为主线,以建设创新型国家为奋斗目标,在认真分析国内外科技经济发展形势、特点和需求的基础上,提出了未来15年中国科技发展的指导方针、战略目标、重点任务以及重要的政策措施。《规划纲要》把"自主创新,重点跨越,支撑发展,引领未来"这16个字作为新的科技工作指导方针。科学技术发展的总体目标是:到2020年,自主创新能力显著增强,科技促进经济社会发展和保障国家安全的能力显著增强,为全面建设小康社会提供强有力的支撑;基础科学和前沿技术研究综合实力显著增强,取得一批在世界上具有重大影响的科学技术成果,进入创新型国家行列,为在 21 世纪中叶成为世界科技强国奠定基础。《规划纲要》对未来 15 年科学技术发展作了全面规划和总体部署,确定国民经济和社会发展的 11 个重点领域,安排 16 个重大专项,重点安排 8 个技术领域的 27 项前沿技术,18 个基础科学问题,并提出实施 4 个重大科学研究计划,主要是着眼于科技和产业发展前沿,开发一批具有自主知识产权的重大战略产品,突破一批重大关键共性技术,建设一批重大示范工程。

全国科学技术大会后,以《规划纲要》和其配套政策及实施细则的相继颁布实施为标志,"建设创新性国家"从战略思想、战略决策到指导方针、政策部署已形成相对完整的体系。

2008 年,美国次贷危机引发的经济危机席卷全球,世界经济到现在仍然处于低迷状态。历史经验表明,经济危机常常会催生新一轮技术革命,有效抓住机遇的国家将能够引领未来的世界经济增长和社会繁荣。因此,2009 年以来,世界上主要国家都在制定科技发展国家战略,将科技创新、科技发展放在突出位置,尤其注重发挥科技在调整产业结构、培育新的经济增长点中的重要作用,努力抢占新一轮经济增长制高点。中国政府尤其如此。近年来的年度科技工作会议的主题都以深入实施国家技术创新工程、服务科学发展、支撑经济发展方式转变为主题、主线,深入贯彻落实科学发展观,全面落实科技规划纲要的战略任务和应对国际金融危机的科技支撑措施,以提高自主创新能力为中心,以支撑发展方式转变和经济结构调整为主线,着力突破核心关键技术,着力培育战略性新兴产业,着力发展民生科技,着力推进国家创新体系建设,更好地发挥科技的支撑引领作用,推动中国经济社会发展走上创新驱动的科学发展轨道。

党的十八大以来,新一届党中央高度重视科技工作,十八届三中全会把"深化科技体制改革"作为"加快完善现代市场体系"建设的重要手段之一。三中全会后,习近平总书记在多个重要场合强调科技创新在社会发展中的重要作用,指出要"深化科技体制改革,增强科技创新活力",全国都要认识到"科技创新是提高社会生产力和综合国力的战略支撑","科技实力决定各国各民族前途命运",科技界要"通过科技进步和创新,让科技为人类造福",政府和科技服务机构要"搭建创新服务平台,推动科技和经济紧密结合",企业"走好科技创新先手棋,就能占领先机赢得优势"。

主要参考文献

一、文献与著作

《马克思恩格斯选集》第1—4卷，人民出版社1995年版。

《列宁选集》第1—4卷，人民出版社1995年版。

《邓小平文选》第三卷，人民出版社1993年版。

《邓小平年谱(1975—1997)》，中央文献出版社2008年版。

《邓小平思想年谱(1975—1997)》，中央文献出版社1998年版。

《江泽民文选》第一——三卷，人民出版社2006年版。

《三中全会以来重要文献选编》上下卷，中央文献出版社2011年版。

《十二大以来重要文献选编》上中下卷，中央文献出版社2011年版。

《十三大以来重要文献选编》上中下卷，中央文献出版社2011年版。

《十四大以来重要文献选编》上中下卷，中央文献出版社2011年版。

《十五大以来重要文献选编》上中下卷，中央文献出版社2011年版。

《十六大以来重要文献选编》上中下卷，中央文献出版社2011年版。

《十七大以来重要文献选编》上中下卷，中央文献出版社2009、2011、2013年版。

《改革开放三十年重要文献选编》上下卷，中央文献出版社2008年版。

国民经济和社会发展统计公报(1979—2014)。

中国经济年鉴(1979—2013)。

中国乡镇企业年鉴(1984—2006)。

中国乡镇企业及农产品加工业年鉴(2007—2012)。

国家统计局:《辉煌的三十年》，中国统计出版社2008年版。

国家统计局国民经济综合统计司:《新中国五十年统计资料汇编》，中国统计出版社1999年版。

国家统计局国民经济综合统计司:《新中国六十年统计资料汇编》,中国统计出版社2009年版。

国家统计局农村社会经济调查司:《历史的跨越:农村改革开放30年》,中国统计出版社2008年版。

薄一波:《若干重大决策与事件的回顾》,中共中央党校出版社1991年版。

陈佳贵:《中国企业改革发展三十年》,中国财政经济出版社2008年版。

陈佳贵、黄群慧、钟宏武、王延中等:《中国工业化进程报告——1995—2005年中国省域工业化水平评价与研究》,中国社会科学出版社2007年版。

陈佳贵、黄群慧、吕铁、李晓华等:《中国工业化进程报告(1995—2010)》,社会科学文献出版社2012年版。

陈锡文、赵阳、罗丹:《中国农村改革30年回顾与展望》,人民出版社2008年版。

董辅礽:《中华人民共和国经济史》,经济科学出版社1999年版。

甘士明:《中国乡镇企业30年:1978—2000》,中国农业出版社2008年版。

高伯文:《中国共产党与中国特色工业化道路》,中央编译出版社2008年版。

郭书田:《中国农村改革开放经历回顾》,中国农业出版社2008年版。

郭树言、欧新黔:《推动中国产业结构战略性调整与优化升级探索》,经济管理出版社2008年版。

胡绳:《马克思主义与改革开放》,中国社会科学出版社2000年版。

黄南:《产业结构调整与现代产业体系构建研究》,东南大学出版社2012年版。

姜爱林:《城镇化、工业化与信息化协调发展研究》,中国大地出版社2004年版。

金挥、陆南泉、张康琴:《苏联经济概论》,中国财政经济出版社1985年版。

T.肯普:《现代工业化模式》,中国展望出版社1985年版。

R.L.库恩:《中国30年:人类社会的一次伟大变迁》,上海人民出版社2008年版。

李继文:《工业化与信息化:中国的历史选择》,中共中央党校出版社2003年版。

李强:《中国社会变迁30年:1978~2008》,社会科学文献出版社2008年版。

林毅夫、蔡昉、李周:《中国的奇迹:发展战略与经济改革》,格致出版社、上海三联书店、上海人民出版社2012年版。

刘国光:《中国十个五年计划研究报告》,人民出版社2006年版。

柳建辉、曹普:《中国改革开放30年史:1978~2008》,青岛出版社2008年版。

刘仲藜:《奠基——新中国经济五十年》,中国财政经济出版社。

马凯等:《计划经济体制向社会主义市场经济体制的转轨》,人民出版社2002年版。

H.钱纳里:《工业化和经济增长的比较研究》,上海三联书店1996年版。

上海财经大学课题组:《中国产业发展报告》(2006—2012),上海财经大学出版社 2006—2012 年版。

史东辉:《后起国工业化引论》,上海财经大学出版社 1999 年版。

史言信:《新型工业化道路:产业结构调整与升级》,中国社会科学出版社 2006 年版。

汪海波:《新中国工业经济史(1979—2000)》,经济管理出版社 2001 年版。

王岳平:《"十二五"时期中国产业结构调整研究》,中国计划出版社 2011 年版。

温铁军:《中国农村基本经济制度研究》,中国经济出版社 2000 年版。

武力:《中华人民共和国经济史》,中国经济出版社 1999 年版。

吴巧生、成金华:《能源约束与中国工业化发展研究》,科学出版社 2009 年版。

吴天然:《中国农村工业化论》,上海人民出版社 1997 年版。

杨云龙:《中国经济结构变化与工业化》,北京大学出版社 2008 年版。

于驰前、黄海光:《当代中国的乡镇企业》,当代中国出版社 1991 年版。

曾培炎:《新中国经济 50 年》,中国计划出版社 1999 年版。

邹东涛主编:《中国经济发展和体制改革报告 No.1——中国改革开放 30 年(1978—2008)》,社会科学文献出版社 2008 年版。

邹东涛主编:《中国经济发展和体制改革报告 No.2——中国道路与中国模式(1949—2009)》,社会科学文献出版社 2009 年版。

邹东涛主编:《中国经济发展和体制改革报告 No.3——金融危机考验中国模式(2008—2010)》,社会科学文献出版社 2010 年版。

邹东涛主编:《中国经济发展和体制改革报告 No.4——中共 90 年:经济建设之路与大国治理之道(1921—2011)》,社会科学文献出版社 2008 年版。

邹东涛主编:《中国经济发展和体制改革报告 No.5——以民为本:中国全面建设小康社会 10 年(2002—2012)》,社会科学文献出版社 2012 年版。

邹东涛主编:《中国经济发展和体制改革报告 No.6——中国完善社会主义市场经济体制 10 年(2003—2013)》,社会科学文献出版社 2013 年版。

章百家:《历史巨变:中国改革开放三十年》,广东人民出版社 2008 年版。

张培刚:《农业与工业化》上卷,华中科技大学出版社 2002 年版。

张培刚:《农业与工业化》中下合卷,华中科技大学出版社 2002 年版。

张晓山、李周、陈佳贵:《中国农村改革 30 年研究》,经济管理出版社 2008 年版。

中国电子信息产业发展研究院编著:《中国产业结构调整蓝皮书(2012)》,中央文献出版社 2012 年版。

中国社会科学院工业经济研究所:《中国工业发展报告》(1996—2014),经济管理出版社 1996—2014 年版。

中共中央党史研究室:《中国共产党新时期简史》,中共党史出版社 2009 年版。

中共中央党史研究室第三研究部：《中国改革开放史》，辽宁人民出版社 2002 年版。

周叔莲、裴叔平、陈树勋：《中国产业政策研究》，经济管理出版社 1990 年版。

Rostow, Walt. W.: *The Stages of Economic Growth: A Non-Communist Manifesto*. Cambridge: Cambridge University Press, 1960.

二、学术论文

蔡兵：《努力推进经济结构战略性调整》，《经济日报》2007 年 12 月 3 日。

陈佳贵、黄群慧：《工业现代化的标志、衡量指标及对中国工业的初步评价》，《中国社会科学》2003 年第 3 期。

陈佳贵、黄群慧、钟宏武：《中国地区工业化进程的综合评价和特征分析》，《经济研究》2006 年第 6 期。

陈怀平：《政治实践的理性自觉》，《政治学研究》2011 年第 2 期。

陈耀、陈钰：《中国工业区域结构的调整与优化》，《贵州财经学院学报》2012 年第 4 期。

陈一鸣、全海涛：《发达国家的工业化过程对中国的启示——德、美、韩三国工业化过程的特点及规律研究》，《特区经济》2008 年第 1 期。

成思危：《正确处理政府与市场的关系》，《行政管理改革》2013 年第 12 期。

崔向阳：《我国工业化与市场化关系的实证分析》，《浙江社会科学》2003 年第 4 期。

段治文：《从多维视角看中国特色社会主义的历史地位》，《毛泽东邓小平理论研究》2008 年第 7 期。

高伯文：《中国共产党对新民主主义工业化与"三农"问题关系的认识及其启示》，《中共党史研究》2007 年第 4 期。

郭克莎：《中国工业化的进程、问题与出路》，《中国社会科学》2000 年第 3 期。

何永芳：《中国改革开放以来的工业化进程分析》，《广东社会科学》2009 年第 2 期。

纪惠楼：《试论市场经济与实现社会主义本质的内在联系》，《山东大学学报》1994 年第 4 期。

姜爱林：《工业化的涵义及中国工业化发展的特征》，《河南师范大学学报》2003 年第 2 期。

金碚：《中国工业化的资源路线与资源供求》，《中国工业经济》2008 年第 2 期。

金伟：《当前我国社会矛盾的性质、特点与调处思路》，《江汉论坛》2011 年第

10 期。

　　李捷:《毛泽东对中国社会主义建设规律的探索》,《当代中国史研究》2006 年第
6 期。

　　李文海、杨东梁:《认识近代国情的几个重大历史是非》,《高校理论战线》1996
年第 10 期。

　　李永红、韩翠萍:《近代中国工业化梦想破灭的必然性》,《山西高等学校社会科
学学报》2005 年第 8 期。

　　刘日新:《中国共产党与中国工业化》,《高校理论战线》2004 年第 1 期。

　　刘晓音、侯和宏:《中国工业化进程中的产业结构调整问题研究》,《海派经济学》
2013 年第 3 期。

　　吕政:《关于中国工业化和工业现代化的思考》,《中国工业经济》2000 年第 1 期。

　　吕政、郭克莎、张其仔:《论我国传统工业化道路的经验与教训》,《中国工业经
济》2003 年第 1 期。

　　吕政、郭克莎、张其仔:《为什么要走新型工业化道路》,《经济日报》2003 年 2 月
19 日。

　　梅荣政:《邓小平关于社会主义本质论的人民性》,《武汉大学学报》1996 年第
2 期。

　　彭志强:《试论经济结构战略性调整》,《经济研究导刊》2011 年第 25 期。

　　石碧华:《中国工业经济区域结构的现状与优化对策》,《西部论坛》2014 年第
2 期。

　　宋正才:《市场经济与社会主义本质的内在联系》,《重庆教育学院学报》1996 年
第 2 期。

　　太旭东:《市场经济与社会主义本质》,《东疆学刊》1994 年第 1 期。

　　王积业:《产业结构:从适应性调整转向战略性调整》,《经济学家》1997 年第
3 期。

　　王家新、贾晓峰:《对我国产业结构进行战略性调整的探讨》,《财贸经济》2003
年第 4 期。

　　王万宾:《工业结构:由适应性调整转向战略性调整》,《中国经济时报》2000 年 8
月 25 日。

　　王小广:《"十五"时期工业:从适应性结构调整向战略性结构调整转变》,《中国
工业经济》1999 年第 10 期。

　　王旭东:《工业化与信息化已到相互渗透新阶段》,《中国制造业信息化》2008 年
第 2 期。

　　王豫凌:《信息化带动工业化的途径研究》,《法制与社会》2009 年第 2 期。

王云秀:《中国工业化路径初始选择的失误》,《河北师范大学学报》2008 年第 2 期。

魏礼群:《走好新型工业化道路》,《经济日报》2002 年 12 月 30 日。

奚兆永:《世界社会主义的发展和中国的社会主义市场经济——与杨金海研究员商榷》,《海派经济学》2008 卷第 23 辑。

肖静华等:《信息化带动工业化的发展模式》,《中山大学学报》2006 年第 1 期。

谢敬:《五十年代城乡隔离的背景:现代化、资源与权力》,《中共党史研究》2008 年第 1 期。

许大平、赵保红:《新型工业化道路——对传统工业化道路的超越》,《山西高等学校社会科学学报》2003 年第 3 期。

许旭红:《马克思工业化理论与新型工业化道路》,《产业与科技论坛》2007 年第 11 期。

杨帆:《新型工业化道路的核心是推进产业升级》,《中国制造业信息化》2009 年第 4 期。

姚瑶:《以技术进步带动新型工业化发展的路径分析》,《黑龙江科技信息》2009 年第 4 期。

叶林、余江:《中国工业化的进展、新情况和成功实现》,《武汉大学学报》2014 年第 2 期。

俞立平、潘云涛、武夷山:《工业化与信息化互动关系的实证研究》,《中国软科学》2009 年第 1 期。

曾培炎:《中国改革开放成功的领导者和实践者》,《求是》2011 年第 11 期。

赵凌云:《工业化与市场化共生关系的历史考察与理论思考》,《云南财贸学院学报》1992 年第 2 期。

郑英隆:《论经济全球化条件下中国新型工业化的特殊性》,《经济评论》2003 年第 4 期。

中国社会科学院经济学部课题组(陈佳贵,黄群慧等):《对我国工业化进程的基本认识》,《中国党政干部论坛》2008 年第 2 期。

中国社会科学院工业经济研究所:《国际金融危机冲击下中国工业的反应》,《中国工业经济》2009 年第 4 期。

钟宜:《社会主义本质、现代化道路和实践纲领》,《探索》2000 年第 5 期。

周子学:《对工业化、信息化发展历史进程的几点认识》,《理论前沿》2009 年第 4 期。

朱佳木:《中国工业化与中国共产党》,《当代中国史研究》2002 年第 6 期。

朱佳木:《正确看待改革开放前后两个时期的历史及其联系,深刻认识和准确把握中国特色社会主义道路的实质》,《中共党史研究》2008 年第 1 期。

朱淑春:《市场经济与社会发展动力机制》,《现代哲学》1993 年第 4 期。

Gereffi, Gary: 1999, *International Trade and Industrial Upgrading in the Apparel Commodity Chain*, Journal of International Economics, 48(1).

Kuznets, Simon: *Modern Economic Growth: Findings and Reflections*, American Economic Review, 1973, 63(3).

Kuznets, Simon: *Economic Growth and Income Inequality*. American Economic Review 45 (March): 1-28. (1955).

Lewis, W. Arthur: *Economic Development with Unlimited Supplies of Labour*, Manchester School of Economic and Social Studies, v.22, no.2(May).

Mei Qi-jun, Techhological Environment and Innovation of Town-Ship Enterprises. Asian Agricultural Research.2009.1(3).

跋

呈现在各位面前的这本小册子是国家教育部人文社会科学研究一般项目(11YJA710009)和海南省哲学社会科学专项课题(HNSK12—48)结项成果的一部分。拙作《走上大国复兴之路——改革开放前的中国工业化》列入河南省哲学社会科学规划项目文库,已由河南人民出版社2009年出版发行,为了照顾研究内容的整体性和改革开放前后两个30年的时序,本人选取了上述两个研究项目中的主要内容独立成书。因此,本书也可以视为上述著作的姊妹篇。

在研究过程中,海南省教育厅和海南省社会科学界联合会给予极大的支持与关怀,海南师范大学科研处严格进行全过程管理,管控研究进度和质量,各管理机构细致的工作是推动课题研究的重要动力,在此深表谢意!海南师范大学马克思主义理论博士点和马克思主义学院领导王明初、黄忆军、王习明、兰岚等对课题研究也给予莫大的关怀与支持,一并表示感谢!

相关领域诸位专家的研究成果为本书提供了丰富的营养,有的提供了有力的佐证,有的使本人思路清明,表示感谢!当然,在引用过程由于本人的疏漏和学力肤浅,可能会有漏注的,甚至有可能对引用成果理解偏差的,表示歉意!

海南师范大学21位听过我课的研究生、本科生和在西安交通大学就读的儿子对书稿进行了仔细的校对,人数较多,恕不一一列举姓名,但一字之师,铭记在心。

作者才识浅薄,学力不逮,书中疏漏舛错之处应不在少数,敬请各位不吝指正。

2014 年秋分日于椰城海口

责任编辑:毕于慧
封面设计:石笑梦
版式设计:周方亚

图书在版编目(CIP)数据

世纪跨越:改革开放以来的中国工业化/郭根山 著.
 -北京:人民出版社,2015.7
ISBN 978－7－01－014546－4

Ⅰ.①世…　Ⅱ.①郭…　Ⅲ.①工业化-研究-中国　Ⅳ.①F424

中国版本图书馆 CIP 数据核字(2015)第 038604 号

世纪跨越
SHIJI KUAYUE
——改革开放以来的中国工业化

郭根山　著

人民出版社 出版发行
(100706　北京市东城区隆福寺街 99 号)

北京市文林印务有限责任公司印刷　新华书店经销

2015 年 7 月第 1 版　2015 年 7 月北京第 1 次印刷
开本:710 毫米×1000 毫米 1/16　印张:20.5
字数:275 千字

ISBN 978－7－01－014546－4　定价 45.00 元

邮购地址 100706　北京市东城区隆福寺街 99 号
人民东方图书销售中心　电话 (010)65250042　65289539